DESAFIANDO FRONTERAS

DESAFIANDO FRONTERAS

LA MIGRACIÓN GLOBAL Y LOS MUROS DEL NACIONALISMO

ERIK DE LA REGUERA

Traducido por
ESTRELLA DE LA REGUERA

VAGABUNDA

Título original: *Gränsbrytarna : den globala migrationen och nationalismens murar.*

Publicado en sueco en 2014 por Norstedts. Edición de bolsillo publicado en 2015 con el capítulo 13 añadido.

Actualizado para la primera edición en español en febrero de 2022.

Traducción de Estrella de la Reguera.

Diseño de cubierta: Erik de la Reguera (foto de Estrella de la Reguera, " Refugiados cerca de la frontera entre Croacia y Serbia, 2015": mapa de trasfondo: "Nova Totius Terrarum Orbis Geographica Ac Hydrographica Tabula Autore", edición de 1652, por Claes Janszoon Visscher).

© Erik de la Reguera 2014-2022

© Estrella de la Reguera 2022

© Vagabunda AB, Estocolmo, 2022.

https://www.vagabunda.se

ed@vagabunda.se

ISBN: 978-91-89530-01-0

Para Stjärnan

ÍNDICE

PRÓLOGO

Es difícil comenzar así. Pero creo que debo. Porque cuando los medios del mundo bombardean con imágenes de bolsas de plástico verde, algo se quiebra dentro de mí.

Dentro de todos, creo.

En aquellas bolsas en la playa yacen personas cuyos nombres nunca serán conocidos. Personas a las que se les oculta. Pero que aun así aparecen en todas partes.

Esto es Lampedusa. La isla de la muerte. Es el 3 de octubre de 2013 y 366 personas acaban de perder la vida.

Durante unos cuantos días, la "crisis migratoria" es de nuevo el centro de atención de los medios. Como de costumbre, los testimonios son aterradores.

—Empezó con un incendio en la cubierta. Nos aventamos al agua. Muchos no sabían nadar.

—Se me resbaló de las manos y desapareció en las profundidades.

Palabras que significan algo. Pero que no cambian nada.

Lo mismo ocurre con aquellas bolsas verdes de plástico. Se quedarán ahí unos días hasta que las autoridades italianas hayan resuelto en donde pueden ser enterradas. Desde hace mucho, el cementerio de Lampedusa está repleto.

Esto no es ninguna catástrofe. Es parte de un orden. Un asunto administrativo.

En su cuenta de Twitter, la entonces comisionada de Asuntos Internos de la Unión Europea (UE), Cecilia Malmström, escribe que el accidente es culpa del cinismo de los traficantes. Inmediatamente recibe respuestas de activistas, entre otros, de una joven abogada que señala que hacen falta vías legales para entrar a la Unión Europea.

Un poco después, Malmström parece arrepentirse. Escribe que los refugiados del barco "tienen derecho a protección, y la Unión Europea debe hacer mucho más para recibirlos". Viaja a Lampedusa y habla sobre la importancia de recibir refugiados y de incrementar el número de trabajadores invitados. Pero también en una entrevista dice las cosas como son: "Se requiere de voluntad política y la trágica verdad es que no la hay".[1]

En Italia a los muertos se les concede la ciudadanía del país. Pero no a los que han sobrevivido al naufragio. Mientras tanto, los botes siguen llegando de África y Medio Oriente.

En 2013 mueren más de 700 migrantes en el Mediterráneo. En 2014, la cifra oficial llega a 3 320, según la Organización Internacional para las Migraciones (OIM). En 2015 desaparecen 4 054 personas en el Mediterráneo.

A pesar de la imagen de Alan Kurdi, el niño de tres años que fue arrastrado sin vida a la costa de Turquía, y cuyo triste destino sacudió al mundo, el número de muertos solo sigue creciendo. En 2016, la cifra alcanza un mórbido récord de 5 143 muertos o desaparecidos.

Insisto. Esto no es ninguna catástrofe. Es parte de un orden. Un asunto administrativo.

Las caras de los migrantes que sobreviven el largo viaje aparecen fugazmente en nuestras pantallas. Pero guardan silencio, sus siluetas pasan como sombras sin nombre y son usadas frecuentemente como piezas de un juego político. A mediados de 2015, su desplazamiento da lugar a la expresión "crisis de refugiados" en los medios de comunicación de todo el mundo. Por su parte, activistas de derechos humanos señalan (en vano, por lo general) que se trata más bien de una cuestión de "crisis de acogida".

El año siguiente, Donald Trump es elegido presidente de Estados Unidos. Y en Europa, partidos de extrema derecha consiguen el apoyo de decenas de millones de votantes.

¿Cómo llegamos a esto?

La invisibilización, la polarización y la simplificación periodística —a veces demasiado sentimentalista, otras veces burdamente alarmista— han facilitado a los grupos xenófobos sembrar la desconfianza y usarla como arma en los debates. Además, y lo que es peor, la dramaturgia de los medios frecuentemente oculta algo central de esta época.

Porque los migrantes que desafían las fronteras del Estado nación no solo son un producto de la globalización, sino una parte central de ella. Solo en Estados Unidos viven hoy 11.2 millones de personas sin permisos formales de residencia. Dentro de la Unión Europea se cree que se trata de hasta 8 millones. El número de indocumentados también crece rápidamente en países como Suecia, en donde antes era un fenómeno poco común.

La mera existencia de esta población indocumentada despierta preguntas incómodas sobre las brechas enormes entre los países ricos y pobres del mundo, el futuro de los Estados nación, de lo que *en realidad* debe tratar la política, y lo que podría significar un orden mundial democrático para los derechos humanos, para la exigencia de una redistribución económica y para el sistema de bienestar de los países ricos.

Aquí hay un rompecabezas que armar. Necesitamos empezar a comprender y discutir esto. Pero también tener el valor de ver lo que se esconde dentro de nosotros.

Aquí tengo algunas piezas del rompecabezas. Pero todavía faltan muchas más antes de que quede completo. Quién sabe, tal vez podemos armarlo juntos.

Bienvenidos al mundo en el que se desafían las fronteras.

PARIS, 3 de octubre de 2021. [Prólogo editado para la edición en español]

PRIMERA PIEZA DEL ROMPECABEZAS
EL TREN DE LA MUERTE

DE CERCA, la máquina de diesel se alza imponente. Cinco metros de alto, veinte de largo y un peso de más de ciento sesenta toneladas pueden hacer que cualquiera lo piense dos veces antes de que llegue el momento de treparse al tren de carga. Por ahora las enormes y demoledoras ruedas yacen apacibles en los rieles. Pero unos resoplidos largos y un bufido ensordecedor revelan que el motor ha comenzado a despertar.

De repente, una actividad febril irrumpe por las vías. Los que pacientemente han esperado por horas se ponen de pie. Se escuchan gritos a diestra y siniestra y se ven volar mochilas hacia manos que las esperan en el techo del tren. Los ejes de los vagones rechinan por el arranque del motor y las puertas cerradas vibran. Hasta hace poco, la mañana brumosa solo era una espera larga y calurosa, pero ahora de pronto hay poco tiempo. Un temblor recorre todo el tren. Detrás de mí, grupos de personas vienen corriendo sobre la grava. Cuando suena el silbido del tren, ya no queda duda.

Me agarro a una escalerilla de un vagón. En unos

segundos somos más de cien personas que nos hemos trepado a los techos del tren. Está lleno de gente. Los cuerpos chocan entre sí y se intercambian miradas de recelo. Muchos están sentados con las piernas meciéndose en los bordes a unos cinco metros del suelo. Desafiando la muerte, un par de chicos saltan hacia el próximo vagón para buscar un lugar mejor. Debajo de nosotros las puertas están selladas y no se puede entrar.

El tren sale lentamente de la estación, y pronto hemos dejado atrás el pueblo. Los vagones están rodeados por una llanura extensa y despoblada, en donde, bajo un sol abrasador y despiadado, crecen árboles y arbustos solitarios en una tierra árida de amarillo tostado.

Esto es Chiapas, el estado más al sur de México. La vista podría ser la de un viaje de primera clase, pero los que están a mi alrededor en el techo llevan sudaderas, jeans desgastados y gorras como protección contra el sol. Dentro de sus mochilas se tambalean botellas de plástico de dos litros de agua. La mayoría son hombres, pero también hay algunas mujeres. Casi todos tienen menos de treinta y cinco años. Se han subido a este tren porque la policía migratoria mexicana ha puesto retenes en todas las carreteras que van hacia el Norte.

El vagón en el que voy transporta cemento y está pintado de blanco. Cuatro escalones conducen al techo que está cubierto de una plataforma horizontal de hierro. El techo aquí no se inclina hacia las orillas tan traicioneramente como en muchos otros vagones. Mi colega, el fotógrafo Roger Turesson, se ha puesto de rodillas a mi lado para tomar fotografías de los pasajeros que van sentados y recostados. Mientras me acomodo como puedo entre las mochilas, brazos y piernas, saludo a José Luis Lux de Guatemala que está sentado a mi derecha. Es chaparrito, de unos treinta años, y nos mira a Roger y a mí con curiosidad. No es raro que pregunte qué hacemos aquí. Le explico que somos enviados de un periódico sueco, que Roger voló hasta aquí desde Suecia y que yo vivo en la ciudad de México, en donde trabajo como periodista *freelance* desde hace varios años. José Luis asiente con la cabeza. Dice que también está aquí por trabajo. O más bien, por la falta de trabajo.

—La fábrica de ropa donde trabajaba cerró hace dos años. El dueño se cambió a otro país. Un lugar en Asia, creo.

Ahora José Luis espera encontrar un trabajo en Estados Unidos. Sabe que cientos de miles de inmigrantes indocumentados han sido deportados en redadas los últimos años. Pero no se desanima. José Luis tiene un primo en California que le ha prometido conseguir un trabajo en una fábrica de ropa; y él sabe manejar una máquina de cocer, así que se va arreglar. Si logra llegar, es decir.

—No tengo de otra. Ya no alcanza el dinero ni para comprar leche. ¿Entiendes? Ni siquiera puedo comprarle leche a mis hijos...

Sentados en el techo, hay muchos que entienden lo que eso significa: pescadores de El Salvador, albañiles de Guatemala, campesinos de Honduras, mecánicos de Nicaragua. La mayoría ha crecido en familias donde los padres, madres, hermanas y hermanos trabajan dentro del sector informal, el que ni es controlado por el Estado ni paga impuestos, pero en el que, no obstante, trabajan alrededor de la mitad de todas las personas en edad productiva en Centroamérica. Este sector informal abarca desde los vendedores callejeros y negocios improvisados de las ciudades hasta los jornaleros y los pequeños agricultores de las zonas rurales. A menudo los sueldos son tan bajos que serían considerados como un mal chiste al norte del rio Bravo o en Europa occidental. Pero cuando el hambre llama, hay pocas cosas que el ser humano no esté dispuesto a soportar. Y en el país de José Luis, Guatemala, la mitad de la población infantil está desnutrida.[1]

—Ahí ya no hay trabajo. Al menos uno que yo pueda conseguir —dice José Luis, mirando adusto la llanura.

Desde principios de este siglo, una pequeña clase media ha empezado a tomar forma en Centroamérica. También se han creado algunos trabajos formales, pero para la gran mayoría de la población sigue siendo difícil conseguir el sustento diario. Muchas de las nuevas oportunidades de empleo se han creado en las llamadas *zonas francas*, donde empresas multinacionales tienen parte de su producción. Los días laborales en esas zonas son largos y los sueldos son bajos. Según trabajadores que ahí he entrevistado, no es raro que trabajen de diez a doce horas seguidas, seis días a la semana y con un sueldo aproximado de 170 dólares al mes.

Los trabajadores dicen que muchas veces las empresas aseguran que siguen las leyes y los reglamentos, pero en realidad solo pagan una parte del sueldo establecido, y luego obligan a los empleados a trabajar cientos de horas extra sin remuneración alguna. En el caso improbable de que un sindicato logre mejorar un poco las condiciones laborales, los dueños tienen la libertad de llevarse la fábrica a otro país. Pocas veces el Estado interviene.

No hay mucho que el individuo pueda hacer al respecto, más allá de migrar; pero entonces tendrá que ser sin permiso.

—Cruzamos el río a México cerca de Tapachula. No fue tan difícil. Creo que lo difícil viene ahora —dice José Luis mientras pasamos unos cuantos cactus enormes.

En su trayecto hacia Estados Unidos, él y los otros inmigrantes indocumentados que están sentados en el techo tienen que atravesar casi todo México, un país del mismo tamaño que Alemania, Francia, España, Italia y Gran Bretaña juntos. El viaje puede tardar entre diez días y varios meses, y en el camino abundan los peligros.

A José Luis ya le queda algo claro: que no es bienvenido en México.

—Nos robaron poco después de que cruzamos la frontera. Los policías detuvieron nuestro minibús, nos pidieron nuestras identificaciones y nos revisaron. Lo raro es que no nos arrestaron. Solo tomaron nuestras cosas —dice José Luis.

—A mí me quitaron la mochila. Ahí llevaba unas playeras, un par de pantalones extra y mi cepillo de dientes. Luego nos hicieron señas de que podíamos seguir.

José Luis no es el único que así ha perdido sus pertenencias en un retén. Al menos una decena de las personas que van en el techo dicen haber pasado por lo mismo. Los robos son tan frecuentes que parecen ser sistemáticos.

"¡RAMA!"

El grito se propaga entre los pasajeros. Agarro a Roger por el cinturón y lo jalo hacia abajo. Un par de segundos más tarde, una rama gruesa de un árbol pasa arrastrándose por el techo como una escoba grande.

El follaje viene raspando cerca de nuestras cabezas; ahí vamos agachados, pegaditos en una masa temblorosa de cuerpos.

Tras unos segundos, se escucha un nuevo grito desde los vagones que van más adelante: "¡Cable!". Nos quedamos agachados, esperando a que también pase el cable de electricidad.

Hace unas semanas, un hombre joven fue lanzado de un techo del tren por un cable. Se quedó meciendo en el aire como un muñeco de trapo, convulsionándose con las manos pegadas al cable, los pies arrastrándose por los techos, y la electricidad bombeando por su cuerpo. No fue hasta que todo el tren pasó debajo de él que se cayó a los rieles. Probablemente solo por eso sobrevivió. Pero no todos corren con la misma suerte.

El tren de carga sobre el que estamos sentados es llamado en el sureste mexicano *El tren de la muerte*. Los migrantes lo han bautizado como *La Bestia*. La razón es tan simple como aterradora. De las aproximadamente cien mil personas que al año viajan hacia el norte en los trenes de carga, centenares caen de los techos y mueren. Algunas son arrojadas por asaltantes. Otras caen por error, y pierden brazos, piernas o la vida misma.

Pero lo que más asusta a los migrantes no son ni las ramas ni los asaltantes ni los cables de electricidad, sino los secuestradores. Según un reporte de la Comisión Nacional de Derechos Humanos (CNDH) de México, al menos 11 333 centroamericanos fueron secuestrados en México en solo seis meses en 2010.[2] Significa que, en promedio, hubo 62 secuestros *al día*. Hace un mes, en el trayecto en el que viajamos, Arriaga-Ixtepec, unos hombres armados pararon un tren. Esa vez se llevaron como a 50 personas. Algunos de los secuestrados recibieron ayuda de familiares en sus países de origen para pagar el rescate, otros siguen desaparecidos.

En el techo hay un ambiente de alerta constante. Cada vez que el tren frena, se intercambian miradas de preocupación. Se asoman cabezas para ver qué está pasando. ¿Será una redada de la migra? ¿Un atraco? ¿Tenemos que bajarnos y correr para salvar la vida?

Una de las que mira inquieta bajo el sol abrasador es Norma de la Rosa. Hace unas semanas, salió de un barrio pobre de las afueras de la Ciudad de Guatemala junto con su pareja Oscar López. Van rumbo a Estados Unidos, un país del que solo han leído en libros y revistas o visto en programas de televisión.

Norma sabe que aquí en México su nombre no aparece en ningún registro y que si algo le llega a pasar, probablemente no se hará una denuncia. Sabe que puede desaparecer sin rastro y sin que su familia se entere de lo que le pasó.

Se podría decir que el viaje de Norma empezó hace cuatro años cuando nació su hija menor, April. El parto fue complicado —la niña nació con una malformación de la cabeza—. La bebé tuvo que quedarse en el hospital casi dos meses. Cuando al final pudo irse a casa, todavía seguía cansada y muy débil. Norma veía con preocupación lo poco que comía y crecía.

Cuando tenía un año y medio, April pesaba menos de seis kilos. Norma tuvo que internarla de nuevo en un hospital, pero esta vez en una clínica privada. El diagnóstico era anemia. Los gastos médicos aumentaron rápido, y la deuda se volvió cada vez más difícil de pagar.

Para sostener a la familia, Norma se puso a trabajar de mesera en un restaurante llamado Club Alemán. El restaurante era frecuentado por europeos, norteamericanos y guatemaltecos ricos, y los platillos del menú eran relativamente caros. Sin embargo, Norma no ganaba más que el sueldo mínimo[3], y a veces los jefes le exigían que trabajara muy tarde, e incluso que se quedara a dormir en el trabajo; lo cual era difícil de combinar con el papel de madre soltera.

Fue en el Club Alemán donde conoció a Oscar. Él había empezado lavando platos, pero fue ascendido como asistente de chef, aunque con el mismo sueldo bajo de antes. No vivía lejos de Norma, así que muchas veces tomaban el mismo camión hacia el trabajo. Durante los trayectos empezaron a tener conversaciones largas e íntimas. Y al parecer Oscar estaba pasando por una crisis matrimonial. Con el tiempo creció una atracción entre los dos compañeros de trabajo. Al final, Oscar se mudó con Norma y sus hijos.

Ahora April tiene 4 años y ha subido unos cuantos kilos. Puede caminar y hablar. Pero el tratamiento le ha dejado a la familia una deuda de más de 20 000 quetzales (alrededor de 2 600 dólares). Y los sueldos de Norma y Oscar solo alcanzan para lo más indispensable. Por eso, hace poco más de un mes Oscar le dijo que quería irse a Estados Unidos.

—Dame cinco años –dijo–, así te prometo pagar la deuda y juntar unos ahorros para la educación de los niños.

Norma lo escuchó y le pidió que le diera tiempo para pensarlo. Sabía que necesitaban el dinero, pero algo le decía que no debería dejar viajar solo a Oscar. Al final, decidió acompañarlo. Abél, su hijo mayor de 19 años, se quedó a cargo de sus cuatro hermanos menores.

Aquí en el techo del tren, a Norma le cuesta no ponerse a pensar en ellos.

—Esta noche voy a llamar a casa —dice—. Bueno, si no pasa algo serio.

Pero este día tiene suerte. Los cables de electricidad y las ramas de los árboles resultan ser los mayores peligros en las vías. Al final, Norma, Oscar y el resto de nosotros podemos bajar a la gravilla en Ixtepec, la primera parada del viaje. Dejamos la estación en grupos pequeños, con las gargantas secas, las piernas adoloridas y un vaivén del tren que se queda en el cuerpo. La sensación es como cuando acabas de pisar tierra tras haber navegado todo un día en un mar agitado.

Esa noche, un centenar de migrantes tienen un lugar para dormir en el pequeño albergue de Ixtepec, a cargo del padre Alejandro Solalinde. El padre me recibe en su oficina mientras se les sirve una comida sencilla a Norma, Oscar y a los otros migrantes. Solalinde no es un hombre muy expresivo, pero su mirada es pensativa y su lengua conocida por ser mordaz. Cuando lo visitamos, su reputación en México y en el mundo como defensor de los migrantes apenas comienza. Se sienta frente a mí en una silla blanca de plástico mientras los moscos revolotean alrededor de un foco desnudo que cuelga del techo.

—Estos migrantes son los más pobres de los pobres. Algo en su viaje es en extremo provocador. Ellos se rebelan contra un sistema, el sistema en el que vivimos —dice Solalinde, desabrochándose el cuello blanco de la camisa.

El sistema del que habla no es ninguna teoría disparatada de conspiración, sino que puede ilustrarse fácilmente a través de la yuxtaposición de las reglas de visado del mundo[4] y del Índice de Desarrollo Humano del Programa de las Naciones Unidas para el Desarrollo[5] (PNUD). Un patrón sobresale de inmediato: los países que sufren más pobreza y conflictos armados son los que también tienen los pasaportes con menor valor como documento de viaje. El que un ciudadano afgano solo pueda viajar sin visa a 26 países, mientras que los japoneses, suecos, alemanes, franceses y estadounidenses sean bienvenidos en más de 180 países, se da por sentado entre muchos en el mundo de hoy. Pero hace 150 años se hubiera considerado prácticamente repulsivo, ya que hubiera ido claramente en contra de una de las ideas más influyentes de ese tiempo: el derecho a la libre circulación. "Denme sus cansadas masas, pobres y hacinadas que anhelan respirar libremente" está grabado en la Estatua de la Libertad en la entrada del puerto de Nueva York. Pero desde principios del siglo XX, estas masas se han encontrado con muros cada vez más altos y exigencias de visa y controles de pasaporte; algo que de ningún modo solo atañe a Estados Unidos. Turistas pudientes, viajeros de negocios, capital financiero y la mayoría de las materias primas y los productos industriales son bienvenidos diariamente en todo el mundo; pero no los que fabrican los productos, los que huyen de persecuciones o los que solo sueñan con una vida menos precaria.

Uno de los pensadores que trató de comprender y poner en palabras este desarrollo contradictorio fue el sociólogo polaco Zygmunt Bauman, quien utilizó los conceptos de "turistas" y "vagabundos" para ilustrar cómo la libre circulación se ha vuelto, quizás, el principal símbolo de estatus de nuestra época. Con "turistas", Bauman aludía a aquella población del mundo que en la práctica puede viajar sin problemas, y cuando lo desee, mientras que con "vagabundos" se refería a las millones de personas a quienes se les impide viajar, y que aun así, tienen que hacerlo para sobrevivir.

Los turistas se desplazan o permanecen en un lugar según sus deseos. Abandonan un lugar cuando nuevas oportunidades desconocidas los llaman desde otra parte. Los vagabundos saben que no se quedarán mucho tiempo en un lugar por más que lo deseen ya que no son bienvenidos en ninguna parte. Los turistas se desplazan porque el mundo a su alcance (global) es irresistiblemente atractivo; los vagabundos lo hacen porque el mundo a su alcance (local) es insoportablemente inhóspito. Los turistas viajan porque quieren; los vagabundos, porque no tienen otra elección soportable.[6]

Se trata de dos tipos ideales —o extremos— de una escala. Pero en el tren de mercancías en el sur de México y en el albergue de Solalinde, los vagabundos de Bauman parecen estar en todas partes.

Solalinde señala que, aun cuando los migrantes centro y sudamericanos son impulsados principalmente por un anhelo de encontrar trabajos y mejorar sus estándares de vida, su vulnerabilidad no es solo una cuestión económica, sino también en alto grado política. El pasaporte y el sistema de visas no son creados por la mano invisible del mercado, sino por los Estados y los gobiernos que quieren asegurar el control del territorio, la población y los recursos económicos. Y el que desafía este control se encuentra frecuentemente con represalias. Esto Solalinde lo sabe mejor que muchos. Su equipo tuvo que enfrentar gobiernos hostiles durante buena parte de la década de 2010.[7]

—Me cuesta llevar la cuenta de todas las veces que hemos recibido amenazas. Era peor con el anterior alcalde y el gobernador, ellos eran abiertamente hostiles y mandaban a la policía detrás de nosotros. Tuvimos que comprar este terreno a escondidas. Pero después de tantos años de servicio en la iglesia quería hacer algo que de verdad me diera más sentido. No solo estar sentado detrás de un escritorio y dar misa una vez por semana.

Un grillo silba en la oscuridad mientras Solalinde prosigue:

—Ni a las autoridades locales ni a los delincuentes les gusta que tengamos este albergue. Pero tengo claro que el día en que de verdad me llegue a pasar algo serio, la orden tendrá que venir de un nivel político más alto.

Afuera de la pequeña oficina ya se han lavado los trastes y en las salas de dormir se extienden las mantas sobre el piso de concreto. Los migrantes se preparan para dormir. Los primeros meses después de abrir el albergue, Solalinde no podía ofrecerles ni siquiera un techo, sino solo un pedazo de suelo al descubierto a lado de los rieles. Con el apoyo de una organización alemana se ha tenido la oportunidad de construir un edificio de concreto. Aunque cuando lo visitamos, todavía no hay ninguna cama. El mismo Solalinde duerme en una hamaca, y los voluntarios del albergue piden las sobras en los mercados para poder juntar los ingredientes para hacer una sopa. De cualquier modo, se nota que los migrantes aprecian el esfuerzo.

—Hay que tener compasión —dice Solalinde—, incluso en un tiempo en la que se le considera muy subversiva.

Subversiva. La palabra flota en el aire. La agarro como se toma una manzana de un árbol. Me acompañará durante los meses que vienen de investigación y trabajo de campo.

AL DÍA SIGUIENTE, los migrantes se levantan antes de que amanezca y se van a las vías para buscar un nuevo tren de carga. Roger y yo nos perdemos la salida, pero con la ayuda de Irineo Mujica —un activista que creció en Arizona en Estados Unidos

— y de un carro alquilado, logramos alcanzar el tren. En el Dodge azul cielo también está con nosotros Olvan, un hombre joven de Honduras que estuvo viviendo en el albergue de Ixtepec por varios meses después de que lo asaltaran, lo maltrataran y le rompieran una pierna en el camino a Ixtepec. El padre Solalinde e Irineo le ayudaron a conseguir una residencia temporal en México, y ahora también han logrado convencernos de darle un aventón de camino a Estados Unidos.

Alcanzamos el tren en una pequeña ciudad llamada Matías Romero. Parece que algo ha pasado con la máquina del tren, porque está apagada y abandonada en la estación. Cientos de migrantes están sentados a la sombra junto a las vías en espera de poder seguir viajando. Nadie parece saber dónde está el conductor, y algunos han tenido ya una mañana dramática.

—Tres hombres armados me jalaron del vagón. Me golpearon en la cabeza con la culata de una pistola y se llevaron mi dinero: 120 pesos —relata Inés Montoya mientras pasa la mano con cuidado sobre una banda ensangrentada con la que se ha envuelto la cabeza.

—No puedo regresar a Honduras. Le debo dinero al patrón —dice en voz baja.

Poco más lejos puedo ver a Norma y Oscar. Se han sentado en la hierba a lado de los trenes de carga. A sus 38 años, Norma es un poco mayor que el migrante promedio. Además, es mujer, lo que la hace sobresalir entre todos los hombres jóvenes. Hoy lleva una blusa azul marina, un par de jeans azules y unos tenis negros. El cabello color castaño está enrollado en un chongo. Sonríe a menudo y hace lo mejor que puede para parecer de buen humor. Pero se nota que no todo está bien. Norma está pálida y no se mueve del lugar en donde está recostada. Al cabo de un rato le dice a Oscar en voz baja:

—No sé si aguanto más...

Resulta que Norma está mal del estómago. Toda la mañana ha estado en el techo del tren vomitando en una bolsa de plástico. También Oscar se puso mal, pero ahora ha comenzado a reponerse. Creen que es por la sopa que les dieron la noche anterior en el albergue del padre Solalinde. Ahora empiezan a preguntarse en qué se han metido.

—Sabíamos que iba a ser duro viajar en tren. Pero no tan duro. Honestamente, me empiezo a poner preocupado —dice Oscar.

Él es doce años menor que Norma, chaparrito y no tiene la misma complexión fuerte que muchos de los otros migrantes. Un poco infantil, la risa nasal hace que a veces le resplandezcan los ojos; muestra un cariño hacia Norma que difícilmente puede surgir de otra cosa que no sea amor.

Solo han pasado dos semanas desde que tomaron juntos el autobús hacia la frontera mexicana. Pero ha pasado mucho desde entonces.

En el río fronterizo entre Guatemala y México encontraron a unas personas que les vendieron unas identificaciones mexicanas falsas. Compraron dos identificaciones por 800 pesos cada una; una para Norma y otra para él. Pero resultó ser una mala compra, porque en el primer retén del lado mexicano fueron detenidos.

La policía los paró en un pequeño retén junto a la carretera. Y ahí hubiera acabado la aventura, si no hubiera sido porque uno de los policías de migración vio por casualidad que Norma estaba leyendo su biblia.

—¿Crees que tu dios te puede ayudar? —le preguntó bruscamente.

—Sí, mi Dios es un Dios vivo, no un dios de palo y piedra —respondió Norma, palpando su biblia.

—Entonces reza a tu dios y veremos si te puede ayudar —dijo el guardia antes de que saliera y cerrara la puerta tras de sí.

Esa noche Norma rezó en silencio en el piso de cemento de la celda. Pidió a su Señor que le dejara seguir su viaje, que no hubiera sido todo en vano y que sus hijos pudieran tener una vida mejor de la que ella había tenido.

A la mañana siguiente, el policía regresó y les dijo:

—¿Quieren regresar o seguir su camino al Norte?

—Queremos seguir —respondió Norma.

El policía abrió la puerta de la celda, giro sobre sus talones, salió y paró un minibús. Abrió la puerta corrediza y les dijo que se subieran. Norma y Oscar no lo podían creer. Quedaban libres. Pero no era el mejor momento para hacer preguntas, así que se subieron al minibús —y pronto estuvieron otra vez de camino hacia el Norte—. El primer municipio al que llegaron fue Escuintla, y ahí se bajaron.

Se quedaron en Escuintla por más de una semana mientras trabajaban como ayudantes en restaurantes y en los mercados para juntar un poco de dinero. El último día conocieron en la plaza a un joven llamado Omar. Les dio buena impresión, era de Honduras y había ido al Norte muchas veces antes. Se ofreció a ayudarlos. Norma y Oscar no tardaron en entender que en realidad trabajaba para un poderoso traficante de personas que tenía su centro de operaciones en la ciudad fronteriza de Nuevo Laredo, y tenía como tarea conseguir personas como ellos que pudieran pagar para cruzar la frontera en el Norte.

Norma ya había oído hablar antes de esos "guías". Cobraban dinero a cada persona que llevaban al Norte. Así que decidieron confiar en Omar. Cuando les pidió 1 200 pesos como anticipo para cubrir parte de los gastos, les pareció un precio razonable.

EL SOL matinal se ha convertido en sol de medio día, y en las vías de Matías Romero la intoxicación de Norma se está yendo. Se arma de valor. Todavía faltan más de 3 000 kilómetros para su destino, que es Los Ángeles, California. Ahí vive una hermana de Oscar que les ha prometido ayudar con trabajo y un poco de dinero. Pero primero tienen que llegar a la frontera estadounidense. Ahora mismo se siente infinitamente lejos. Además, dicen que el siguiente tramo es uno de los más peligrosos de todo el viaje. Crecen las sospechas contra el conductor entre los que esperan en los carriles.

—Claro que una se pregunta por qué se le ocurre tomar tantas horas de descanso justo cuando vamos hacia Medias Aguas —me dice Norma.

A muchos conductores no les gusta tener migrantes en los techos de los trenes. Pero también hay reportes de que los conductores trabajan con los delincuentes.

El pequeño crucero que queda adelante, Medias Aguas, es conocido por ser una guarida de secuestradores. Se dice que el municipio está controlado por los Zetas, una banda criminal que se formó con soldados de élite que desertaron hace unos quince años y ha llegado a ser una de las mafias más poderosas de toda Latinoamérica. La organización se dedica al tráfico de cocaína, metanfetaminas y otras drogas, pero también a la extorsión, al robo de diesel y, sobre todo, al secuestro.

Joxso Medina, un joven de Honduras que conocí en las

vías, cuenta que hace un año fue secuestrado junto con sus tres primas cuando pasaban Medias Aguas. La familia tuvo que pagar 3 000 dólares antes de que los dejaran libres. No piensa seguir el viaje si el tren sale después de que se oscurezca. Irineo y Olvan también nos aconsejan muy en serio no seguir en el tren hacia Medias Aguas.

Para poder mantener contacto con Norma, le ofrezco un celular prepago. Asiente con la cabeza cuando escucha la propuesta, pero tiene cuidado de que nadie la vea cuando recibe el teléfono y el cargador. En las vías, la pertenencia más insignificante puede ocasionar un robo o incluso algo peor.

No es sino hasta el atardecer que el conductor se sube a la cabina. Resulta ser un hombre corpulento que solo hace gestos de enfado cuando le pregunto cómo se llama y por qué ha tomado tanto tiempo. ¿Y qué hay de las acusaciones sobre nexos con la mafia?

—No puedo decir nada de eso. Pero de seguro puedes interpretar mi silencio... ¡Interprétalo!

Entonces enciende el motor de diesel.

La oscuridad en el techo del tren es densa. Los vagones retumban en la noche entre arboledas y montañas altas. Arriba se extiende un cielo despejado y estrellado, y en el horizonte la luna llena acaba de aparecer por encima de las copas de los árboles. Norma se acomoda en los brazos de Oscar. Alrededor de ellos percibe las siluetas acurrucadas de los otros. Ahora son diez en el grupo. Cinco de Guatemala, tres de El Salvador y dos de Honduras. Norma es la única mujer.

Pero no son los únicos en el techo. A la luz de la luna, Norma distingue como un hombre de cabello largo se arrastra hacia Omar, el guía, y le susurra algo al oído. Unos minutos más tarde, Omar viene hacia ellos y les dice en voz baja que aquel hombre de cabello largo dice que conoce a gente en Medias Aguas y que ahí hay un lugar seguro donde pueden dormir. Pero Omar tiene sus dudas. Ha oído historias como esas. Es justo así que los secuestradores acostumbran decir a sus potenciales víctimas para darles confianza.

Cuando el tren frena la siguiente vez, Omar le ordena al grupo que se baje. Norma, Oscar y los demás obedecen rápido y se bajan a la grava mientras el tren sigue avanzando en la oscuridad. De pronto, ven que el hombre de cabello largo también se ha bajado del tren. Viene hacia ellos e insiste en que el grupo lo siga.

—Es muy peligroso dormir afuera.

Esta vez Omar le dice resuelto que no. Le da las gracias y le aclara que no necesitan ayuda. Pero entonces el hombre cambia la expresión de la cara. Hay algo amenazador en su voz cuando les dice:

—Es mejor que hagan como yo digo. Tenemos gente en todas las estaciones rumbo al Norte...

Los diez compañeros de viaje se alejan para hablar. Los hombres se ponen en círculo y hablan en voz baja y tensa. Se ponen de acuerdo en que si el hombre vuelve a amenazarlos, se le echarán encima.

—Aunque tenga un arma, no le da tiempo de lastimarnos a todos antes de que lo golpeemos —dice Kevin, un hombre de El Salvador que ha vivido en Houston, donde están su esposa y sus hijos.

Omar baja con el grupo por una pendiente. Van a tientas en las penumbras entre árboles altos y arbustos espinosos.

Tratan de ir lo más rápido que pueden, pero el supuesto secuestrador los sigue a cierta distancia. De vez en cuando se escucha que habla por teléfono. Quizá llama por refuerzos.

Cuando llegan a un río pequeño, Omar les dice que harán una parada corta. Norma dice que tiene que ir al baño. Pero una vez que se ha alejado unos metros de los demás, se esconde detrás de un árbol y saca el celular. Pone su celular en modo silencio y escribe un SMS. Después me lo manda.

["Trataron de robarnos, nos bajamos en Jesús Carranza."]

El mensaje de la pantalla brilla en la oscuridad dentro del carro. Roger va manejando y mantiene la vista en la carretera. Asiente con la cabeza en silencio cuando le digo que voy a tratar de llamar a Norma. Pero la recepción es mala y tarda antes de que haya señal. Al final, Norma responde susurrando con voz ronca y temerosa:

—No puedo hablar, aquí hay gente y parece que nos quieren secuestrar. Estamos escondidos cerca de un árbol a lado de un río.

La conversación se corta. No me atrevo a llamar de nuevo. Pero Jesús Carranza queda solo a unos veinte kilómetros, así que decidimos tomar la carretera que lleva a la localidad. Irineo y Olvan están sentados atrás en el carro, y miran callados por las ventanas laterales. Ninguno de nosotros sabe mucho sobre el lugar al que vamos. Irineo dice con poco entusiasmo que tal vez podríamos buscar a algún representante de la Iglesia católica y ver si tienen algún albergue para migrantes.

Son poco más de las nueve cuando llegamos a Jesús

Carranza. Las calles están vacías y mal iluminadas. Casas de concreto de uno o dos pisos emergen en la oscuridad, y en algunos lugares las tiendas han dejado focos encendidos afuera de sus puertas atrancadas. El terreno está desnivelado, así que no es fácil hacerse una idea; si hay algún río, no lo vemos. Después de un rato de búsqueda, encontramos al menos la casa del sacerdote.

—¿Qué quieren? ¿Quiénes son ustedes?

El hombre que abre la puerta se mantiene unos diez metros detrás de su reja cerrada con candado. No hace ningún intento de venir y saludar. Le explicamos el por qué de nuestra visita. Pero el hombre solo niega con la cabeza. No hay mucho que él pueda hacer, explica. No hay albergue, y como en la zona se cometen muchos secuestros, lo único que nos puede aconsejar es que tomemos contacto con la policía. De nada sirve que le digamos que Norma y Oscar están en el país sin permiso y que muchas veces la policía le roba a los migrantes indocumentados. Este hombre da la impresión de tener miedo.

Una vez que hemos dejado la casa del sacerdote, nos quedamos en la esquina de la calle para hablar sobre qué vamos a hacer. Los insectos silban por doquier en la noche tropical. Cuando saco el teléfono para buscar el número de Norma, veo unas figuras en la oscuridad que vienen hacia nosotros. Son tres hombres fornidos con uniformes de policía.

—¡Documentos, por favor! —grita uno de ellos.

Nos rodean en un semicírculo con las piernas abiertas y con las manos puestas con jactancia en las grandes metralletas negras. Les enseñamos nuestros pasaportes y credenciales de prensa, y les explicamos que somos periodistas y que estamos ahí para hacer un trabajo sobre los migrantes. El hombre que parece estar al mando no cambia de aspecto. Toma su tiempo para examinar los documentos.

—Si son periodistas saben lo que significa sospechoso. Para nosotros, ustedes son sospechosos. Tocan la puerta de la gente aunque ya es tarde. Eso no nos gusta aquí.

Se niega a dar su nombre y a mostrar su identificación de policía. Pero nos muestra claramente que no somos bienvenidos ahí. Que mejor deberíamos marcharnos. De una vez.

No protestamos porque sabemos que a veces Los Zetas se visten como policías. Y si se trata de policías de verdad, hay un riesgo grande de que le ocasionemos problemas a Norma si los llevamos ahí donde ella y los otros se están escondiendo. Saliendo del municipio, le mando un SMS diciendo que no hay nadie que pueda ayudar.

Nos QUEDAMOS en un motel viejo y mal cuidado de un pueblo a unos kilómetros de allí. Casi no hay cobertura de celular, pero de todos modos logro encontrar un punto cerca del único puesto de tacos del pueblo; ahí aparece una barrita en la esquina de la pantalla. Nos quedamos y pedimos unos tacos. Los otros clientes nos miran de reojo mientras nos dan nuestra comida y refrescos. Todo el tiempo estoy pendiente del celular, pero no llega ningún mensaje. El teléfono está callado.

En el motel a cada quien le dan un cuartito que parece una celda de cárcel. No se puede cerrar con llave desde dentro, solo desde afuera. A diferencia de la de Roger, la mía tiene una ventana pequeña.

—Supongo que nos vemos mañana —dice lacónico Roger antes de que cierre la puerta con un golpe.

La ventana da hacia el patio trasero. Un par de camionetas negras están estacionadas junto a nuestro Dodge azul cielo. Detrás de los carros se perfilan siluetas de árboles altos y montañas sinuosas. Ya hemos pasado la frontera del estado de Veracruz, y recuerdo lo que el padre Solalinde dijo la noche anterior: "En Veracruz todos están metidos. Solo la Iglesia y los militares quedan en cierta medida fuera del crimen organizado".

Me quedo recostado boca arriba sobre un colchón duro. Los grillos han comenzado su concierto nocturno. En algún lugar allá afuera en la oscuridad hay un grupo de migrantes rodeados de las mismas montañas y valles donde una vez habitó la legendaria cultura olmeca. Esa eminente cultura ha desaparecido desde hace mucho tiempo. Pienso en sus peculiares monumentos de piedra en forma de cabezas humanas, pero también que las montañas y los valles en el delta del Coatzacoalcos nos dan testimonio del papel central que ha tenido la migración en la historia de la humanidad.

LOS PRIMEROS migrantes de los que provenimos todos los seres humanos vivieron con gran probabilidad en África hace al menos unos 300 000 años. Gracias a las modernas investigaciones sobre el ADN, sabemos que eran unos nómadas persistentes, en constante movimiento a la caza de presas o de lugares donde hubiera abundancia de vegetales, nueces, frutas, agua y otros recursos naturales. De vez en cuando, tuvieron que desplazarse como consecuencia de la sobrepoblación local o por conflictos interpersonales. Pero casi siempre este tipo de vida errante parece haber sido una ventaja evolutiva, puesto que impulsó la capacidad adaptativa y, en ocasiones, condujo a avances tecnológicos y organizativos. Puede haber sido incluso la curiosidad humana y el deambular constante lo que los salvó de la extinción hace 80 000 años, período en el que se calcula que el total de la población de la especie *Homo sapiens* se redujo a poco más de 2 000 individuos.[8]

Hay indicios de que los primeros grupos de cazadores y recolectores dejaron África hace unos 200 000 años, aunque al parecer sin mucho éxito. No fue hasta que nuestros ancestros desarrollaron un pensamiento más abstracto —probablemente como consecuencia de una mutación genética— que se expandieron a un ritmo vertiginoso por todo el planeta.

Las grandes migraciones comenzaron hace unos 60 000 años tanto en dirección noreste como noroeste. Los seres humanos se desplazaron a través de los bosques de Europa, donde se encontraron con su pariente cercano, el hombre de Neandertal, *Homo neanderthalis*. Cruzaron las estepas de Asia, donde vivía el hombre Denisova o *Denisova hominis*. El resultado de estos encuentros todavía los llevamos con nosotros: se cree que entre 1 y 4% de nuestra herencia genética proviene de los Neandertales[9], y hasta un 5% de los Denisova.[10]

Estas dos especies de hombre se extinguieron hace 30 000 años aproximadamente, cuando el largo período de glaciación cambió dramáticamente las condiciones de vida y puso freno a una mayor propagación. Pero nuestra especie *Homo sapiens* sobrevivió. Y cuando la nieve y el hielo retrocedieron hace 16 500 años, nuestros ancestros reanudaron su incesante marcha y exploración. Unos miles de individuos que durante la Era de Hielo vivieron en la estrecha franja que unía lo que hoy es Rusia y Alaska fueron, de este modo, los primeros en colonizar el norte y el sur de América. Fueron estos migrantes de Asia —y no los europeos que viajaron en el siglo XV— los que descubrieron América.[11]

Esta vida nómada continuó dominando el día a día de los seres humanos hasta la invención de la agricultura hace entre 7 000 y 15 000 años. Las técnicas de arado, sembrado y cosecha se desarrollaron en aquel tiempo en forma paralela en seis regiones diferentes del mundo y fomentaron poblaciones cada vez más sedentarias. La propiedad privada —o por lo menos, la propiedad basada en clanes— adquirió un mayor significado en el pensamiento humano, a la vez que se trazaban límites entre parcelas, y a los animales domésticos se les marcaba y se les llevaba al matadero. El excedente de la agricultura posibilitó que muchos vivieran juntos en una superficie más pequeña y se abasteciera a una creciente élite administrativa y cultural que radicaba en las ciudades.

Las primeras civilizaciones vieron la luz del día en los fértiles valles fluviales a lo largo del Éufrates y Tigris en el Medio Oriente. Alrededor de los edificios de Estado se construyeron bastiones y muros que protegían contra invasiones enemigas. El hacinamiento a veces resultaba tener inconvenientes como lo fueron las epidemias o las hambrunas, pero como ventajas se tenía una difusión rápida e importante de la información y un aprendizaje colectivo más activo. Los forasteros que venían en son de paz eran bienvenidos casi siempre y las fronteras entre los pueblos y culturas eran porosas.[12]

Este desarrollo también es patente en México. Los arqueólogos han encontrado pruebas de una creciente cultura agrícola de hace unos 7 000 años junto a los ríos Coatzacoalcos, San Juan y Tonalá. Ahí se aprovechaban las inundaciones regulares como un riego natural que daba buenas cosechas. Con el tiempo, los agricultores de la región pudieron abastecer a una creciente élite dirigente y cultural que erigió edificios y monumentos que hoy asociamos con la cultura olmeca.[13]

Los olmecas desarrollaron el primer lenguaje escrito del continente americano e influyeron en toda la región. Juegos rituales de pelota, representaciones religiosas de un dios-serpiente emplumada y la fascinación por el jade, piedra preciosa, son algunas de las manifestaciones culturales que sobrevivieron mucho después de que decayera la civilización alrededor del 400 a. C. Una red de relaciones comerciales tuvo tiempo de expandir técnicas artesanales, ideas religiosas y adelantos científicos en toda Mesoamérica. Que tanto la cultura maya como el más tardío Imperio mexica pudieran sacar enseñanzas del conocimiento olmeca fue, en gran parte, gracias al mérito de las personas que viajaban, los migrantes. Un patrón recurrente en todo el mundo.[14]

LOS PRIMEROS RAYOS del sol se filtran a través de la ventana, y afuera en el patio trasero, un gallo saluda a la mañana. Se escucha música de banda mexicana desde una radio del barrio. Me baño rápido y trato de imaginarme lo que espera ahora. Toda la noche ha pasado sin que haya noticias de Norma. Su teléfono celular está apagado o está ocupado. Creo que ha de ser por la mala recepción. Pero no es sin preocupación que, un rato más tarde, manejamos hacia Medias Aguas en nuestro carro alquilado azul cielo.

Cuando nos acercamos a la localidad, una densa niebla flota sobre los campos verdes. La humedad empaña los parabrisas una y otra vez, y Roger y yo nos turnamos para secarlos. Con nosotros no solo vienen Irineo y Olvan, sino también Elizabeth Lara que trabaja para la CNDH. La noche anterior tomamos contacto con ella porque sabemos que ha venido muchas veces a Medias Aguas.

Elizabeth cuenta sobre una mujer joven que pasó por Medias Aguas hace un par de meses y cuyo grupo de migrantes centroamericanos fue parado por unos asaltantes. A todos en el grupo se les exigió 400 pesos. Pero la chica no llevaba suficiente dinero. Por eso los asaltantes la violaron en grupo. Cuando al final la dejaron ir, estaba tan aturdida que se cayó cuando trató de subirse al tren ya en marcha. Sus dos piernas fueron cortadas por las rodillas.

—Es difícil mantener la distancia en casos así. Una se ve afectada, quieras o no —dice Elizabeth Lara, que ha visitado a la mujer en el hospital varias veces.

Según un reporte de Amnistía Internacional, seis de cada diez mujeres están expuestas a abusos sexuales cuando viajan de manera irregular por México. Su situación es tan vulnerable que es común ver a mujeres indirectamente ofrecer sexo a los hombres a cambio de protección durante el viaje. Muchas se aplican una inyección anticonceptiva antes de salir de su país para evitar quedar embarazadas en caso de que las violen.[15]

Llegamos a Medias Aguas. A la luz del día, este pueblo de unos mil habitantes parece tranquilo. Nos saludan un par de señoras mayores que están sentadas en unas mecedoras en una terraza. Nos dicen que somos los primeros periodistas que han visto desde hace tiempo.

—Pasan muchas cosas feas aquí. En la noche pasan cosas que una no quiere ni saber.

Una de las señoras se agacha y señala hacia las vías del tren.

—Allí abajo encontramos un muerto hace apenas un

mes. Tenía tatuajes en la espalda. Comprenderás que no salimos en la noche.

Caminamos hacia la estación. A lo largo de las vías, todo está tranquilo y desierto. No vemos ni un rastro de los migrantes. Pero cuando nos acercamos al edificio de la estación, un vigilante rollizo de seguridad sale de las sombras y nos examina con desconfianza.

—Si es que anoche llegaron algunos migrantes en el tren, yo no sé nada. Y si sí, seguro ya se han ido de nuevo —dice.

A pesar de todo, el vigilante parece apreciar la interrupción de la rutina porque va y recoge unos vasos de plástico y una botella de Coca-Cola. Mientras el refresco espumoso cae en el vaso, dice:

—Quiero que sepan que siento simpatía por ellos. O sea, los migrantes. Yo sé lo que pasan. Hace unas semanas me deportaron de Estados Unidos. Estuve trabajando para unos chinos en Nueva York. Pero me trataban muy mal. Limpiaba caños día y noche, y casi no me pagaban nada.

Ahora quiere juntar dinero para un nuevo viaje al Norte. Por eso trabaja como vigilante de seguridad. Pero cuando le preguntamos qué es lo que pasa por la noche en Medias Aguas, nos da una respuesta vaga y evasiva. Así que le damos las gracias por el refresco y lo dejamos en la estación.

No hay muchos con quienes hablar en Medias Aguas. De todos modos, nos topamos con un viejo campesino a lado de un pequeño puente. Nos cuenta que durante varios meses ha tenido como vecinos a unos secuestradores.

—Unos hombres armados acamparon en un cerro cerca de mi terreno. Tendieron cortinas de plástico y pusieron una tienda de campaña. A veces llevaban comida y otros víveres. Y sí, yo sabía que tenían personas detenidas en la casa de campaña. A juzgar por la ropa, seguro que eran migrantes. Por suerte se fueron hace unas semanas.

En ningún lado encontramos a Norma y Oscar. No funciona la señal de teléfono y no he recibido ningún SMS desde la noche anterior. Estamos a punto de irnos de Medias Aguas cuando vemos diez personas que vienen caminando por las vías.

NORMA ESTÁ COMIENDO huevos revueltos con tortillas que le ha dado Elizabeth. Entre bocados nos cuenta lo que les pasó. Toda la noche el grupo estuvo sentado temblando de frío debajo del puente en donde acamparon. Norma se durmió algunas veces, pero se despertaba por el frío. Al amanecer escucharon pasos. Era de nuevo el hombre de cabello largo. Esta vez no estaba igual de amenazante, pero todavía trataba de atraerlos.

—¿Por qué están aquí sentados con frío? Mejor vengan conmigo.

Ellos se rehusaron. Omar se llevó al grupo a la carretera más cercana y ahí un camión les dio un aventón. Después de una media hora, se bajaron y cruzaron a pie algunos plantíos. Se les había acabado el agua, así que se pararon en una cisterna para llenar las botellas. Pero estaba llena de lagartijas e insectos, recuerda Norma, y el agua sabía mal.

—No voy a estar tranquila hasta que nos vayamos de este lugar —dice, mirando alrededor.

El grupo está sentado en una curva de las vías cerca de Medias Aguas. Están esperando un tren que nadie sabe cuándo va a pasar. Oscar tira sin ganas una piedra hacia una zanja.

—Mi papá no sabe que estoy aquí. Solo mi mamá —me dice.

—Pero a mi mamá no le gustó. Me dijo que era peligroso. Que debería quedarme en casa. Pero yo no la escuché...

La piedra de Oscar suena en el matorral. De vez en cuando vuelan pájaros y revolotean con graznidos chillones.

El líder del grupo, Omar, trata de controlar sus nervios depilando las cejas de Carlos, un salvadoreño de 18 años. Bromea con los otros, pero se nota que hasta Omar quiere dejar Medias Aguas lo más pronto posible.

Probablemente el más nervioso es el chaparrito guatemalteco, Eduardo Temaj. Es un poco torpe y le cuesta subirse al tren. Los otros le dicen que tiene que agarrar velocidad y correr un rato a lado del tren, y luego tener cuidado de no saltar a la escalerilla del vagón antes de que haya podido agarrarse bien con las dos manos. De lo contrario, el aire lo puede jalar y quedar bajo las ruedas del tren.

Norma se sienta en los rieles junto a Eduardo y le dice:

—Yo también tengo miedo, Eduardo. Pero prométeme que te vas a subir al tren esta noche. Porque el tren puede hacerte mucho daño. Pero al que se quede aquí esta noche, lo matan. Y entonces tu familia nunca va a saber qué te pasó.

El sol está a punto de desaparecer detrás de los árboles. El anochecer está cerca. Los animales de presa nocturnos empiezan a despertar. Norma se regresa con Oscar y le toma la mano, entrecierra los ojos y murmura una oración junto a los rieles:

"El Señor es mi pastor, nada me falta [...] y me lleva por caminos rectos, haciendo honor a su nombre. Aunque pase por el más oscuro de los valles, no temeré peligro alguno, porque tú, Señor, estás conmigo; tu vara y tu bastón me inspiran confianza".

Son las diez de la noche y vamos en el carro de camino a la siguiente estación cuando Norma nos llama de Medias Aguas:

—¿Erik? Un carro negro con vidrios polarizados anda por aquí. Tuvimos que correr al monte y escondernos. Pero vamos a tratar de quedarnos cerca de la tienda que está abierta. Así al menos alguien puede ver si algo nos pasa.

Nos quedamos en un café en el área de servicio cerca de la carretera. Afuera está completamente oscuro. ¿Vamos a regresar? ¿O solo hará las cosas más difíciles para Norma? ¿Llamará la atención?

El café ha tenido tiempo de enfriarse cuando llega un mensaje tranquilizador:

["Estamos en el tren rumbo a Tierra Blanca. Todo bien."]

SEGUNDA PIEZA DEL ROMPECABEZAS

LA NUEVA RUTA DE LA SEDA

TODAVÍA NO ESTOY AHÍ. *Pero Jamal sí. Está sentado en un camión militar verde, y viaja a 100 kilómetros por hora hacia una frontera que a toda costa quiere evitar cruzar. Los compañeros de viaje son una veintena; hombres apiñados que van sentados en la penumbra en completo silencio. Parecen resignados. Pareciera como si esperaran lo inevitable. Es como si todo el largo camino que han vivido hubiera sido predestinado. Como si también esta parte del viaje, este castigo, esta expulsión sin sentido fuera voluntad de Dios. Jamal se levanta y trata de sacudirse la sensación de impotencia. Va de un lado a otro en la plataforma de carga, cubierta y cerrada por completo. Y es ahora, mientras anda a tientas en las sombras y en el silencio resignado, que las palabras comienzan a tomar forma.*

—NO ME PUEDEN EXPULSAR. Simplemente no es posible.

Los dedos palpan la lona. Está atada cuidadosamente con tornillos. Se voltea frustrado hacia los otros. Pero sus cabezas están agachadas. Solo Ghulamo Hussein se encuentra con su mirada. El compañero acaba de sacar algo de su mochila.

—¿Qué dices Jamal? ¿Tratamos?

Algo resplandece en la oscuridad. Jamal contiene la respiración cuando se da cuenta de que lo que Ghulamo tiene en la mano es una hoja de afeitar. No hay ningún guardia en la plataforma de carga. Están sentados adelante. Ghulamo no espera una respuesta, sino que se levanta y se abre paso hacia el extremo posterior de la plataforma. Con un corte decidido, raja un trozo de la lona. Un rayito de luz diurna entra.

—Espera —susurra Jamal sujetándole la muñeca.

Se ven a los ojos. Jamal le hace señas de que necesita unos segundos. Regresa a su lugar y levanta su mochila negra *Salomon*.

Es demasiado pesada. No va a poder correr lo suficientemente rápido con ella en la espalda.

—¿Alguien quiere un *shalvar kamiz*? —pregunta mientras saca de su mochila la vestimenta tradicional afgana.

En casa, en su pueblo, acostumbraba llevarlo todos los días, pero aquí en Irán solo es una carga extra. Uno de los hombres en el camión levanta la mano discretamente. Jamal le lanza la prenda.

—¿Y una chamarra? ¿Quién la quiere?

Otro hombre alza un dedo en la oscuridad. En un instante se ve obligado a saltar con las dos manos para recibir la chamarra que viene volando hacia él.

Jamal alza de nuevo la mochila. Ahora está más ligera. Cierra el cierre, se pone la mochila y se levanta. En ese instante, Ghulamo deja que la hoja de afeitar se deslice en la lona verde.

Un mar de luz blanca llena la plataforma. Del otro lado del orificio de un metro de ancho, se extiende ante sus ojos entornados un paisaje desértico, árido y pedregoso. A un kilómetro se elevan a los costados las pendientes de las montañas, cuyas sombras son casi igual de negras que el asfalto de la autopista.

—Si podemos llegar a una de esas pendientes tal vez estaremos a salvo —dice Jamal, señalando por el agujero.

Pero no se puede salir a esta velocidad. Los carros y camiones de carga van a alta velocidad por ambos lados de la autopista. Algunos de los camiones parecen transportar petroquímicos, otros llevan verduras, fruta o arroz de Pakistán. Jamal se asoma y busca tener contacto visual con alguno de los conductores.

Se observan expresiones de asombro detrás del parabrisas del carro más cercano. Jamal hace señas de que necesitan ayuda, pero no quiere que el conductor del camión se entere de lo que está pasando. El coche acelera y los rebasa. Parece que el conductor al menos respeta uno de los deseos. Porque no pasa nada. Pronto se acerca otro auto. También le hacen señas nerviosas con las manos, y el conductor se les queda viendo con ojos grandes cuando los rebasa.

Jamal ha empezado a buscar con la mirada el siguiente carro cuando advierte que el tráfico se acerca rápido. Es su camión el que desacelera.

El asfalto recibe los tenis con un ruido sordo. Casi pierde el equilibrio, pero se obliga a ganar velocidad impulsando las piernas hacia adelante. Detrás de él se escuchan chirridos de frenos y fuertes gritos. Ghulamo desaparece por la derecha, así que Jamal da vuelta a la izquierda para confundir a los que pronto vendrán corriendo por él. Sale a toda prisa de la carretera y se mete a la llanura de piedra y de arena, entre matorrales y arbustos que le llegan a la rodilla. Los zapatos se hunden en la arena, pero los saca una y otra vez y sigue corriendo en el paisaje llano y desértico. Los grandes y seductores bloques de piedra de la pendiente quedan solo a unos cientos de metros.

—*Beh-eest! Beh-eest!*

Jamal echa un vistazo por el hombro. Un corpulento hombre uniformado viene corriendo detrás de él. En cualquier momento, el guardia puede alzar su arma y apuntarle a este afgano fugitivo, vestido de playera, jeans, tenis y con una mochila negra que rebota en la espalda empapada de sudor. Pero Jamal no se detiene. Sigue hacia la montaña, hacia la libertad.

El sol quema en la frente. Los resoplidos ahogan el sonido del viento. Pronto no se escucha más que la grava que cruje debajo de los zapatos y el propio jadeo que se vuelve más fuerte con cada minuto que pasa. Pero no se escuchan disparos.

Cuando Jamal llega a la cuesta, casi empieza a creer que ha tenido éxito con el intento de fuga. Pero sabe que es muy temprano para celebrar, demasiado pronto para detenerse. Zigzaguea entre los bloques de piedra y los montones de grava, y todo el tiempo hace lo posible para que no lo vean desde abajo. Transcurren veinte minutos. Tal vez media hora. Al final, ya no puede correr más. Se derrumba jadeando en la sombra de un gran bloque de piedra.

Después de un rato, echa un vistazo hacia abajo. Ya no se ve al vigilante. El camión militar tampoco está. ¿Se cansaron de perseguirlo? ¿Se asustaron de que los otros prisioneros pudieran escaparse si no los vigilaban? No es tan importante

ya. La montaña desértica se alza alrededor de él. El cielo es
de un azul claro.

HACE mucho tiempo se extendía por este desierto una
legendaria vía comercial, la Ruta de la Seda. Caravanas con
hasta mil camellos y dromedarios se desplazaban guiados por
la bóveda celeste y hallaban el reposo necesario en oasis
como el de Bam, a solo unos cien kilómetros de donde Jamal
está descansando. Durante siglos, la famosa Ciudadela de
Bam ofreció protección a los viajeros remotos contra las
bandas de ladrones que merodeaban por ahí. Las puertas
estaban abiertas para quien quisiera comprar o vender
mercancías o que simplemente estaba interesado en intercambiar conocimiento. El bazar bullía de comerciantes y de
migrantes de tierras remotas.

Las comunicaciones a larga distancia y los grandes flujos
migratorios todavía eran algo inusitado durante la Edad
Antigua. Las fronteras entre las grandes civilizaciones
conformaban una tierra de nadie, donde por mucho tiempo
pueblos nómadas hostiles y bandas de ladrones hacían peligrosos los viajes. Pero en los siglos próximos al nacimiento de
Cristo, el mundo comenzó paulatinamente a conectarse a
través del comercio y la migración pacífica. En China, la
dinastía Han logró asegurar las rutas comerciales hacia el
oeste, lo que posibilitó el intercambio de todo tipo. La seda
china se volvió popular a lo largo del Mediterráneo, donde
las clases sociales privilegiadas se vestían gustosas con estas
prendas exclusivas. Por su parte, China obtuvo los esplén-
didos caballos que eran armas formidables en las guerras de
ese tiempo.[1]

A lo largo de esta nueva ruta comercial no solo transitaban artículos de lujo, sino también inventos, costumbres culturales y nuevas concepciones del mundo. Una nueva clase social de monjes y religiosos empezó a viajar por el mundo y a escribir a su tierra sobre lo que había visto y vivido. En unos cuantos siglos se sentaron las bases tanto de las religiones más grandes del mundo como de la filosofía — un desarrollo que es difícil de explicar sin las nuevas perspectivas y conocimientos que aportaron los viajes humanos y el intercambio de ideas.

El filósofo alemán Karl Jaspers ha acuñado el concepto de "era axial" para el período que va del 800 a.C. al 200 a. C. Durante estos siglos, Sócrates y Platón enseñaban en la antigua Grecia, Confucio y Lao-Tsé en China, Buda en la India, los profetas judíos como Isaías, Jeremías, Ezequiel o Daniel en Palestina, y Zaratustra en Persia. En su clásica *Introducción a la filosofía* (1950), Jaspers observa que las vidas y obras de estos pensadores tienen una serie de denominadores en común. Y llega a la conclusión de que la base espiritual de la humanidad de hoy debe buscarse en esa época de cambios radicales.[2]

También fue durante la era axial que Persia, predecesora del actual Irán, se volvió un gran poder gracias a su posición central a lo largo de la Ruta de la Seda. Unas pocas décadas después de su fundación en el siglo VI a. C., la antigua Persia se había convertido en el reino más grande que el hombre había contemplado hasta entonces. Se extendía desde la actual Libia en el oeste hasta el norte de la India en el este, e incluso el país de Jamal, Afganistán —o *Bactrania* o *Bactria*, como le llamaban en la antigüedad— pertenecía al Imperio.

Gobernantes locales —o *sátrapas*— eran designados por los persas para recaudar impuestos, reclutar soldados y supervisar la administración local. Pero cada territorio y pueblo tenía amplia autonomía. En realidad, varios de los sátrapas eran dirigentes locales que se habían ganado la confianza de los persas. La tolerancia hacia diferentes lenguas, religiones y costumbres llegó a ser el fundamento sobre el cual descansaría la antigua Persia.[3]

Los reyes persas habían entendido que sería casi imposible controlar tan vasto imperio solo con el poder de las armas. En vez de eso, optaron por legitimar su poderío de otra manera. Se presentaron como garantes de la paz, la tolerancia hacia la diferencia, los viajes distantes y el comercio; algo que era tan innovador como radical en esos tiempos.

Por tal razón, el Imperio persa es considerado hoy en día como el primer imperio claramente multicultural de la historia. Le seguirían muchos otros —desde el Imperio romano hasta variantes más recientes—, e incluso se dice que su tolerancia religiosa habría inspirado a los Padres Fundadores de los Estados Unidos durante la redacción de su constitución.[4] Pero la cuestión es si los antiguos persas no tuvieron mayor influencia en otro aspecto menos estudiado: el monopolio de la regulación de la circulación de personas.

Los reyes de la dinastía aqueménida eran muy conscientes de la importancia que tenía el comercio para su poder político y militar. Construyeron caminos reales que aseguraban los viajes de largas distancias. Fundaron el primer servicio postal en el mundo. Establecieron cientos de posadas y puestos de comercio a través de las grandes rutas comerciales, lo que hizo que viajaran todavía más caravanas con oro, cobre y mercancías de lujo hacía el este como al oeste. Y fueron responsables de numerosas innovaciones en el servicio bancario y monetario, que ya en el siglo V a. C. elogiaba el historiador griego Heródoto.[5]

Menos conocido es que los gobernantes persas también introdujeron lo que probablemente es el primer uso sistemático de salvoconductos. En la práctica, estos antiguos "pasaportes" funcionaban como una combinación de documento de identidad y de tarjeta de crédito en las muchas posadas reales a lo largo de la Ruta de la Seda. El poseedor de un salvoconducto persa podía contar con comida, alojamiento, protección militar, guías de viaje y acceso para que los animales descansaran; algo que en ese tiempo implicaba una infraestructura y servicios impresionantes. Heródoto registró por cuenta propia ciento once de estos establecimientos persas en el trayecto Sardes-Susa —lo que equivalía exactamente a un puesto por cada día de viaje.[6]

En los últimos años, análisis arqueológicos de las escrituras cuneiformes de Las Tablillas de la Fortaleza de Persépolis han confirmado que, en efecto, la expedición de pasaportes era generalizada y sistemática. Está comprobado que a los comerciantes, emisarios diplomáticos y otros viajeros prominentes se les ofrecían amplios convenios de seguridad y comodidad en sus viajes por la Ruta de la Seda. A cambio, se esperaba que acataran el derecho persa de regular e imponer impuestos a su desplazamiento. En general, el sistema parece haber sido apreciado por los huéspedes que venían de lugares remotos, aunque a veces resultara en largas esperas.[7]

Difícilmente puede sobreestimarse la importancia del sistema de "pasaportes" para los gobernantes de la antigua Persia. Requería de una gran inversión inicial, gastos tanto para el mantenimiento de caminos y edificios como para el buen funcionamiento burocrático, el cual registraba e inspeccionaba a los viajaros y luego llevaba la información al poder central, en donde se realizaba escrupulosamente la contabilidad. Pero, además, el sistema daba un control administrativo nunca antes visto que facilitaba el cobro de aranceles comerciales y otros impuestos. A la vez, la presencia militar adquiría amplia legitimidad en el vasto imperio. Los residentes en Persia no disfrutaban de ningún tipo de ciudadanía en el sentido moderno de la palabra, con derechos políticos y civiles y obligaciones. Aquella idea se inventó en la antigua Grecia y se desarrollaría con el Imperio romano. Pero sabemos que las mujeres persas, a diferencia de sus pares griegas, podían estudiar una profesión, dedicarse al comercio, formar parte del ejército y tener derechos de propiedad. Entre algunos antiguos escritores griegos, esta posición de relativa prominencia de las mujeres era considerada como la raíz del supuesto declive y decadencia del Imperio persa. Con esta clase de expresiones resulta evidente el reverso de la ciudadanía en la antigua Grecia que, al igual que la democracia griega, se basaba en la exclusión sistemática de mujeres, esclavos y migrantes.[8]

Estas dos experiencias históricas —por un lado, el Imperio multicultural persa que garantizaba el pluralismo, el comercio y los viajes de largas distancias, a la vez que exigía regularlos sistemáticamente; y por el otro, la antigua Grecia y su democracia directa, que posibilitaba una gran participación popular en la política, al mismo tiempo que excluía a mujeres, esclavos y "extranjeros"— se volverían más tarde referencias importantes para la construcción del sistema internacional de Estados como hoy lo conocemos.

JAMAL ESTÁ PIDIENDO un aventón a oscuras a orillas de la carretera. Las ráfagas le jalan la ropa y los cláxones suenan cuando los autos y camiones pasan al lado de él. El resplandor de los faros le dificulta ver el color de los coches que se acercan. Todo el tiempo le carcomen los nervios de que una patrulla de policías o un camión militar vaya a pararse enfrente de él. En cambio, unos minutos más tarde, la que se detiene es una camioneta con verduras en la carga. Un hombre joven le grita desde la ventana que se suba. El alivio se esparce por su cuerpo cuando Jamal abre la puerta, se sube y se sienta.

Apenas una hora después, se detienen en la ciudad de Kermán, donde Jamal se baja. Toma un taxi hacia la estación de autobuses. Entra y se asea en el baño público. Después compra un boleto de ida hacia Teherán y sale a buscar el autobús. Cuando lo aborda, ve que le ha tocado un asiento junto a la ventana. En el asiento de a lado está sentado un iraní de mediana edad que lo examina con mirada curiosa de arriba abajo.

—¿Eres de aquí? No pareces...

Jamal no sabe qué responder. Supone que la pregunta es por su piel clara, el cabello castaño y los ojos cafés claros. Esa apariencia no es tan rara en Afganistán, pero sí un poco aquí en Irán. Por otro lado, habla *dari*, la variante afgana del *farsi*, así que podría tratar de fingir. Pero el riesgo de que el acento lo delate es grande.

—No, soy de Afganistán. Estoy aquí para buscar trabajo —responde, por fin.

El pasajero vecino levanta las cejas sorprendido. Con nuevo interés estudia al joven afeitado del asiento contiguo.

—En ese caso debes tener cuidado. La policía acostumbra subirse en estos autobuses y buscar gente como tú.

No lo dice en tono hostil, más bien suena como un

consejo amigable. Así que Jamal agradece la información, esperando no haber dicho demasiado.

Mientras el autobús sale de la terminal, Jamal se inclina sobre el asiento. Es más cómodo que muchos de los autobuses en los que ha viajado en Afganistán. Así parece ser con muchas cosas en este país. El petróleo ha hecho de Irán un gran poder en la región; carreteras, redes eléctricas, conexiones telefónicas y otra clase de infraestructura son de lo mejor en Oriente. Los niveles de educación y los estándares de vida son relativamente altos. Sobre todo en comparación con su país que durante más de cuarenta años ha sido desgarrado por varias guerras civiles devastadoras.

A Jamal le cuesta no pensar en lo que le dijo el iraní cuando iban saliendo de Kermán, que la policía suele detener los autobuses y hacer inspecciones. Sabe que ha tomado un riesgo grande al sentarse en el camión a la vista de todos. La cuestión es: ¿qué otra cosa podría haber hecho?

Su único seguro es un pedacito de papel con el número de teléfono de un *facilitator*, un traficante en Teherán. Pero no puede llamar a este número antes de que llegue a la capital. Hasta entonces tiene que arreglárselas por cuenta propia.

Al que viaja en búsqueda de conocimiento, Dios le va a dejar caminar por un sendero que lleva al Paraíso.[9]

ESTA CITA ES ATRIBUIDA al profeta Mahoma e ilustra cómo los antiguos sabios musulmanes veían el conocimiento y los viajes de larga distancia. Tras la muerte del Profeta en el año 632 d. C., grandes ejércitos árabes atravesaron el Medio Oriente y establecieron un califato grande y poderoso que cubría gran parte del territorio anteriormente dominado por los persas. Este califato logró unir a los pueblos árabes que antes habían luchado entre sí, y llegó a tener la religión como precepto político y moral. Pero al igual que en la antigua Persia, había una gran apertura para el pensamiento científico y el comercio de larga distancia.

En Occidente, el Imperio romano había colapsado y, en Oriente, la dinastía Tang en China estaba ocupada en unificar su propio país. Por eso, los astrónomos, filósofos y maestros árabes pudieron nutrirse tranquilamente de las enseñanzas de las antiguas civilizaciones griegas, egipcias, romanas, bizantinas, persas, indias y chinas y seguir cimentando ese conocimiento milenario. El resultado fue una época que hoy se conoce como la Edad de Oro del Islam, sin la cual la historia del mundo hubiera sido radicalmente distinta. Su centro se encontraba en Babilonia, dentro de lo que hoy es Irak.

El Imperio islámico no solo fue conocido por un conjunto de avances científicos, sino también porque hizo más seguro viajar en el mundo antiguo. El este y el norte de África se conectaron con la esfera cultural islámica y se abrieron nuevas rutas comerciales. Incluso España llegó a estar bajo el control político y económico del Califato musulmán durante 700 años aproximadamente. Uno de los resultados del creciente comercio y de la migración fue la propagación de cereales como trigo, verduras como berenjenas y espinacas y una serie de frutas tropicales. Esto mejoró la alimentación de las ciudades del imperio y contribuyó a un crecimiento gradual de la población.[10]

No obstante, los viajes estaban regulados. Al igual que los antiguos persas, el Califato musulmán utilizó un tipo de pasaporte: una marca en la nuca con tinta indeleble. Tenía un vinculo económico aún más claro que el de la antigua Persia, pues en la práctica era un recibo de que el propietario había pagado sus impuestos.

Mientras tanto, la dinastía Tang en China construyó un enorme ejército con cientos de miles de hombres con los que finalmente logró unificar el país y hacer la Ruta de la Seda más segura para viajar. En aquel entonces, La Muralla China llegó a funcionar más como una estación de aduana que como la fortificación contra bandas de ladrones que una vez había sido. Diásporas como la red judía Radaniyya se establecieron a lo largo de las rutas comerciales y cada vez más personas optaron por desplazarse a grandes distancias. De esta manera, el islam se extendió a regiones donde el ejército árabe ni siquiera había puesto un pie —lo que explica por qué la población musulmana más grande en la actualidad vive en países como China e Indonesia.[11]

Esta creciente estabilidad tuvo un final abrupto a principios del siglo XIII cuando Gengis Kan y sus jinetes irrumpieron violentamente en las estepas del Asia central. Los mongoles eran guerreros tan hábiles como despiadados y destrozaron mucho a su paso. En las narraciones orales tradicionales de países como Afganistán todavía pervive el recuerdo de estos acontecimientos violentos y traumáticos. Pero incluso los señores de la guerra mongoles pronto se dieron cuenta de que les beneficiaba estimular el comercio y el intercambio de conocimientos en los territorios conquistados.[12]

Establecieron el llamado Örtöö, o sistema Yam, lo que posibilitó a los emisarios cabalgar a toda velocidad entre estaciones de comercio que quedaban a horas de distancia. Para poder transitar a lo largo de este camino y tener permiso de pernoctar en las estaciones de comercio, se necesitaba un pase mongol: *paiza*. Era una ficha de metal ovalada que posibilitaba la identificación del portador. Los comerciantes la recibían al pagar los impuestos establecidos por los mongoles. Por ejemplo, cuando Marco Polo regresó de sus largos viajes debe de haber llevado consigo un *paiza*. Mucho indica que este sistema inspiró los permisos de pase o pasaportes que más tarde se aplicarían en Europa.[13]

Algunos investigadores rastrean todo el Renacimiento europeo hasta el Imperio mongol, ya que éste llegó a adoptar de sus enemigos la astronomía, las distintas formas de arte y de gobierno, la imprenta y la pólvora; y luego se mostró dispuesto a compartir estos logros con otros países más al oeste. De este modo, pueblos e ideas continuaron entrelazándose en Europa, África y Asia. Así, a principios del siglo XV el viejo mundo estaba conectado como nunca se había visto.[14]

EL AUTOBÚS se sacude y se detiene en una parada donde hay un puesto de comida. Por las bocinas el conductor informa que harán una pausa breve. Jamal se estira, se levanta y se baja del autobús junto con los otros pasajeros. Camina pensativo por el estacionamiento. Está a punto de meterse al baño cuando se queda parado con los ojos muy abiertos. En la puerta frente a él está Ghulamo Hussein.

—¡Lo lograste!

—¡Tú también, Jamal!

La reacción del amigo es igual de asombrada como la de Jamal. Se ríen y se abrazan. Luego de un rato, Ghulamo señala hacia su camión que pronto va a partir.

—¿Me esperas en Teherán? Te prometo que te espero si

yo llego primero.

—Claro. Te espero —responde Jamal, y se despide de su amigo.

Cuando un rato más tarde se sube al autobús y se encuentra de nuevo con el aire acondicionado frío, el nudo en el estómago ya no se siente tan grande. Al menos tiene un amigo que va sentado en otro camión y que está en la misma situación que él.

El camión sale de la parada de descanso. Le televisión parpadea por unos segundos cuando el conductor pone una comedia iraní. Jamal se reclina en el asiento y empieza a ver la película. Pero le cuesta concentrarse en la trama. La mirada se pierde una y otra vez en la oscuridad afuera de la ventana.

Ya han pasado dos semanas. Dos semanas desde que abrió la puerta esa mañana y salió al patio. La nieve yacía en montoncitos en el suelo. Las nubes cubrían el cielo. El vaho salía de su boca. Para entonces el invierno debería haberse ido, pero la primavera aún brillaba por su ausencia.

En el patio afuera de la casa, el papá de Jamal lo esperaba, junto con su madre y sus hermanos. Los brazos del padre lo estrecharon en un abrazo cariñoso y rudo a la vez. Y la voz se le quebró cuando le dijo:

—Cuídate bien, hijo mío.

A sus 22 años, era la primera vez que veía llorar a su papá. Pero se obligó a mantenerse tranquilo y se despidió del resto de la familia. Se puso la mochila al hombro y salió con paso firme por la puerta de la pared de adobe. Los padres se quedaron en el patio. Pero algunos de sus hermanos lo siguieron por el callejón hasta el centro. Iban callados a su lado durante la breve caminata.

Como de costumbre, en el centro del pueblo estaban

parados los taxis blancos que esperaban pasajeros. Jamal abrazó a sus hermanos y les dio las gracias cuando un poco torpes le desearon buena suerte. La puerta del coche se abrió y se sentó en la parte trasera. Cuando todos los asientos se habían ocupado, las llantas comenzaron a rodar colina abajo. Pasaron la mezquita donde el fatal decreto había sido colocado. Los edificios de adobe del pueblo. Los sembradíos que todavía estaban en barbecho a la espera de la siembra. El edificio grande de la escuela a las afueras del pueblo. Los árboles frutales cuyas ramas todavía estaban desnudas. En su puño llevaba los 20 afganis con los que iba a pagar al taxista. Ya en ese entonces sabía que pasaría mucho tiempo antes de que pudiera regresar.

El recorrido lo había llevado a la capital Kabul y luego, en autobús, a Pakistán. En Haripur, del lado de la frontera pakistaní, lo esperaba su tío que lo llevó con el contacto, quien sería el responsable del resto del viaje. Fue ahí en Haripur donde conoció a Ghulamo Hussein. Los dos habían recurrido al mismo traficante de personas o *facilitator,* como son llamados en Pakistán, y les había instruido que se sentaran juntos en un autobús que los llevó a una ciudad cerca de la frontera con Irán. Ahí los habían recogido y llevado a una granja abandonada que, al parecer, se usaba regularmente como lugar de espera, porque Jamal y Ghulamo tuvieron como compañía a un grupo grande de migrantes.

Unas horas después llegaron unas camionetas 4x4. Bruscamente, los traficantes subieron a empujones a los migrantes a la caja de carga. Jamal, Ghulamo y los otros se quedaron amontonados, agarrándose lo mejor que podían mientras los carros, hora tras hora tras hora, se tambaleaban en los estrechos caminos de los cerros. Un par de veces los habían obligado a bajarse y a empujar. Los traficantes solo habían estado parados y gritaban que tenían que empujar más. Poco antes de que amaneciera llegaron a una casa de seguridad del otro lado de la frontera y allí pudieron descansar. En el siguiente tramo ya no se podía viajar en grupos grandes. A Jamal y a Ghulamo les habían ordenado que se metieran de rodillas en la parte trasera de un camión que iba hacia Terán. El lugar quedaba muy cerca del motor. Se calentaba. Y era estrecho. Jamal se quemó en los brazos y en las piernas durante las horas a oscuras. Pero al final resultó en vano. El camión había sido detenido en un control de policías en donde abrieron el cofre. Sin duda, la policía migratoria iraní sabía lo que buscaba.

EL AUTOBÚS SE HA DETENIDO. La película ha terminado y muchos de los pasajeros duermen. Jamal ve cuando el soldado entra al pasillo y comienza a presionar un poco con su ametralladora sobre algunos bultos en las repisas arriba de los asientos.

El cañón se acerca a él. Cierra los ojos y finge dormir.

Después de un rato, sisea la puerta de aire de presión. Las luces junto al conductor se apagan. Cuando el motor se enciende, se atreve a abrir los ojos de nuevo.

LOS CONTROLES de policía a lo largo de la carretera hacia Teherán no son solo para detener migrantes indocumentados. Actualmente, la Ruta de la Seda también es una ruta para todo tipo de mercancías ilegales. Piensa en armas ilegales. Heroína. Redes de prostitución. Y piensa en un muro de contención de más de 800 kilómetros de largo, en barreras de alambre de púas de 100 kilómetros, sensores eléctricos y 30 000 soldados en la frontera este. Hasta ahora Jamal no ha visto nada de drogas durante su viaje, pero sabe que están ahí, escondidas en camiones, en cajuelas y, especialmente, en los vientres de los afganos pobres. Fue para no parecer sospechoso de tráfico de drogas que le había dicho al hombre de a lado que buscaba trabajo. Era una mentira blanca. Esas que se dicen para evitar problemas.

Su país natal, Afganistán, produjo en la década de 2010 alrededor del 90% de la producción mundial de opio, la materia prima de la heroína. El valor de esta industria ilegal se estimaba en un aproximado de cuatro mil millones de dólares al año; dinero que no solo financiaba las armas de los señores de la guerra locales, sino que también socavaba los intentos de construir un Estado de derecho y una autoridad que funcionara. Una parte de la droga se transportaba hacia el norte a través de Asia Central y Rusia. Pero también se llevaba mucho hacia el gran mercado europeo a través de Irán.[15]

Los traficantes de drogas utilizan las mismas rutas que las de los migrantes indocumentados. No es raro que en las provincias fronterizas recluten a niños afganos pobres, a quienes se les encarga que se traguen algunas cápsulas de heroína y pasen de contrabando por la frontera. Por cinco cápsulas, un chico puede recibir alrededor de 260 dólares, una suma considerable si se ha crecido en alguno de estos pueblitos. Pero lo que los contrabandistas a menudo olvidan decir es que si solo una de las cápsulas se rompe en las entrañas, el mensajero tendrá una muerte segura.[16]

Además de intoxicarse por la heroína, existe otro riesgo para los traficantes de drogas afganos: ser detenidos por la policía y condenados a muchos años de cárcel, o incluso a la muerte.

Amnistía Internacional ha alertado de que la guerra iraní contra el narcotráfico también afecta a los migrantes que solo tratan de cruzar la frontera para encontrar un trabajo o huir de la guerra y la persecución. De acuerdo a la organización, los arrestos son con frecuencia sumarios y los procesos legales deficientes:

> *A veces se arresta a todos los afganos que viajan en un autobús que cruza la frontera entre Afganistán e Irán y se les acusa de tráfico de drogas, independientemente de si están o no implicados.*[17]

Un migrante afgano que entrevisté en Bélgica en septiembre de 2011 me contó que unos meses atrás la policía fronteriza iraní le había disparado con armas automáticas. Negó todo nexo con el tráfico de drogas, pero estaba convencido de que varias personas habían muerto en el camión en el que iba. Los hechos no pudieron ser confirmadas por fuentes independientes, pero da una idea de lo peligrosa que se ha vuelto para los migrantes la frontera entre Afganistán e Irán en la década de 2010.

Con todo, miles de afganos sin permiso continúan viajando a Irán cada año. En parte, por la persecución de los talibanes. Pero también debido a los contrastes entre los países. Un afgano indocumentado en Irán puede ganar 10 dólares al día como albañil o trabajador de limpieza. Aquellos que tienen algún tipo de competencia especial ganan más, 20 a 25 dólares por día, un sueldo que la mayoría de los afganos nunca alcanza en su país.

Además del millón de refugiados que todavía quedan en el país tras el gran flujo de refugiados de Afganistán en los ochenta y los noventa, más de un millón y medio de afganos han ido a Irán la última década. Muchos de los edificios habitacionales y de oficinas en las zonas más elegantes del norte de Teherán han sido construidos, en la práctica, por migrantes afganos indocumentados. Las condiciones de trabajo son pésimas y los días laborales largos; a muchos se les obliga a vivir en el sótano del mismo edificio que están construyendo. Los sindicatos independientes están prohibidos y la protección al trabajador es casi inexistente. Pero la profunda pobreza, la inseguridad y la persecución política de los talibanes en Afganistán contribuyen a que siga aumentando el flujo de trabajadores.[18]

La mayoría en Irán es consciente de que pocos trabajadores iraníes estarían interesados en los trabajos pesados y con salarios bajos que realizan los afganos: limpieza, trabajo doméstico, construcción. Durante los años de rápido crecimiento posteriores al año 2000, esa mano de obra barata fue un estímulo para la economía iraní. Pero cuando el desempleo juvenil comenzó a aumentar a mediados de la primera década de este siglo, parte de la población se volvió hostil contra los afganos. En los últimos años, se han reportado una serie de ataques y asesinatos por motivos étnicos, mientras que en campañas de redes sociales se acusa a los trabajadores afganos de ser "propensos a violar".

El régimen iraní solía tratar de atenuar estos conflictos étnicos. Pero en 2007 la tendencia cambió: de pronto, todos los afganos indocumentados fueron amenazados con la expulsión. No se trataba solo de palabras. Ese año fueron expulsados de Irán 360 000 afganos[19] y las normas de visado se endurecieron. El costo por una visa de turismo se elevó a 740 dólares, una cantidad considerable para un refugiado afgano pobre.[20]

El resultado no fue inesperado: un mercado clandestino de tráfico de personas. Emprendedores de la economía informal comenzaron a ofrecer viajes a Irán por poco más de la mitad del precio de la visa de turismo. Un ejemplo clásico de la oferta y la demanda. Irán podría haberse quitado el problema simplemente por medio de disminuir los obstáculos de visa y facilitar a los afganos viajar de un modo legal. En cambio, el régimen decidió endurecer todavía más los controles fronterizos.

LA ESTACIÓN de autobuses es un hervidero de personas. Jamal se sienta en un banco y con los ojos cansados observa a los que pasan apurados a la hora pico de la mañana en Teherán. Señores barbudos en traje. Hombres jóvenes bien afeitados en jeans y camisa de polo. Mujeres de pantalones y faldas largas que dejan ver unos mechones de cabello bajo el velo. No ha dormido nada en toda la noche, así que está bien haber llegado.

Seguramente hay afganos entre los que pasan apresurados. Jamal sabe que muchos de los que huyeron de la parte oeste de su país fueron recibidos por Irán durante la guerra en los ochenta y los noventa. Algunos regresaron con ayuda de la ONU y otras organizaciones. Pero muchos se han quedado —lo que ilustra como la carga más pesada en las crisis de refugiados la llevan frecuentemente los países vecinos.[21]

Pero algo ha empezado a cambiar después de las protestas estudiantiles contra el régimen en 2009. Las manifestaciones fueron reprimidas y muchos estudiantes activistas fueron encarcelados o tuvieron que huir del país. Y el presidente de aquel entonces, Mahmoud Ahmadinejad, se dio cuenta de que era urgente fortalecer su legitimidad.

Como muchos otros mandatarios en la historia, optó por tratar de unir al pueblo contra un enemigo exterior. En una entrevista para la televisora estadounidense ABC en mayo de 2010, declaró:

> Nuestras fronteras están cerradas para todos los que traten de viajar sin permiso. No importa si se trata de tres alpinistas estadounidenses, del señor Bin Laden o de otra persona. Las fronteras están cerradas. Nuestra posición es clara.[22]

La declaración iba dirigida, en primer lugar, a Estados Unidos y, en segundo lugar, a los extremistas suníes de la guerrilla Talibán y sus aliados de la red terrorista Al-Qaeda. Pero también había ahí un subtexto que iba destinado a un público interno. La mayoría en Irán era consciente de que el endurecimiento de los controles fronterizos no afectaría en primer lugar ni a los alpinistas ni a los terroristas, sino a los migrantes indocumentados de los países vecinos Afganistán y Pakistán.

En 2011, cuando la Primavera Árabe sacudió a los países vecinos y dictadura tras dictadura cayó, la retórica xenófoba del régimen parecía acentuarse. La siguiente declaración, un tanto absurda, del influyente mulá Mehdi Daneshmand es un ejemplo ilustrativo:

En nuestro país viven entre dos o tres millones de afganos, ¿lo sabían? Todos estos afganos han recibido entrenamiento militar y aprendido artes marciales. Tae-Kwan-
Do, Judo, Kung-Fu [...] Un solo afgano puede noquear a
20 jóvenes iraníes. Han abierto clubes de artes marciales
donde entrenan. Algo preparan. Esperen y verán. Un día,
en lugar de Irán van a despertar y encontrarse en Afganistán. Van a estar rodeados de simpatizantes del mulá
Omar.[23]

A los afganos en Irán no les parecía muy divertido.
Muchos de ellos habían abandonado su país precisamente
para escapar del mulá Omar y del terror que causaba su
movimiento religioso talibán.

Poco después del Año Nuevo persa en 2012, el gobierno
de la metrópoli iraní de Isfahan prohibió a los afganos parti-
cipar en la celebración de la fiesta de Sizdah Be-dar en uno
de los parques más grandes de la ciudad. Simultáneamente,
llegaron reportes de que en algunos lugares del país, los
servicios y baños públicos habían sido divididos en secciones
separadas para los iraníes y los afganos.[24]

Las medidas discriminatorias encararon protestas en Irán
de jóvenes con conciencia política. En las redes sociales se
lanzaron campañas antirracistas. Pero por parte del liderazgo
máximo del país había un silencio absoluto. El gobierno iraní
ni siquiera parecía titubear en utilizar la situación vulnerable
de los migrantes afganos para obtener concesiones del país
vecino. En mayo de 2012, se reportó que el embajador iraní
en Kabul había amenazado con "echar a los refugiados" si el
parlamento afgano no revocaba un acuerdo de colaboración
con los Estados Unidos.[25]

Durante la presidencia iraní de Hassan Rouhani siguió

el hostigamiento a los afganos, aunque con una retórica menos dura. Al mismo tiempo, el régimen logró reclutar muchos afganos para milicias apoyadas por Irán en la guerra de Siria. En 2016, Human Rights Watch constató que muchos de estos afganos habían sido detenidos por migración irregular antes de recibir la oferta —o más bien el ultimátum —: o combates para nosotros o te deportamos.[26]

Una cosa es segura: el gobierno afgano se ha mostrado incapaz de defender los derechos de sus ciudadanos, a pesar de que al año los migrantes envían en conjunto alrededor de 500 millones de dólares a sus familias en Afganistán.[27] Es difícil no tener la impresión de que, en la práctica, los afganos que han dejado su país están abandonados a la buena voluntad de otros Estados.

EL MINUTERO del gran reloj en la pared de la terminal ha dado dos largas vueltas desde que llegó, y Ghulamo Hussein no aparece. ¿Qué tal si el compañero ha tenido menos suerte que él? Jamal piensa que no puede correr el riesgo de quedarse sentado y esperar. Ve unos taxis detrás de la ventana de la sala de espera. Uno de esos conductores le debería dejar hacer una llamada desde su celular. Busca a tientas en su bolsillo. Ahí está el papel con el número.

"... al menos 18 personas murieron y 45 resultaron heridas hoy en dos atentados en el oeste y sur de Afganistán... Los talibanes se han adjudicado la responsabilidad por los ataques...".[28]

La televisión está encendida en el pequeño departamento en las afueras de Teherán. Las imágenes muestran coches hechos añicos y víctimas sangrando. Ha comenzado la ofensiva de primavera de los talibanes. Una veintena de personas están sentadas alrededor de Jamal y miran las noticias sobre una alfombra en la sala. Algunos colchones y almohadas están alineadas en la pared. La mayoría de los hombres aquí son afganos, pero también hay uno que otro pakistaní y algunas personas de otra nacionalidad que es difícil precisar. En la cocina, un grupo de mujeres preparan comida. Unos niños juegan en el corredor.

El departamento da la impresión de ser una especie de sala de espera informal, en donde las series de televisión y las noticias son los únicos pasatiempos. Esta es otra de las múltiples paradas de la Ruta clandestina de la Seda que Jamal ha recorrido desde hace una semana; una ruta de comercio turbia y muy transitada, que no solo transporta drogas y armas, sino también otra de las mercancías más lucrativas del mundo: ellos.

Comienza a entender las leyes no escritas que rigen el funcionamiento de esta parte de la Ruta de la Seda. Cada uno de los migrantes del cuarto ha comenzado el viaje por medio de tomar contacto con un traficante en su ciudad o pueblo de origen. Esa persona, algo así como un empleado de una agencia de viajes, se encarga de tomar contacto con las diferentes redes de traficantes a lo largo de la ruta. El tráfico no se lleva a cabo solo por una organización, sino por una red de redes en la que colaboran varios grupos distintos de una manera más o menos regular.

El principal contacto de Jamal está en Haripur, en Pakistán. Pero en cuanto cruzó la frontera a Irán ha quedado en las manos de la red de traficantes iraníes que ahora lo han alojado en Teherán. En la frontera con Turquía se espera una nueva entrega. Otra en Grecia. Etcétera.

Se levanta y va al vestíbulo. Hace unas horas se enteró de que detuvieron a Ghulamo Hussein y que lo enviaron a una cárcel preventiva aquí en Teherán. Probablemente lo van a expulsar. Jamal informó en seguida a su *facilitator* en Haripur para que Ghulamo no tenga ningún problema cuando regrese y pida intentar de nuevo. El traficante no recibe el pago completo hasta que su cliente esté seguro en su destino final. El precio incluye una especie de "garantía de llegada".

Hay múltiples "clases" en este servicio de transporte clandestino. Los que tienen el privilegio de poder viajar en primera clase pocas veces necesitan sentarse y esperar en salas de espera clandestinas como ésta —pagan arriba de 13 000 euros por falsificar o modificar un pasaporte europeo y volar directamente a sus destinos en Europa occidental, Norteamérica o Australia—.[29] Pero, por supuesto, la mayoría no puede permitírselo. Jamal está muy consciente de que tiene suerte de poder pagar los 4 500 euros que cuesta el viaje por tierra a Europa. Muchos de los que están en el departamento tuvieron que empezar con un trayecto más corto a Irán —con un costo entre 400 y 1 000 dólares por persona—, para luego trabajar duro por unos años y ahorrar para continuar el viaje.[30]

Le echa una mirada al teléfono con el que llamó a Pakistán. Pero no, si ahora llamara a casa solo inquietaría a su familia. Se decide esperar hasta que haya llegado sano y salvo a Europa.

TERCERA PIEZA DEL ROMPECABEZAS
LOS TRAFICANTES

La violencia puede ser muy "apolítica", [...] pero aun así formar un sistema o ser considerada "sistemática" si sus formas diversas se refuerzan mutuamente, si contribuyen a crear las condiciones para su sucesión y usurpación, si al final construyen una cadena de "catástrofe human(itaria)", donde las acciones para prevenir la propagación de la crueldad y la exterminación, o simplemente limitar sus efectos, están sistemáticamente obstruidas.[1]

Étienne Balibar

EL PAVIMENTO junto al alambrado en Tierra Blanca se tiñe de blanco por pasta de dientes y saliva. Norma escupe una vez más y se seca con cuidado la boca con la manga del suéter. Cuando alza la vista, me ve llegar. La neblina ha comenzado a disiparse en las vías, en donde ella y Oscar han pasado las últimas horas. Con los ojos entornados por la luz del alba, dan los buenos días. No han podido dormir mucho. Hasta ya muy entrada la madrugada estuvieron acurrucados con el resto del grupo en un vagón en la zona cercada de la estación; iban y venían de aquí para allá, una y otra vez.

—Esperábamos que iba a salir ese tren. Pero luego nos dimos cuenta de que no nos movíamos ni un metro. Solo estaban armando un nuevo tren. Cuando escuchamos sonidos de *walkie-talkies* y vimos las sombras de unos hombres con linternas, nos bajamos del vagón y corrimos lo más que pudimos. Nos persiguieron y nos gritaron alzando sus macanas. Pero tuvimos suerte —cuenta Norma, y endereza la espalda que está entumecida después de horas en el suelo.

Unos metros más lejos cruje una fogata. El jefe del grupo, Omar, ha juntado un montoncito de ramas y basura que ha puesto junto a los rieles. Cuando las llamas empiezan a tomar fuerza, Omar pone en la fogata una botella de plástico llena de agua.

—El plástico no se derrite mientras el agua no se caliente demasiado —explica pedagógicamente sentado en cuclillas, y observa como las pequeñas perlas de aire se filtran en el interior de la botella.

Lenguas rojas y amarillas lamen el plástico que se vuelve negro por el calor y el humo. El cielo ha comenzado a tonarse rosa y azul claro. En el horizonte, los primeros rayos del sol están a punto de pasar por encima de los techos de las casas.

Eduardo Temaj llega con un manojo de ramas. Lo pone en la fogata y se queda parado mirando las llamas. Le pregunto cómo le fue la noche anterior en Medias Aguas.

—No fue tan difícil subirse al tren. Pude a la primera vez —responde.

—El trayecto duró casi toda la noche. Había mucha neblina. Perros, o no sé si eran lobos, aullaban fuerte en algunos lugares. Pero al final llegamos. Y desde entonces, hemos estado buscando un nuevo tren que nos pueda llevar.

Se calla. Los otros han visto un par de guardias de seguridad que vienen caminando por los rieles. Las macanas negras se balancean en sus caderas. Cuando están un poco más cerca, se escucha una voz:

—Saben que no pueden hacer fogatas aquí. ¡Váyanse!

El pequeño grupo retrocede. Solo Omar se queda esperando a los dos hombres.

—¿No oíste? Está prohibido prender fuego en las vías —dice uno de los guardias, cuyo uniforme tiene una etiqueta que dice Seguridad Privada.

—¿No nos pueden dejar calentar agua para café? Es rápido. Tarda unos minutos.

—¡No! ¡Váyanse! —grita el guardia, poniendo la mano hacia la macana.

Omar se queda parado, mirándolo a los ojos en silencio. Unos segundos después, baja la mirada. Recoge la botella de plástico de la fogata y corre despacio hacia el grupo. El plástico está caliente, así que rápido lo pone en el suelo.

Los guardias van y patean las ramas desbaratándolas. Pequeñas guirnaldas de humo gris se elevan hacia el cielo del amanecer. Los demás se quedan callados viendo mientras se apagan las cenizas. Omar menea la cabeza mientras gira la tapa de la botella, pero trata de mantener el ánimo. El agua tibia chorrea en pequeños vasos de plástico blanco con café en polvo en el fondo. Norma está parada a lado y mira con hastío a los guardias.

—Vinieron hace como una hora. Nos dijeron que nos dejarían pasar a la zona alambrada donde están los trenes. Pero solo a cambio de dinero. Y nosotros no tenemos con qué pagar.

~

Con sus 40 000 habitantes, Tierra Blanca es una localidad más grande que Medias Aguas. Casas de dos pisos se extienden a lo largo de las calles. Carros *4x4* levantan el polvo en el centro de la ciudad, y un puñado de restaurantes de comida corrida y hoteles de tres estrellas ofrecen sus servicios a los visitantes, generalmente de negocios.

Pero la estación de tren está desierta y tiene la reputación de ser peligrosa para los migrantes. Nos enteramos de que hace cinco días unos hombres fuertemente armados iban manejando unas camionetas negras a lo largo de las vías. Forzaron a una veintena de migrantes centroamericanos a subirse. Nadie sabe lo que les pasó a las víctimas, pero dicen que los agresores forman parte de la misma organización que controla Medias Aguas.

—Z-e-t-a-s.

La señora en la ventana pronuncia la palabra muy bajito, casi inaudible. Acepta hablar conmigo, pero con la condición de que no escriba su nombre.

—No solo los migrantes tienen problemas, ¿sabes? ¿Ves la casa aquí enfrente? El hombre que vive ahí fue secuestrado hace dos meses. Lo mismo pasó con el hombre de la casa allá en el crucero. En nuestra casa ni nos atrevemos a pintar las paredes porque van a creer que tenemos dinero.

De pronto, la señora se calla y echa un vistazo por la calle, como para asegurarse de que nadie nos pueda ver hablar.

—Por aquí pasan con sus carros negros y asustan a la gente. Dicen que trabajan con la policía. Todo mundo sabe que tienen una base en una casa lujosa en el centro.

Otras personas de Tierra Blanca me cuentan lo mismo.

Un señor me dice que ha visto al jefe de policía estrecharle la mano al jefe de los Zetas del lugar. Sin embargo, nadie quiere tener su nombre en un periódico o libro. El temor que muestran los habitantes de Tierra Blanca no es nada inusual en México. Y es muy comprensible. Al menos 250 000 vidas humanas se cobró esta guerra sangrienta en el mundo del crimen organizado entre 2006 y 2016[2] —y no existe una línea divisoria clara entre los actores del conflicto—. Las fuerzas policiacas del estado mexicano, el ejército y la marina, y una decena de organizaciones criminales rivales se encuentran en un campo de batalla en donde las cosas pocas veces son como parecen a primera vista. La extendida corrupción ha hecho que con el tiempo otras esferas de poder distintas al gobierno mexicano hayan obtenido el control *de facto* sobre partes del país; como por donde transitan los migrantes indocumentados.

El cártel que durante gran parte de la década de 2010 controló Medias Aguas y Tierra Blanca, los Zetas, tuvo desde su formación, a finales de los noventa, una clara estrategia paramilitar. Varios de los fundadores de la organización eran soldados de élite desertores y habían sido entrenados en la llamada *guerra irregular*. El objetivo de esta estrategia es ganar "los corazones y las mentes" de la gente de las zonas en donde las guerrillas han tenido una influencia grande. Fue desarrollada en Vietnam por las fuerzas militares estadounidenses durante los sesenta y se ha puesto en práctica en las últimas décadas en una serie de países pobres alrededor del mundo —con frecuencia seguida de masacres y asesinatos políticos—. Solo en el país vecino de México, Guatemala, se cobró alrededor de 200 000 víctimas mortales en los ochenta, cuando la fuerza de élite *Los Kaibiles* adquirió una mala reputación por sus

métodos "irregulares". Más tarde, una cantidad importante
de desertores de *Los Kaibiles* se unieron a las filas de Los
Zetas.

Por lo tanto, apenas sorprende que fuera precisamente
esta organización la que hiciera común las decapitaciones en
el mundo del hampa mexicano a principios del 2000. El
poder de Estado había creado un Frankenstein que en los
últimos años ha desafiado incluso las características fundamentales del Estado moderno delimitado geográficamente: el
monopolio de la violencia y el derecho exclusivo de controlar
la circulación de personas.

A principios del siglo XX, Max Weber definió el Estado
moderno como una organización humana que reclama con
éxito para sí el monopolio del uso legítimo de la violencia en
un territorio delimitado.[3] A este monopolio de la violencia,
John Torpey añade su idea sobre el monopolio del Estado de
regular la circulación de las personas. Es fácil creer que el
control de la circulación solo es una consecuencia del monopolio de la violencia, pero sería un error. La regulación de la
circulación no depende de un gran territorio cohesionado,
sino más bien de una serie de nudos en una red más o menos
extensa que posibilita la comunicación y los viajes.

Es por eso que países como Colombia, en donde el monopolio de la violencia ha sido desafiado seriamente durante
décadas, pueden parecer, no obstante, relativamente eficien-
tes; siempre y cuando el Estado mantenga el control sobre las
ciudades grandes, aeropuertos, vías ferroviarias y carreteras.
El problema fundamental del contrato entre el Estado y los
habitantes de un país surge frecuentemente cuando se pone
en cuestión la propia legitimidad de controlar el movimiento,
o cuando organizaciones bien financiadas logran socavar el
control del Estado al grado de obstaculizar este movimiento.

Esto es lo que ocurrió en ciertas partes de México a principios de la década de 2010.

Cuando miembros de los Zetas llegaban a una localidad, actuaban metódicamente. Primero tomaban control del entorno criminal local por medio de reclutarlo o de ahuyentarlo con violencia. Luego sobornaban o amenazaban a la policía local y a los líderes políticos. El siguiente paso era silenciar todo noticia en los medios locales a través de amenazas o ataques directos a los reporteros para que no informaran sobre lo que estaba sucediendo. Así, una vez que se había creado una pequeña ciudad estado totalitaria, pronto seguían extorsiones a empresarios y secuestros (ambos casos pueden ser considerados como un tipo de impuesto no oficial[4]), así como restricciones a la libertad de circulación.

La primera vez que me encontré frente a frente con este *modus operandi* fue en 2009 en Nuevo Laredo, cerca de la frontera con Texas. Como en Tierra Blanca, en la superficie parecía tranquila y apacible, pero cuando fui a la redacción del periódico local *El Mañana*, y pregunté si era verdad que los Zetas controlaban la ruta del tráfico de personas y de drogas de toda la ciudad, me encontré con un "¡chis!" y una expresión atemorizada en el rostro:

—¡No digas eso en alto! —exclamó un reportero poniendo un dedo en los labios.

Resulta que *El Mañana*, como la mayoría de los otros medios locales en el estado de Tamaulipas, se autocensuraba. El anterior redactor en jefe del periódico fue asesinado en 2004, y desde entonces no se escribían los nombres de las diferentes organizaciones de la mafia. Solamente se utilizaba la expresión imprecisa "crimen organizado". El periódico, además, había adoptado la política de no escribir nunca sobre sucesos que no pudieran ser confirmados por un reporte

oficial de las autoridades. El problema era que, frecuentemente, las autoridades de Nuevo Laredo estaban infiltradas
por el crimen organizado. Así que a veces no había reporte.
No importaba si algún ciudadano llamaba e informaba
sobre un hecho violento. Si no había un reporte de la policía,
no había pasado nada. Así de simple. Algo muy alarmante
estaba a punto de suceder en Tamaulipas. Y apenas un año
después, quedaba claro que incluso el monopolio del Estado
de regular la circulación de personas había sido desafiado
seriamente.

El 24 de agosto de 2010, un autobús fue parado por
hombres armados en el municipio de San Fernando en el
estado de Tamaulipas. A bordo iba un grupo de centro y
sudamericanos indocumentados que habían pagado a un
traficante para que los llevaran a la frontera con Estados
Unidos. Los hombres armados se identificaron como los
Zetas y sacaron a los migrantes del autobús, los alinearon
contra una pared de un lote baldío y les plantearon una elección difícil: o pagaban una suma de dinero, que pocos de
ellos tenían, o trabajaban como sicarios para el cártel.
Cuando los pasajeros trataron de negociar la situación,
alguien dio la orden de abrir fuego.

72 personas fueron ejecutadas ese día. 58 hombres y 14
mujeres. Un joven ecuatoriano de 18 años sobrevivió de
milagro, y más tarde pudo alertar, todavía con sangre de una
herida escurriéndole en el cuello. Probablemente esta es la
única razón por la que conocemos los hechos. Porque los
cuerpos tienen una capacidad de desaparecer. A veces en
fosas comunes. A veces disueltos en ácido.[5]

Un año después se encontraron 200 cuerpos en fosas
comunes en San Fernando. De acuerdo con las autoridades,
se trataba esta vez también de "pasajeros de camión". Pero la

identificación de los cuerpos tomó mucho tiempo, lo que apenas sorprende teniendo en cuenta que había alrededor de 26 000 cadáveres que esperaban ser identificados en las morgues de México a finales de 2012.

No sabemos cuántos han sido asesinados por grupos armados ilegales en retenes irregulares, ya que el *black-out* mediático se expandió de Tamaulipas a otros estados como Zacatecas, Michoacán, Guerrero y Veracruz. Muchas oficinas de periódicos han sido quemadas y decenas de periodistas han sido asesinados en México durante las primeras dos décadas de este siglo; razón por la cual el país es considerado actualmente como uno de los más peligrosos del mundo para ejercer el periodismo[6].

—*I* AM SO TIRED, *man. I just want to get home to my family* [Estoy tan cansado, hombre. Solo quiero llegar a casa con mi familia] —dice Kevin de 30 años.

Está sentado en la grava con la espalda apoyada en la alambrada en Tierra Blanca. Balancea el vasito de plástico con café en su rodilla. Kevin es el más alto y el más fornido del grupo, y habla inglés fluido. Antes trabajaba como mecánico en Houston, Texas, donde su esposa y sus dos hijos lo esperan. Sabe que están preocupados por él. Pero no puede hacer nada más que tratar de evitar los peores peligros y llegar lo más pronto que pueda.

Hace más de un mes, Kevin recibió la noticia de que su mamá había tenido un accidente de tráfico en El Salvador. La hospitalizaron y decían que estaba en mal estado. Kevin comprendió que después de 14 años en Estados Unidos tenía que regresar a su tierra natal para estar a su lado. Viajar al sur no supuso ningún problema. Pero cuando unas semanas después confirmó que su mamá no estaba tan grave como se temía, se encontró frente al mismo dilema que encaran cientos de miles cada año. Kevin no tiene un permiso de residencia en Estados Unidos. Ni dinero para recurrir a un traficante que cobra 4 000 dólares. Así que si quiere reunirse con su esposa e hijos en Houston, lo único que le queda es viajar por México en el tren de la muerte.

—He hecho este viaje tres veces. Es mejor olvidarse después, porque siempre pasan cosas feas. Me acuerdo de un muchacho que se durmió en el techo cuando estábamos en Arriaga. Se cayó cuando el tren se sacudió antes de la salida, y sus dos piernas y un brazo quedaron atrapados debajo de las ruedas. Las piernas quedaron aplastadas por el peso del tren, parte de las extremidades quedaron atoradas debajo de las ruedas. Al final, tuvimos que correr y pedirle al conductor que se hiciera unos metros atrás para que pudiéramos zafar al pobre muchacho.

Kevin toma un poco de su café.

—Desde la última vez que viajé se ha vuelto mucho más peligroso. Ahora hay más secuestros. Más robos. Ahora necesitas tener a alguien que te pueda ayudar. Y luego solo hay que confiar en él —dice y señala a Omar con la cabeza—. Si no, aquí uno se vuelve loco.

Omar nació en Honduras. Se volvió traficante de personas por casualidad después de haber viajado como migrante varias veces. Pero para Kevin y los demás del grupo su papel es doble. Saben que en el camino necesitan de su consejo, experiencia y contactos, y han decidido confiar en que su principal motivación es el pago que le espera cuando los lleve con su jefe en Nuevo Laredo. Al mismo tiempo, Omar supone un riesgo para ellos como representante de la "economía de sombras" de México.

La Oficina de las Naciones Unidas contra la Droga y el Delito (UNODC, por sus siglas en inglés), estima que el tráfico de personas indocumentadas desde Latinoamérica a Estados Unidos genera cada año hasta seis mil millones de dólares.[7] Si partimos de los cálculos del influyente *think tank*, Rand Corporation[8], esto equivale a más de tres veces el valor del tráfico mexicano de marihuana a Estados Unidos. Este tipo de cifras y comparaciones siempre deben tomarse con pinzas, pero de todo modos pueden darnos una idea del tamaño del mercado y de la importancia que tiene para el crimen organizado.

Por mucho tiempo, los traficantes tradicionales de personas en México (conocidos como *polleros* o *coyotes*) mantuvieron cierta distancia con los grupos más violentos que se dedican al tráfico de drogas. Los clientes, es decir, los migrantes, en general no quieren tener nada que ver con el narcotráfico, lo que es fácil de entender. La independencia se consideraba como un motivo de venta. Pero a medida que se ha intensificado la guerra en el mundo del hampa y el crimen organizado ha tomado control en varias partes del territorio mexicano, muchos *polleros* se han visto forzados a pagar cuotas al cártel dominante para poder continuar con su actividad. Unos han tenido que dejar sus negocios. Otros se han incorporado, por completo o a medias, a los crecientes imperios criminales. Sobre todo con los Zetas, el cártel de Sinaloa, el cártel del Golfo y el cártel Jalisco Nueva Generación.

Esta evolución forma parte de la diversificación de las actividades de los narcotraficantes, como ha descrito, entre otros, el analista Edgardo Buscaglia de la Universidad de Columbia en Estados Unidos. Según éste, el crimen organizado en México obtiene sus ingresos de al menos 22 actividades diferentes. El tráfico de drogas sigue siendo la más lucrativa, si se suman los ingresos de la cocaína, marihuana, heroína y metanfetaminas. Pero hay ingresos importantes que también provienen de la extorsión, secuestro, robo de gasolina y diésel, prostitución, tráfico de migrantes y trata de personas. En la práctica, organizaciones como los Zetas reclaman el control de todas las actividades ilegales dentro de "su" territorio.[9]

Al igual que para las empresas legales transnacionales, esta diversificación significa que los riesgos se reducen para los que están en lo más alto de la pirámide. Pero la fusión de las actividades criminales también significa que se forma un estado no oficial en el Estado, lo que aumenta dramáticamente los riesgos de los migrantes indocumentados. No es fácil saber a dónde lo llevan a uno cuando sus guías pertenecen a la misma organización que los traficantes de drogas, secuestradores y ladrones.

El primer día en el techo del tren me encontré con uno de estos "mil usos" de la economía ilegal fronteriza. Su nombre era Marlo, un hombre flaco de 28 años de Tegucigalpa, Honduras. Viajaba hacia el Norte junto con José Luis Lux de Guatemala, con quien terminé sentado a su lado en el techo. A decir verdad, creo que Marlo era el traficante de José Luis, o *guía* como los llaman en el tren, aunque él mismo se llamaba "compañero de viaje".

—¿Alguien quiere sandía?

La pregunta fue recibida con expresiones atónitas bajo el ardiente sol. Marlo sonrió expresivo cuando vio las reacciones. Recuerdo que se puso de pie en el techo del vagón y se abrió paso entre los pasajeros. Al final del vagón, tomó un poco de impulso y saltó al siguiente vagón. Una vez que aterrizó del otro lado, siguió corriendo sobre los techos y saltando por varios vagones como si fuera un doble de una película de acción. El tren se sacudía y tambaleaba sobre los rieles que silbaban debajo. Al final, descendió del tren y despareció de la vista.

José Luis se reía a mi lado. Me explicó que solo hacía unos días que se habían conocido Marlo y él. Pero se había percatado de que era un tipo con humor.

Mientras platicábamos, apareció un cultivo de frutas a un costado del tren. Un hombre mayor con un sombrero de paja estaba escarbando la tierra. Con el ruido chirriante y tedioso del tren, el campesino proseguía pacientemente su trabajo, al parecer indiferente a la atención no pedida que le daban los que iban en los techos largos y sinuosos.

Pero, de repente, el viejo se detuvo. Se ajustó el sombrero y gritó algo inaudible con sus herramientas de trabajo al aire. Después gritó a voz en cuello, y se puso a correr con el cabello blanco arremolinándose por el viento y alzando el hacha en forma amenazante.

El motivo de su furia era un hombre con el torso desnudo que corría a unos diez metros delante de él. El hombre enjuto llevaba en los brazos un objeto ovalado.

—¡Marlo! —exclamó José Luis a mi lado.

El campesino le tiraba grava y piedras, y la ventaja que le llevaba se reducía rápido. Por un momento parecía que en el sembradío terminarían a golpes. Pero en el último instante, Marlo saltó a uno de los últimos vagones del tren. La velocidad no era muy alta, pero el campesino estaba cansado. Se detuvo y le gritó de groserías entre jadeos mientras el tren seguía circulando lentamente sobre los rieles viejos y oxidados. A mi alrededor los pasajeros se alegraban y aplaudían. Había sido un espectáculo único.

Un rato más tarde, cuando Marlo regresó a nuestro techo, recibió palmadas en la espalda y exclamaciones de alegría. Dijo que tuvo que dejar la sandía en un vagón más atrás, porque claro, no podía saltar entre los vagones con algo tan pesado en los brazos. Pero le constaba que estaba dulce y jugosa.

Era la séptima vez que Marlo viajaba en el tren a la frontera. La primera vez, solo tenía la mitad que ahora, 14 años. Pero esta vez no pensaba ir todo el camino a Estados Unidos.

—No, voy a Reynosa, en la frontera. Hace unos meses me expulsaron de México, pero antes trabajaba ahí para el cártel del Golfo. Ellos controlan Reynosa y me pagaban 300 dólares a la semana. Todo lo que tienes que hacer es estar parado y vigilar la frontera.

El ambiente cambió en el techo cuando dijo esto. Aquellos que hasta hace poco habían reído y bromeado con Marlo, lo miraron de reojo con suspicacia. Hasta José Luis parecía haberse puesto incómodo. En el estado de Tamaulipas, donde la ciudad fronteriza de Reynosa es una de las localidades más grandes, se llevaba desde hace varios años una guerra entre el Cártel del Golfo y sus antiguos aliados, la banda criminal de los Zetas. Los muertos se contaban por miles.

—La gente aquí cree que puede viajar directo por Tamaulipas sin que le pase nada —dijo Marlo señalando con la cabeza a los pasajeros.

—He tratado de explicarles que así no funciona, que tienen que pagar cuota. Si no pagan sus 300 dólares por persona, les van a colgar un chaleco antibalas y les van a dar una ametralladora. Luego solo hay que ponerse a trabajar. Y a los que no quieran, les pasa algo peor.

Quizás Marlo solo tenía la intención de asustar a los viajeros para que le pagaran por protección. Pero lo que contó no era ninguna invención. Más tarde pude confirmar con otros traficantes y migrantes que, en efecto, costaba unos 300 dólares de cuota pasar Tamaulipas, un estado que desde 2010 se ha transformado en una trampa mortal para los migrantes que viajan hacia Estados Unidos.

Para entender cómo en tan solo unas décadas la mafia mexicana pasó de estar formada por muchos actores —relativamente pequeños e independientes— a estar controlada por unas pocas grandes organizaciones criminales que se han vuelto tan poderosas que pueden desafiar al Estado, es necesario que dirijamos nuestra mirada hacia un proceso más grande llamado *globalización*. En su libro *McMafia*, el periodista británico Misha Glenny ha mostrado de manera convincente que en las últimas décadas la globalización no solo ha favorecido de manera considerable a las compañías multinacionales legales, sino también a sus contrapartes ilegales.

La caída del comunismo en el Este de Europa en los años de 1989-1991, la expansión global de la economía de mercado capitalista y el espectacular progreso en el transporte y en las tecnologías de información (viajes aéreos baratos, celulares y la irrupción del internet) permitieron que, a principios de los noventa, pensadores liberales como Francis Fukuyama proclamaran "el fin de la historia". Durante casi una década, parecía que la supresión de las barreras comerciales, la desregulación de los mercados financieros y la nueva división global del trabajo de producción industrial en países con salarios bajos garantizarían de verdad una constante y creciente prosperidad para todo el mundo. La riqueza en su conjunto crecía, aumentaba el número de democracias y millones de personas estaban mejor.

Pero, al mismo tiempo, crecían las brechas tanto dentro como entre países, y el sistema económico y político mundial parecía cada vez más inestable. Las olas de especulación financiera recorrieron Asia y Latinoamérica. El "mercado" se volvió un concepto que ya no aludía solo al intercambio libre de mercancías y servicios, sino también representaba una fuerza cuasi divina que podía hacer pedazos a la moneda de un país en tan solo unos días. Muchos Estados parecían haber perdido la capacidad de atar —o abrazar— al capital. La tormenta financiera alcanzó incluso a Estados Unidos y a Europa a finales de la primera década del 2000.

En medio de este desarrollo fragmentado, ciertas partes de la población mundial parecían haber sido excluidas por completo de un crecimiento del que otras podían gozar de los frutos. En Asia Central creció un cinturón de Estados pobres, corruptos y conflictivos. También en África Occidental y Centroamérica hubo ejemplos preocupantes de Estados más o menos disfuncionales.

Los que vivían en esas regiones vulnerables rara vez concibieron la globalización liberal como una bendición, sino más bien lo contrario. Todo esto, escribe Misha Glenny, creó tierra fértil para los emprendedores del mundo del hampa.

> Estos hombres (y de vez en cuando mujeres) entendieron por instinto que la mejora en los niveles de vida de Occidente, el incremento del comercio y los flujos de migra-

ción y la muy reducida habilidad de muchos gobiernos para vigilar sus países, se combinaban para formar una mina de oro. Eran criminales, organizados y desorganizados, pero también eran grandes capitalistas y emprendedores, resueltos a obedecer las leyes de la oferta y la demanda.[10]

En consecuencia, un creciente comercio ilegal se ha desarrollado de forma paralela a la economía lícita globalizada en los últimos años. Se rige de la misma manera que el comercio mundial ordinario, según la oferta y la demanda, pero ofrece mercancías y servicios que están prohibidos en la mayoría de los países. El tráfico de armas, de drogas y de copias piratas de productos de prestigio es facilitado por el flujo creciente de mercancías legales por mar y tierra. El lavado de dinero se ha vuelto más fácil por el flujo desregulado de capitales y por los paraísos fiscales alrededor del mundo. Las transacciones turbias se hacen más rápidas y efectivas a través del celular o del internet. Y la nueva distribución global del trabajo se ajusta como anillo al dedo a las estructuras organizativas de las mafias.

Desde luego, el fenómeno tal cual no es algo reciente. Desde que han existido poderes estatales que han exigido impuestos y el control de la circulación de personas y de mercancías ha habido quienes han tratado de especular en contra del control del Estado. El primer traficante o el primer pirata fue el primer emprendedor de este tipo.

Pero desde un punto de vista histórico, la mayor parte de los Estados ha podido contener sin mayores problemas este tipo de emprendedores ilegales o "indómitos". La diferencia ahora es que el sector ilegal de la economía crece muy rápido. En su libro *Ilícito*, publicado en 2006, el periodista y antiguo economista del Banco Mundial, Moisés Naím, estimaba que la economía ilegal ya en ese entonces tenía un valor entre tres y cuatro mil billones de dólares al año y que crecía considerablemente más rápido que el sector legal. Durante la gran crisis financiera, unos años después, el entonces jefe de UNODC, Antonio María Costa, afirmó haber visto pruebas convincentes de que el narcotráfico global había canalizado cantidades multimillonarias en efectivo al sistema bancario y que, en la práctica, había rescatado a la economía mundial de un colapso total. Que de esta manera las instituciones financieras y los bancos sean arrastrados a una zona legal gris es todo menos problemático para los Estados en los que operan.

México es uno de los países donde este desarrollo, en el que la globalización legal e ilegal parecen ir de la mano, es más patente. De acuerdo a la Secretaría de Hacienda del país, se calcula que hasta diez mil millones de dólares se blanquean cada año. Al mismo tiempo, decenas de miles de personas han perdido la vida por la violencia relacionada con la mafia en los últimos años.

A principios de los noventa, los niveles de violencia todavía eran relativamente bajos. La principal ruta de tráfico de cocaína (la principal fuente de ingresos de la mafia en Latinoamérica) pasaba por el Caribe, en lanchas rápidas y avionetas que transportaban toneladas de polvo blanco directamente a los consumidores de la costa este de Estados Unidos. Sin embargo, a mediados de los noventa, la mejora en los radares de vigilancia volvió la ruta del Caribe más difícil de transitar. En el cambio de milenio, la frontera terrestre de 3 000 kilómetros de largo entre México y Estados Unidos se había convertido en la ruta preferida de los traficantes. A la vez, el centro de gravedad de la delincuencia latinoamericana se desplazaba de Colombia hacia el Norte.

Las organizaciones que por varias décadas habían controlado las ciudades mexicanas fronterizas de Tijuana, Ciudad Juárez y Nuevo Laredo se encontraron con una mina de oro. Podían cobrar cuotas cada vez más altas a sus socios colombianos y peruanos, a la vez que se facilitaba dramáticamente el contrabando con la entrada en vigor del Tratado de Libre Comercio de América del Norte (TLCAN) entre México, Canadá y Estados Unidos en 1994. El TLCAN aumentó el flujo de capitales y mercancías legales en la frontera, lo que indirectamente también facilitó el transporte de drogas, armas y dólares ocultos dentro de los camiones.

Pero a diferencia del acuerdo de Europa occidental —la Comunidad Europea—, en este Tratado de Libre Comercio no existía ninguna cláusula sobre un aumento de la circulación de personas. Por consiguiente, cuando la llamada Crisis del Tequila afectó a México entre 1994 y 1995, los millones de campesinos y trabajadores que no lograron competir con los productos subvencionados estadounidenses no pudieron buscar nuevos trabajos en Estados Unidos o Canadá. Los trabajos de salario bajo que habían sido creados en las maquilas de la frontera no eran suficientes, y cientos de miles de mexicanos vieron como su única oportunidad cruzar sin permiso al país vecino. En consecuencia, la cantidad de mexicanos indocumentados que llegó a Estados Unidos se multiplicó a principios del siglo XXI.

La respuesta de las autoridades estadounidenses fue de más vallas y más sistemas de vigilancia de alta tecnología, aviones no tripulados y un incremento en el número de policías migratorios. Simultáneamente, aumentó la presión sobre el gobierno mexicano para que hiciera redadas contra los centro y sudamericanos que viajaban por el país. Cuando la crisis financiera golpeó a Nueva York, se intensificaron las redadas, incluso dentro de Estados Unidos. Durante el período de 2008 a 2012, entre 300 000 y 400 000 personas fueron expulsadas cada año de Estados Unidos. La mayor parte a México.

El mensaje no pasaba desapercibido para alguien de los suburbios pobres de ciudades como Tijuana y Ciudad Juárez. Ahí, muchos de los jóvenes, que de otra manera quizás hubieran buscado un sustento en Estados Unidos, empezaron a buscar una carrera alternativa. Por supuesto, muchos se abstuvieron de trabajar para la mafia por razones morales o por puro instinto de supervivencia. Con todo, según un estudio estadounidense en 2009, alrededor de 450 000 personas en México se dedicaban al crimen organizado, parcial o totalmente. Más que en la industria del petróleo o del sector financiero. Solo las industrias turística y agrícola legal empleaban a más gente.[11]

—Es un buen trabajo. Solo estoy ahí parado a lado de la frontera, vigilando y escuchando por la radio. Es todo. No se necesita usar el arma. Lo hago solo por el dinero. Porque uno se puede ganar hasta 15 000 dólares al año —me dijo Marlo en el techo del tren.

15 000 dólares es una suma considerable si se ha crecido en uno de los barrios pobres de Tegucigalpa. Pero me dio la impresión de que la descripción de Marlo era demasiada buena para ser verdad. Otros empleados de la mafia con los que he hablado suelen decir que hay una regla básica: "hay que hacer de todo". Esto también incluye ejecutar a los enemigos de su propia banda criminal, ladrones renuentes o víctimas de secuestro. Cuando le dije esto a Marlo, le brillaron los ojos. Con voz baja respondió:

—Sí, así es.

Norma y Oscar se han sentado en la sombra debajo de un vagón del ferrocarril en Tierra Blanca, en donde esperan la próxima oportunidad para subirse a un tren. Para pasar el tiempo, Oscar rememora recetas de comida del restaurante alemán de la Ciudad de Guatemala. Elogia la cocina alemana. Se queda hablando largo y tendido sobre la preparación del *Sauerkraut*, un plato que promete invitarme si nos vemos otra vez en otras circunstancias.

—Es una delicadeza. La preparación tarda varias semanas, porque hay que dejar fermentar el *Sauerkraut* mucho tiempo en un lugar fresco. Es fácil que te quede mal, pero si lo haces bien, de verdad que queda bien rico.

Algunos compañeros se ríen un poco por la conversación. Apenas si han comido algo en todo el día.

Las semanas que pasamos por las vías del tren hemos atestiguado como los migrantes frecuentemente tienen que pedir comida rancia en los mercados o estar varios días sin una comida consistente en el estómago. Los guardias de seguridad los maltratan. Los policías corruptos les roban. Los secuestradores los asedian. Nadie sabe exactamente cuántos son asesinados o "desaparecen" cada año. Pero un indicio del tamaño del problema son las caravanas de madres centroamericanas que viajan por todo México buscando justicia para sus hijas e hijos desaparecidos.

PARA ENCONTRAR en la historia de México una situación de vulnerabilidad similar a la que experimentan los "indocumentados", o no ciudadanos, probablemente necesitamos retroceder a la época de la Colonia. Unos kilómetros al este de Tierra Blanca, en la costa de Veracruz, se encuentra la península en donde el conquistador Hernán Cortés pisó tierra junto con 500 soldados españoles y unos 60 caballos en 1519. Su llegada a América fue el principio de un período en la historia de la migración de cambios radicales como dolorosos.

La misión de Cortés al llegar era doble. Por un lado, saquearía y llevaría todo el oro y la plata que le fuera posible a la monarquía española, basada en una economía mercantilista. Por otro lado, aseguraría el control del territorio, cuyas almas deseaba salvar la Iglesia católica. Al comienzo, la estrategia para alcanzar estos dos objetivos fue marcadamente militar. Cortés confiaba en que las espadas de acero, armaduras y caballos les darían una ventaja decisiva en la lucha hombre a hombre. Pero pronto entendió que se encontraba con una desventaja numérica abrumadora.

A principios del siglo XVI, alrededor de 25 millones de personas vivían en la parte central de México. Un imperio —conocido hoy como el Imperio azteca o mexica— controlaba un territorio que se extendía desde la costa del Pacífico al oeste hasta la costa del Atlántico al este. El pueblo mexica dominaba este territorio, y según la leyenda, había migrado desde latitudes septentrionales y fundado Tenochtitlán, la capital del imperio (el mismo lugar en el que se encuentra la actual Ciudad de México) a principios del año 1300 d. C. Cuando los españoles llegaron unos 200 años después, la ciudad se había convertido en una metrópoli bulliciosa más grande que la París de ese tiempo, y con pirámides semejantes a las de Egipto. Pero el Imperio mexica distaba de ser el único Estado en la región. Tenía varios enemigos poderosos, entre ellos la ciudad-Estado de Tlaxcala que por mucho tiempo se había negado a pagar tributo a Tenochtitlán. Cortés se aseguró de aliarse con los de Tlaxcala, y de este modo, pudo construir un ejército lo suficientemente grande para llevar a cabo un sitio largo y sangriento de la capital mexica.[12]

Aproximadamente 100 000 personas murieron durante el sitio. Cuando al final los emperadores del imperio capitularon, el ejército español-tlaxcalteca demolió los edificios estatales de Tenochtitlán y los monumentos. La brutalidad de Cortés hacia la población civil es bien conocida, pero su victoria fue en gran medida resultado de la casualidad. Probablemente nunca hubiera logrado su intención de no haber sido por un aliado invisible e insospechado: la viruela.

Al menos una tercera parte de la población de la capital murió de viruela durante el año que duró el sitio de Tenochtitlán. Los habitantes no eran inmunes a esta dolorosa enfermedad que lo europeos, sin saber, habían llevado consigo a través del mar. La epidemia en el centro de México sería el principio de una catástrofe humana en América casi incomprensible.[13]

Investigadores de la Universidad de Berkeley en Estados Unidos han estimado que, en tan solo un siglo, la cantidad de personas que vivía en el centro de México disminuyó de 25.2 millones a 730 000. No sería hasta 1960 que la población en esta zona alcanzaría los niveles que habían sido normales durante los días de esplendor del Imperio mexica.[14]

Pero dista mucho de ser solo la enfermedad la que se cobró vidas humanas durante el primer siglo de la Colonia española. El número de habitantes fue diezmado por los trabajos inclementes y no remunerados a los que fueron obligados por los españoles en las plantaciones y las obras de construcción. Les daban latigazos, los exponían a torturas y les cortaban las manos u otras partes del cuerpo como castigos por distintas faltas. Los hombres que se rebelaban eran ejecutados públicamente en la horca, decapitados o desgarrados en pedazos por perros de ataque.

Uno de los pocos españoles que protestó contra estos tratos crueles hacia los pueblos originarios fue el fraile Bartolomé de las Casas. Le escribió al rey español y le pidió que los habitantes de las Américas fueran tratados de la misma manera que un súbdito común, en vez de ser esclavizados y tratados como si fueran animales. Opinaba que los indígenas tenían el mismo talento para aprender, la misma creatividad, cortesía y pensamiento racional como los españoles. El lenguaje de los textos a menudo recuerda a los antiguos estoicos de Grecia y del Imperio romano, quienes unos mil años antes habían argumentado que todos los seres humanos eran seres racionales y pensantes, y que por lo tanto no solo tenían la responsabilidad hacia un Estado en particular o un grupo étnico, sino hacia la humanidad en su totalidad. En ese mismo sentido, Bartolomé de las Casas escribía:

> Todas las naciones del mundo son hombres, y de cada uno de ellos es una no más la definición: todos tienen entendimiento y voluntad [...][15]

Más tarde, esta crítica a la esclavitud y a los abusos de la Colonia española inspiraría durante la Ilustración a filósofos como Jean-Jacques Rousseau, Denis Diderot y Emmanuel Kant.[16] Pero los colonizadores españoles contemporáneos a De las Casas no le prestaron mucha atención. Tenían otros problemas, y más prácticos, de los que ocuparse. El alto índice de mortalidad en la Colonia pronto ocasionó una escasez de mano de obra y una depresión económica que duraría casi un siglo. La solución se volvió, si acaso, más brutal que la colonización: la importación de esclavos africanos a gran escala.

El tráfico de personas en la región del Mediterráneo había existido desde el Imperio romano, pero nunca con la magnitud que llegaría a tener en los siglos XVII y XVIII. Navegantes europeos empezaron a transportar armas de fuego y productos codiciados a las costas de África Occidental para ahí cambiarlos por esclavos. El resultado fue un enorme y sistemático desplazamiento forzado de personas a través del Atlántico: al menos 10 millones de africanos fueron transportados con barcos a América, y en absoluto llegaron todos con vida. Un promedio del 12% de los esclavos murieron durante los traslados hacia el norte y sur de América. Pero el negocio era muy lucrativo para los comerciantes de esclavos y era considerado tan legítimo como necesario por los colonizadores blancos del "Nuevo Mundo".[17]

No es del todo claro cuántos de estos esclavos arribaron a México, pero se trataba de al menos unos centenares de miles de individuos. Muchos llegaron al puerto de Veracruz, donde todavía se pueden encontrar claras huellas de la gastronomía y música de origen africano. Los propietarios de los esclavos los pusieron a trabajar en plantíos de azúcar afuera de ciudades como Tierra Blanca, donde los capataces procuraban mezclar grupos étnicos y dispersar geográficamente a los esclavos para disminuir el riesgo de rebelión.

Pese a ello, las provincias costeras de México fueron sacudidas por múltiples e importantes rebeliones de esclavos

en tiempos de la Colonia. Una de las más grandes se desencadenó en Veracruz de 1570 a 1607, y dio origen a una
comunidad autónoma de esclavos libres que se fundó a unos
cientos de kilómetros al noroeste de Tierra Blanca. Esta
pequeña comunidad lleva todavía el nombre del líder legendario de la rebelión: Yanga.

Sin embargo, las rebeliones victoriosas fueron admirables
excepciones. La mayor parte de los rebeldes fueron reprimidos por los soldados del poder colonial. Para mantener el
orden, los españoles establecieron un sistema de castas
basado en ideas de raza. La casta más alta de este sistema
estaba integrada por los españoles y los *criollos* (blancos,
hijos de españoles, nacidos en las Colonias), después seguían
los *indios* (los diferentes grupos indígenas) y al final, los
negros (esclavos africanos y sus descendientes). Aun así, la
violencia sexual de los hombres blancos hacia las mujeres
pobres hizo que los grupos se mezclaran, y por lo tanto, el
gobierno colonial tuvo que añadir nuevas categorías como
mestizos y *zambos*.

Los principales objetivos del sistema de castas eran
asegurar que el territorio quedara bajo el control de España,
dar protección a los súbditos españoles y facilitar la explotación continua de los recursos naturales y de la mano de obra.
Existía también una dimensión espacial en el sistema. Los
indígenas tenían prohibido mudarse de su pueblo sin
permiso, y los esclavos estaban obligados a vivir en donde los
ponían sus amos. Que el derecho a la libre circulación estuviera, de este modo, tan ligado al color de la piel y al origen
tendría serias consecuencias y dejaría una herida profunda
en los pueblos hispanoamericanos; herida que todavía no ha
cicatrizado por completo.

A pesar de que la esclavitud fue abolida en México

después de la Declaración de Independencia en 1810, los indígenas y de piel oscura tuvieron que resignarse a seguir caminando entre la suciedad de las calles, mientras que los de piel "más clara" caminaban en las banquetas. Aquel que protestara contra el principio de diferenciación de las razas, que ya en ese entonces era de común aceptación, corría el riesgo de que le cortaran las orejas.

EN UNA CASA junto a las vías del tren en la comunidad de La Patrona, a unos kilómetros al norte de Tierra Blanca, Rosa Romero está en su cocina removiendo arroz en una cacerola. A lado hierve una olla con frijoles. Este día ella y sus hermanas hacen lo mismo que han hecho todos los días los últimos 15 años: preparar comida para los migrantes.

—Todo empezó un día cuando mi hermana y yo veníamos de comprar pan y leche en la tienda. Vimos a unas personas en el techo del tren gritando que tenían hambre y que les diera mi pan. Así que les aventé la bolsa —cuenta Rosa mientras remueve las cacerolas.

Al día siguiente cuando pasó el tren, ella les aventó una bolsa más. Y una más. Y así siguió. Una semana después sus hermanas comenzaron a involucrarse. Juntas decidieron turnarse para preparar comida para los migrantes —sin ningún tipo de remuneración.

—Son personas igual que tú y yo. Y aquí en México hay muchos que tienen familiares en los Estados Unidos. Sabemos lo difícil que es llegar al Norte —dice Rosa.

Pero en La Patrona no todos apreciaron las ocurrencias de las hermanas Romero. Al principio, los hombres de la comunidad se opusieron porque decían que era como ayudar a criminales. La policía parecía tener la misma opinión, porque detenían arbitrariamente a migrantes centroamericanos y los acusaban de ser vagabundos. Se necesitaron muchas y largas discusiones antes de que Rosa y las demás comenzaran a tener el apoyo de la gente de la comunidad. Cuando las visitamos, los arrestos han cesado y los vecinos han empezado a ayudar con arroz y frijoles. Una panadería regala los panes de sobra para la comida. La improvisada repartición de comida de las hermanas se ha transformado en algo así como una institución para los numerosos migrantes que pasan por aquí todos los días.

—En la bolsa de comida que preparamos hay arroz, frijoles, pan, una botella de agua y un folleto de una organización de derechos humanos con información sobre los derechos de los migrantes. Además, tratamos de darles un pedazo de chocolate o un dulce, porque sabemos que muchos extrañan lo dulce.

Rosa y sus hermanas en La Patrona no son las únicas en México que tratan de aliviar las penurias de los migrantes. En todo el país hay personas que año tras año trabajan voluntariamente y realizan una incansable labor de base. En los últimos años, la vulnerable situación de los migrantes también ha comenzado a llamar la atención de los medios, tanto mexicanos como internacionales.

En cambio, el Estado mexicano ha reaccionado con lentitud y de manera ambivalente. Fue hasta 2011 que se aprobó una ley que estipulaba que no era un delito quedarse en el país sin permiso (antes los indocumentados podían ser condenados hasta dos años de cárcel). Además, otorgaba el derecho a la educación preescolar y primaria y a servicios de urgencia médica, algo celebrado como una victoria por parte de los activistas que luchan por los derechos de los migrantes. Pero los avances han resultado ser menores de lo que pretendiera el gobierno al principio. Por ejemplo, la visa de tránsito que se les prometió a los migrantes centroamericanos exigía que los migrantes pudieran comprobar que su economía estaba en orden, que tenían una invitación escrita de algún empleador estadounidense y que podían demostrar que regresarían a Centroamérica. Y por supuesto, pocos podían cumplir con los requisitos.

Con la llegada al poder de Andrés Manuel López Obrador (AMLO, como también se le conoce por sus iniciales) se volvió más fácil conseguir visas humanitarias y de tránsito en México, algo que durante los primeros meses de 2019 estimuló el fenómeno de las llamadas caravanas de migrantes hacia la frontera de Estados Unidos. Sin embargo, a mediados del mismo año la política migratoria de México se endureció de nuevo tras un acuerdo migratorio con el gobierno estadounidense.

Mientras tanto, en las regiones más expuestas, como Veracruz y Tamaulipas, los Zetas y otros grupos de la mafia han seguido secuestrando y robando a migrantes. Las autoridades a menudo parecen hacerse de la vista gorda, a pesar de las protestas de organizaciones no gubernamentales nacionales e internacionales.

Se escucha un lejano silbido de vapor. En un momento, Rosa levanta una caja llena de bolsas de comida y botellas de agua, y corre hacia las vías del tren. Cuando pasa el tren, los pasajeros estiran sus manos y reciben al vuelo las bolsas de comida. Muchos parecen saber que en este tramo la comida es gratis.

Pero no veo en el tren a Norma y Oscar. ¿Tal vez se han subido a otro tren?

Un rato más tarde llega la explicación por SMS:

["La máquina del tren se descompuso."]

Antes de que dejemos La Patrona, las hermanas nos dan comida, agua y unas mantas para nuestros viajeros varados.

La oscuridad ha descendido en Las Prietas, a las afueras de Tierra Blanca. Con caras desanimadas, los compañeros de viaje están sentados en la esquina de una banqueta en la periferia del pueblito. En una de las casas cercanas hay una fiesta bulliciosa con cantos a todo pulmón y botellas que tintinean. Norma y los demás tratan de ignorar el jolgorio, y reciben con gratitud las provisiones que las hermanas les han mandado con nosotros.

Mientras calientan agua para el café y cenan sus raciones individuales de arroz y frijol, me alejo del grupo y camino hacia la máquina descompuesta. El conductor la ha dejado en una vía muerta a las afueras del pueblo. Los rieles se ven viejos y oxidados. Se me ocurre que pueden remontar al cambio de siglo antepasado cuando tomaba fuerzas la construcción de las vías ferroviarias en México. Las líneas del tren unían al país de cabo a cabo, y en ese entonces eran una parte clave del gran proyecto de modernización no solo en México, sino en gran parte del mundo occidental. Pero por aquel tiempo, los trabajadores ya no eran esclavos, sino jornaleros pobres, los llamados *trabajadores no abonados*.

Durante los siglos XVIII y XIX y tras un intenso debate, se abolió la esclavitud en Europa. Se expusieron razones morales inspiradas por Bartolomé de las Casas, pero sobre todo fueron otros los argumentos, mas pragmáticos, los que fueron decisivos. El gran avance del capitalismo industrial estaba en puertas y en Gran Bretaña las ideas de Adam

Smith sobre la economía de mercado, la oferta y la demanda habían comenzado a tener impacto. Los liberales de esta nueva era consideraban que en el fondo la esclavitud no era algo moderno. El razonamiento rezaba que la mano invisible del mercado podría distribuir los recursos de una manera mucho más efectiva. Era al trabajo de las personas, no a las personas, al que se le debería asignar un precio y un valor.[18]

Durante el siglo XIX, también se prohibió la esclavitud en el norte y el sur de América. Pero no por eso desapareció la necesidad de mano de obra barata. La extensa migración voluntaria a América aún no había cobrado ímpetu, así que tuvieron que emplearse otras formas de reclutamiento. En los barrios pobres de Europa, hombres de traje pronto comenzaron a ofrecer viajes al Nuevo Mundo a cambio de algunos años de trabajo sin pago. Mientras duraba el contrato, los trabajadores tenían derecho a comida, alojamiento, ropa y un poco de dinero para gastos personales. Después podían establecerse en América si así lo deseaban.

Muchos aceptaron la oferta. En las décadas anteriores a 1820, 2.3 millones de europeos realizaron el largo viaje por el Atlántico como *trabajadores no abonados*. Pero no solo los europeos fueron reclutados. Al ritmo que la navegación se volvía más segura, también se les podía ofrecer contratos a los trabajadores de China y la India, donde el alto crecimiento de la población y la extendida pobreza creaban una gran plataforma de reclutamiento. Por esta razón, a mediados del siglo XIX eran sobre todo indios y chinos los *trabajadores no abonados* en América.[19]

Sin embargo, existían serios problemas con esta forma de trabajo. A la llegada al Nuevo Mundo, las condiciones de trabajo muchas veces resultaron ser bastante peores de lo que les habían prometido en su país. Quienes se atrevían a protestar o aquellos a quienes se les consideraba que no habían hecho bien su trabajo sufrían duros castigos corporales. En particular, eran evidentes las malas condiciones para los trabajadores chinos, quienes en muchos casos fueron engañados o estafados. Se reportaron varios casos de secuestros, y los críticos de esta forma de trabajo empezaron a hablar de una forma oculta de esclavitud. Esta situación de los trabajadores recuerda de muchas maneras a las víctimas de trata de nuestra época. Por eso, durante los primero años del siglo XX se prohibió el *trabajo no abonado* en muchos países.

En México, los *trabajadores extranjeros no abonados* tuvieron un papel clave en la construcción de los 20 000 kilómetros de vía ferroviaria del país. La mayor parte de esta construcción tuvo lugar durante el gobierno de Porfirio Díaz (1876-1911), un período en el que México se caracterizó por el libre comercio, aparente estabilidad y —al menos dentro de la esfera privilegiada— optimismo liberal hacia el futuro. Pero las condiciones laborales de los trabajadores chinos son un ejemplo representativo de las grietas abismales que caracterizaban esa época en México. En silencio, el país se estaba polarizando y solo unos años más tarde estallaría la Revolución Mexicana (1910-1919), en la que morirían un millón de personas en todo el país. Los rieles que dejaron los *trabajadores no abonados* obtendrían entonces un papel insospechado e importante como medio de transporte de las tropas rebeldes.

∾

ALGO HA COMENZADO A CAMBIAR en el grupo. Hasta este momento Omar, el guía, ha sido el líder indiscutible al que todos han seguido ciegamente. Pero ahora crece un malestar. La máquina descompuesta que se quedó parada a mitad del camino a La Patrona se vuelve el primero de una serie de percances para los diez compañeros de viaje. Al día siguiente no consiguen subirse a ningún tren. Cuando luego deciden juntar dinero para boletos para el camión, resulta que solo les alcanza para llegar a Córdoba, a unos cuantos kilómetros. Omar les asegura que sabe de un lugar en donde pueden subirse a un tren. Pero otra vez resulta estar equivocado. La noche está avanzada cuando, dentro de la estación, encontramos a los compañeros de viaje acurrucados en un vagón que va y viene bajo una llovizna. Parece que la máquina está armando el tren. Algunos trabajadores de la estación nos dicen que el tren va a salir hasta pasado mañana.

Norma está empapada. Casi tirita de frío. Varios del grupo también parecen extenuados. Han pasado siete días desde que se subieron al tren en Arriaga, Chiapas. Han dormido mal, comido muy poco, han sido hostigados por criminales, increpados por guardias de seguridad, y se han caído y golpeado cuando han tratado de subirse al tren en movimiento. Norma tiene un feo moretón en una de las piernas que se hizo cuando se cayó al suelo en Tierra Blanca. Los diez se bajan del tren. El estado de ánimo es tenso y no parece depender solo del cansancio. Norma insinúa que algo anda mal, pero que no puede hablar sobre eso.

El periodista que hay en mí no quiere interferir en los acontecimientos que se describen, pero cada vez me cuesta más estar solo ahí observando. Le pregunto a Omar que si no quieren tomar el autobús a Orizaba, porque de ahí salen más trenes. Más temprano en la noche, Roger y yo manejamos hasta allá y no parecía haber ningún control migratorio.

A varios de los miembros del grupo parece gustarles la

propuesta, pero se les ha acabado el dinero. Les aclaro que solo por esta vez podemos pagar. Omar no tiene fuerzas para oponerse. Asiente cansado.

~

Madrugada en Lechería, al norte de la ciudad de México. El sol ha comenzado a calentar el cuerpo tembloroso de Norma. Toda la noche, ella, Oscar y los demás han estado en un tren que ha viajado cuesta arriba en el cerro. Primero pasaron una ciudad llamada Apizaco y después siguieron subiendo al altiplano en el que está situada la Ciudad de México. Hacía un frío helado. El viento calaba las mejillas y la niebla descendía sobre ellos como una manta gruesa. Al amanecer vieron que el techo del tren estaba cubierto de escarcha.

A solo unos cien metros de donde Norma está sentada, queda un albergue con camas calientes, regaderas y comida gratis. Pero Omar no quiere que nadie vaya allá. Los últimos días se ha vuelto cada vez más desconfiado y no quiere perder a nadie de vista. Ni siquiera por unos minutos. El miedo a los secuestros y a los asaltantes del sur ha comenzado a disminuir. Omar se ve obligado a usar otros métodos para mantener unido al grupo.

Quienes lo dejen no van a poder llegar nunca, dice amenazante. Ahora se trata de negocios. Si una persona abandona el grupo, significa una pérdida de 500 dólares para él.

La otra noche, poco antes de que yo llegara y le ofreciera al grupo los boletos a Orizaba, un compañero de viaje, Gustavo, había tratado de darle a Norma información de otro guía. Cuando Omar escuchó eso, se puso furioso. Junto con

Kevin confrontó a Gustavo. Tres patadas fuertes cayeron sobre el costado del guatemalteco.

Desde entonces Norma y Oscar hablan en secreto de dejar el grupo. No son los únicos en tener tales pensamientos. Hasta Carlos, que a cambio de protección se dejó tocar por Omar, empieza a asustarse. Norma sabe también que nosotros, los periodistas, no podemos seguir más allá de Lechería. Se va a quedar con el teléfono, pero no podemos ir más al norte con ellos. Nuestro presupuesto del viaje se ha acabado.

Después de un rato, Omar se levanta y dice que es hora de irse y tomar el minibús hasta la siguiente estación. El resto del grupo lo sigue obediente a lo largo de las vías. Norma va callada, pensativa. Cuando llegan al minibús y se van a subir, Omar clava los ojos en ella y le dice:

—¡Basta ya de andar de chismosa! Ya sé que andas mandando mensajes a esos periodistas y les dices dónde estamos. Pero de ahora en adelante eso se acabó, ¿entiendes? Si no, te voy a entregar a ti y a tu hombre a los Zetas.

["Nos QUEDAMOS EN LA PARADA. ¿Pueden venir por nosotros?"]

El mensaje llega por sorpresa. Cuando encontramos a Norma, Oscar y Gustavo, están parados al lado de la carretera y se ven alterados. Resulta que han tomado una decisión tajante.

—Omar nos amenazó con entregarnos a los Zetas. Ya es suficiente. Hasta aquí, pero no más, dije yo, ahora nos regresamos a Guatemala —relata Norma.

Han escogido un lugar arriesgado para bajarse. La policía

de la región de Lechería y Huehuetoca tiene la costumbre de levantar, robar y deportar migrantes. Yo mismo lo pude constatar el día anterior cuando vi a unos policías empujar por los hombros a un grupo de migrantes hacia la caja de la camioneta de policías y llevárselos.

El albergue queda a diez minutos en carro. Por primera vez desde que empezamos el viaje, les damos un aventón a los migrantes. Norma, Oscar y Gustavo se sientan en los asientos traseros de nuestro Dodge azul. Roger enciende el carro y yo tomo el mapa para asegurarme de que no tomemos un camino equivocado. Salimos al tráfico y conducimos un par de cuadras. Entonces se escucha una sirena. Por el retrovisor veo una moto de la policía. El policía baja al asfalto, se quita el casco y se acerca a la ventanilla con pasos autoritarios.

—Licencia, por favor. Les falta el permiso de circulación...

La empresa de renta de carros en Oaxaca tiene que haber olvidado conseguir el permiso que se requiere para conducir en la Ciudad de México, el Estado de México y periferias. El policía mira de reojo en el coche. Atrás están sentados Norma, Oscar y Gustavo, mirando asustados al piso.

—Me temo que tengo que decomisarles el carro.

Hay un riesgo grande de que la policía les pida a nuestros pasajeros que le muestren sus documentos de identificación si se bajan del carro. Trato de parecer tranquilo, pero ya dentro de mí estoy seguro de que no puedo arriesgar que Norma, Oscar y Gustavo sean detenidos y expulsados después de diez días en el tren de la muerte.

—¿Hay alguna otra forma? —le pregunto discretamente.

—Bueno... Solemos ofrecer a los que cometen una infracción la posibilidad de solucionarlo en el lugar. Para facilitar el procedimiento. Entonces cobramos la mitad de la multa ordinaria.

Nos encontramos en el Estado de México, el estado en el que Enrique Peña Nieto era gobernador antes de llegar a ser presidente en 2012. Aquí desde hace mucho la policía tiene la reputación de ser corrupta. Normalmente hubiera dicho que no a lo que el policía ahora llama un "servicio". Pero la situación no es normal.

—¿Cuánto? —le pregunto.

Nos examina a Roger y a mí con ojos entornados. Nuestra apariencia europea no es una ventaja en esta negociación.

—3 000 pesos.

Es la mitad del sueldo de un policía de tránsito en México. Trago saliva, miro de reojo a Roger y después asiento al policía.

—¿Cómo le hacemos?

—Síganme un par de cuadras. Cuando me pare, me lo pasan por la ventana. Pero rápido para que nadie vea.

Se va hacia su motocicleta, la enciende y nos rebasa lentamente. Lo seguimos. Cuando el policía se detiene, Roger presiona con cuidado el freno. La entrega va rápida. Seis billetes de 500 pesos cambian de dueño. Mientras subo el vidrio de la ventana, veo por el retrovisor como el policía da la vuelta con la motocicleta y conduce hacia otra dirección. A la caza del siguiente botín.

UNA COMIDA caliente y una cama esperan a Norma y Oscar en el albergue. Por primera vez en diez días no tienen que dormir en el suelo. Unos cincuenta migrantes tienen un alojamiento en los dormitorios de la casa, en donde se aplican reglas estrictas de conducta y unas rejas impiden que se meta alguien ajeno. El albergue ha estado expuesto a ataques de hombres armados y de grupos racistas. Por eso, los encargados cuidan bien de que aquellos que no se van a quedar a dormir se vayan antes de la hora en que se cierra la puerta por la noche.

Antes de irnos, veo a Norma sentada en su cama, acariciando tiernamente un peinecito rosa que siempre lleva consigo.

—Con éste peinaba a mi hija April en el hospital —dice con lágrimas en los ojos.

—La extraño tanto. Y también a mis otros hijos.

Cuando regresamos al día siguiente, Norma y Oscar han recuperado el valor. Han decidido seguir el viaje hacia el Norte. Pero saben que tienen que cambiar de ruta, porque el jefe de Omar tiene ojos y oídos por todos lados a lo largo de la costa este mexicana. En un mapa se ponen a buscar rutas que los lleven al noroeste. Muchos peligros acechan ahí también. Pero antes de que nos separemos, Norma me dice:

—Ahora nos sentimos mejor. Seguro todo va a salir bien.

CUARTA PIEZA DEL ROMPECABEZAS

ULTRANACIONALISMO

ABIYÁN. Ayer, tanto el actual presidente de Costa de Marfil, Laurent Gbagbo, como el rival, Alassane Ouattara, prestaron juramento como presidentes, después de que ambos se proclamaran vencedores en las controvertidas elecciones presidenciales del país. La crisis política parece empeorar rápidamente en este país de África Occidental que estuvo cerca de experimentar una guerra civil apenas hace unos años.

El sábado, Gbagbo desafió a la comunidad internacional al no reconocer su derrota [...] y prestó juramento para otro mandato más. Horas más tarde, el líder opositor informaba que él también había prestado juramento.[1]

Agencia de Noticias, AP, 5 de diciembre de 2010.

EL AROMA de las ollas de la cocina donde su mamá está preparando la comida ha comenzado a expandirse por la sala. Abou aspira el aroma por la nariz. Va a haber *tô*[2], advierte, y deja que su cuerpo se hunda en el sillón de tela azul.

Sus dos primas están sentadas en la mesa haciendo su tarea. Una de las chicas seguro vendrá a pedirle ayuda con una palabra difícil. Así suelen hacer cuando tienen de tarea leer, como esta noche. Sentado en otro sillón, el hermano mayor de Abou está viendo la televisión. De vez en cuando pronuncia alguna grosería y señala la pantalla.

—¿Ves? ¡Han usado la misma imagen desde hace días!

El canal estatal *La Première* muestra un reportaje en el que está llorando una simpatizante del presidente Laurent Gbagbo. Dice que ha sido agredida por los simpatizantes de la oposición del norte del país. A alguien de la televisión estatal deben gustarle mucho esas imágenes, porque Abou las reconoce también. El presentador explica con voz solemne que se han constatado muchos casos de fraude en el norte, donde la oposición tiene su bastión, y que la única instancia que tiene el derecho a designar un ganador, la Corte Constitucional, ha declarado vencedor de las elecciones a Laurent Gbagbo. Dicho de otro modo, *el único presidente legítimo* de Costa de Marfil es *el ya presidente en turno.*

—No, pues esto no parece muy imparcial —dice Abou, meneando la cabeza.

Durante la campaña electoral, la televisión estatal de Costa de Marfil reportó con relativa objetividad e imparcialidad. Tanto el presidente en turno Gbagbo como el líder de la oposición Alassane Dramane Ouattara (o ADO, como también es conocido por sus iniciales) tuvieron la misma oportunidad para presentar sus propuestas. Pero ahora, después de las elecciones, la televisora da la impresión de haberse transformado en una especie de canal de propaganda del gobierno.[3]

Los observadores internacionales de las Naciones Unidas, la Unión Europea y la Unión Africana han respaldado el fallo de la Comisión Electoral Independiente: el opositor Ouattara ha obtenido la mayoría de los votos. Pero el presidente Gbagbo se niega a reconocer su derrota. Desde antes ha asegurado el control de la Corte Constitucional, y poco después de la elección sacó ventaja de ello:

> Cuando la Comisión Electoral iba a presentar los resultados frente a los medios locales y la prensa internacional, uno de los comisionados de Gbagbo se apoderó de la lista oficial y la rompió, pues según éste, no era válida por fraude. Después los hombres del presidente impidieron todo trabajo dentro de CEI [la Comisión Electoral] durante tres días, tiempo necesario para que la Corte Constitucional controlada por Gbagbo se hiciera cargo del proceso conforme a la interpretación del presidente. Tras solo un día, el presidente de la Corte Constitucional anunciaba que los resultados de siete distritos electorales en el norte y el oeste del país habían sido anulados por fraude. ¡Abracadabra, así se convirtió una derrota en victoria![4]

En la televisión estatal no se ha dicho ni una palabra sobre el juego político detrás de la decisión de la Corte Constitucional. Por si acaso, Gbagbo también ha bloqueado las emisiones de los canales internacionales de radio y televisión. La transmisión diaria de noticias de *La Première* es, en otras palabras, una de las pocas maneras que quedan para tener algún tipo de reporte sobre lo que está pasando en el país.

· · ·

Suena el celular. Abou mira la pantalla.

—¿*Oui*?

—Abou, aquí las cosas se están poniendo feas... ¿En dónde estás?

—¿Qué pasa?

Se endereza en el sillón.

—Los hombres de Gbagbo están por aquí. Van de casa en casa. Están en mi colonia, cerca de donde vivo. También hay militares.

—Pero ¿qué hacen ahí?

—La gente corre por todos lados. No puedo hablar más. Solo quería avisarte.

—Ok. Gracias...

Abou baja el teléfono y se le queda viendo pensativo. Son un poco más de las nueve. Falta apenas una hora para el toque de queda. Su amigo se escuchaba agitado y un poco confundido, pero sobre todo asustado. Vive solo a media hora de su barrio, en el mismo distrito de Abiyán. Todo esto se siente un poco irreal. Pero quizás lo mejor es que Abou también se vaya.

—¿Quién era?

El hermano de Abou lo mira inquisitivo.

—Un amigo. Con el que pegaba afiches, ¿te acuerdas? Están entrando a las casas ahí por donde vive.

—¿Quiénes? ¿Milicia, militares, policía?

—La milicia y los militares.

Las primas levantan la vista. Mamá ha salido de la cocina.

—No creo que tengas de que preocuparte —dice la mamá y gesticula con una mano—. La gente habla mucho.

Tiene razón. Por varias semanas han corrido rumores sobre purgas nocturnas y comandos armados que supuestamente andan deteniendo a simpatizantes de Ouattara. Pero en su barrio no ha sucedido nada. Al menos hasta ahora. Además, en la televisión no dicen nada de disturbios o redadas en la ciudad. Pero el amigo de Abou había sonado muy seguro de lo que decía.

La mamá regresa a la estufa. Las dos primas siguen haciendo su tarea. Abou se da cuenta de que de vez en cuando le echan una mirada. En la familia, todos saben que él es quién tiene más motivos para preocuparse si hacen una redada nocturna. Apenas hace un mes, la policía lo detuvo mientras pegaba carteles del líder de la oposición Ouattara. En el cartel decía *"ADO, la solution"* junto a la imagen sonriente del candidato.

Los familiares de Abou no le recriminan que se haya comprometido políticamente. Al contrario, a la mayoría de sus parientes les parece obvio apoyar a Ouattara. Sin embargo, no hay que subestimar los riesgos que implica el compromiso político. Aquí en la ciudad más grande del país, Abiyán, en la costa del sur, la mayoría son cristianos y apoyan al presidente Gbagbo. Pero los familiares de Abou son musulmanes y tienen un apellido que los identifica como oriundos del norte. Corren el riesgo de ser tildados de *allogènes*, extraños. A diferencia de *autochtones*, autóctonos.

Durante su niñez y adolescencia en Abiyán, a Abou siempre le pareció como algo obvio que debía ser tratado ante todo como un individuo, no como miembro de algún grupo étnico o religioso. Y distaba mucho de ser el único en pensar así.

Por más de medio siglo, Costa de Marfil fue conocido

como "el milagro africano", puesto que se había librado de la violencia sectaria y étnica que afligía a muchos de los nuevos Estados de África Occidental. El secreto de la estabilidad era sobre todo la exportación exitosa de una materia prima inusualmente rentable: el cacao. Todavía hoy, Costa de Marfil produce alrededor del 40% del total de cacao del mundo; pero en las últimas décadas el precio del "oro negro" en el mercado mundial ha variado de modo considerable — algo que le ha dificultado al Estado la planificación de la economía, y que ha sacudido profundamente la construcción del Estado nación marfileño.[5]

El árbol de cacao, *Theobroma cacao*, proviene del sur de México, donde la cultura olmeca ya desde hace 3 000 años utilizaba los granos de cacao molidos en diferentes platillos. Más tarde los españoles llevaron el cacao a Europa junto con la receta para preparar el chocolate. Pero no fue sino hasta mediados del siglo XIX que los colonizadores franceses introdujeron el árbol de cacao en Costa de Marfil. Sin embargo, una vez hecho esto, fue como si desde siempre la tierra fértil y el clima cálido y húmedo marfileño hubieran sido creados para las raíces del árbol de cacao.

Pronto las cosechas se volvieron tan abundantes que a los colonizadores franceses se les presentó un problema urgente: la escasez de mano de obra. La solución fue el traslado forzoso de miles de personas desde lo que hoy es Burkina Faso a la parte sureste de Costa de Marfil. Posteriormente, los franceses también tratarían de "estimular" a los agricultores de las regiones áridas del norte para que se mudaran al sur mediante la imposición tributaria en efectivo; lo que en la práctica los obligó a buscar un trabajo asalariado.

Después de la independencia en 1960, se abandonó este

método más o menos explícito de traslado forzoso. El nuevo presidente del país, el médico y sindicalista Félix Houphouët-Boigny, prefirió aplicar el lema: "la tierra pertenece a quien la cultiva", lo que en los sesenta y los setenta llevó a miles de campesinos sin tierra a empacar sus maletas y mudarse al sur en búsqueda de un pedazo de tierra para sembrar. A veces, el sueño se hacía realidad, pero también muchos pequeños agricultores se mataron por años trabajando como jornaleros en las grandes plantaciones. Al mismo tiempo, Costa de Marfil abría las puertas a gran escala a la mano de obra migrante de otras partes de África Occidental.

Entre 1960 y 1980 esta política liberal llevó a un crecimiento económico anual del 7% en promedio. Costa de Marfil se erigió como el principal exportador de cacao del mundo, y el gobierno empleó los crecientes ingresos tributarios para proyectos de infraestructura y para la ampliación de una red clientelista del partido único del Estado. Abiyán se volvió conocida como la París de África Occidental debido a su atmósfera cosmopolita, su intensa vida nocturna y lo que quedaba de la influencia cultural francesa.[6]

Pero a comienzos de los ochenta, se hundieron repentinamente los precios del mercado mundial de cacao. También se derrumbó el precio del café, el otro gran producto de exportación del país. El régimen de Houphouët-Boigny había adecuado sus gastos de acuerdo a un alto nivel de ingresos y comprometido muchos recursos en grandes proyectos de infraestructura. En poco tiempo se volvió difícil mantener a flote el aparato estatal, incluso por medio de nuevos préstamos. En 1987, el gobierno se vio obligado a cesar los pagos de la deuda externa. El Fondo Monetario Internacional (FMI) y el Banco Mundial (BM) ofrecieron un préstamo de emergencia, pero solo a cambio de una reducción drástica de los gastos estatales, la privatización de empresas estatales y la eliminación de subsidios para los pequeños agricultores.

El resultado de este programa de ajuste estructural fue el mismo que el de muchos otros países de África y Latinoamérica durante el mismo período: un incremento de la pobreza y de la desigualdad, y sin que despegara la economía apropiadamente. Por cierto, esta política de austeridad no era tan diferente a la que, treinta años después, se le recetó a los países europeos en crisis como Grecia, España o Italia.

Los jóvenes de Costa de Marfil, que habían fríamente calculado con un trabajo dentro del sector público, regresaban con las manos vacías a casa de sus padres, quienes en muchos casos habían vendido la tierra familiar a inmigrantes para así financiar los estudios universitarios de sus hijos. Coincidió que los inmigrantes y trabajadores temporales extranjeros correspondían en ese momento al 25% de la población. Un susurro comenzó a escucharse en el campo: "¿Quién tiene en realidad derecho a la tierra?, ¿al cacao?, ¿a los trabajos?".[7]

Cuando falleció Houphouët-Boigny en 1993, se inició una lucha enconada por el poder en el interior del partido de Estado. El ministro del interior Henri Konan Bédié quería impedir a cualquier precio que su archirrival Alassane Ouattara participara en las próximas elecciones presidenciales. No titubeó ni siquiera en jugar la carta étnica para salirse con la suya. Ouattara había nacido en Costa de Marfil, estudiado en Estados Unidos y trabajado como economista en el FMI por muchos años. Como casi el 40% de la población de Costa de Marfil, también era musulmán. Pero su padre había nacido en Burkina Faso y descendía de línea directa del fundador del viejo Imperio Kong, Sékou Ouattara, cuya monarquía islámica había controlado grandes partes de África Occidental en los siglos XVIII y XIX. Bédié tomó nota de esto último y declaró que Ouattara no ponía necesariamente en primer lugar los intereses de Costa de Marfil. Logró cambiar la ley electoral de manera que los dos padres del candidato presidencial tuvieran que haber nacido en el país, e incluso después, introdujo una disposición legal en la que se estipulaba que se tenía que haber vivido en el país ininterrumpidamente por lo menos cinco años antes del anuncio de la candidatura.

Los cambios iban dirigidos directamente hacia Ouattara. Y si la cosa hubiera quedado ahí, acaso no hubiera pasado a la historia más que como un juego mezquino de intrigas políticas. Pero Bédié se apoyó también en un grupo de académicos para crear un concepto y una ideología que imposibilitara para siempre a Ouattara llegar al poder. El concepto era "marfileidad" —*ivorité*— que fue definido como una serie de cualidades, expresiones culturales y convicciones religiosas adquiridas mediante la pertenencia a alguno de los grupos étnicos dominantes de Costa de Marfil como Guéré, Bété y Krou.

La definición no solo excluía a Ouattara, sino también a varios millones de marfileños que por casualidad pertenecían a alguna de las comunidades Burkinabé, Dioula o maliense. De pronto, no se les podía considerar como "auténticos marfileños" (*autochtones*), y se les etiquetó como alógenos (*allogènes*) o extranjeros (*étrangers*).[8]

Entre los que entendieron el potencial explosivo de este proceso estaba el profesor universitario de historia Laurent

Gbagbo. En ese entonces, había ganado el estatus de luchador por la libertad dentro de los círculos de la oposición, ya que durante las tres décadas bajo el poder de Houphouët Boigny había sido encarcelado varias veces y había tenido que exiliarse por sus criticas de tinte socialista contra el régimen. Cuando la lucha de poder entre las élites del país degeneró por completo en 1999, y el primer golpe militar en la historia de Costa de Marfil sacudió al país, Gbagbo entendió que su hora finalmente había llegado.

Un año después del golpe, se anunciaron elecciones presidenciales. En ese entonces, 39% de la población marfileña tenía entre 15 y 24 años de edad y varios millones de ellos no tenían trabajo. Gbagbo explotó su descontento hablando apasionadamente de cómo el país tenía que recuperar su soberanía luego de los programas de austeridad impuestos por el FMI y el Banco Central; de cómo la riqueza de la industria del cacao tenía que repartirse equitativamente, en vez de desaparecer en los bolsillos de una élite corrupta; de cómo Costa de Marfil recuperaría su dignidad, se sacudiría el yugo del colonialismo, tomaría su propio rumbo.

El mensaje fue bien recibido por los jóvenes cristianos desempleados del sur del país que por años habían visto cómo las finanzas del Estado se habían hundido por la misma élite corrupta que se bañaba en las riquezas del cacao. Cuando días después de la elección, el general golpista Robert Guéï trató de quedarse por la fuerza en el poder , el electorado salió a las calles y defendió su voto. Al final, Gbagbo recibía la oportunidad que había esperado. Y cuando unas semanas más tarde prestó juramento como presidente, prometió a sus seguidores que la nación iba a (re)construirse desde sus cimientos: *"Refondation"* rezaba el nuevo lema.

Durante la campaña electoral, Gbagbo había atacado principalmente al poder colonial francés. Pero tan pronto como hubo asegurado su posición como nuevo presidente del país, la retórica de tinte nacionalista se dirigió cada vez más hacia enemigos *internos*. Muchos de los musulmanes del país boicotearon las elecciones, puesto que Alassane Ouattara había sido excluido. Esperaban entonces que Gbagbo cambiaría la ley electoral y que llamaría a nuevas elecciones, pero como antes Bédié, Gbagbo se dio cuenta de que su posición podía estar amenazada si dejaba que Ouattara entrara al juego. Además, el presidente y su influyente esposa, Simone Gbagbo, se habían convertido a la Iglesia evangelista y a menudo decían que Jesús era ahora su principal guía. La retórica socialista fue a parar a las sombras y fue reemplazada por un patriotismo de tinte religioso, al mismo tiempo que la pareja Gbagbo hacía suyo el concepto de "marfileidad".

De cualquier modo, el genio ya estaba fuera de la botella. Por muchos años, varios periódicos importantes del sur del país habían incitado repetidamente contra Ouattara y sus simpatizantes, principalmente musulmanes. Los mismos medios actuaban ahora como abanderados de Gbagbo cuando éste mandaba las fuerzas de seguridad a abatir las protestas de los partidarios de Ouattara. Dentro de poco, se volvió difícil conseguir un pasaporte o una credencial de identificación si se tenía un nombre que sonara "extranjero", lo que en la práctica incluía a la mayoría de la población que provenía del norte del país. En las carreteras, los policías detenían los camiones diciendo que buscaban "forasteros". Aquel que entonces tuviera un nombre que sonara sospechoso, a menudo tenía que pagar un soborno para no ser detenido arbitrariamente.

Miles de habitantes de Costa de Marfil llegaron a experi-

mentar como su "marfileidad" era cuestionada abiertamente
por la policía y otros funcionarios del gobierno. En la práctica, muchos fueron despojados de sus derechos cuando no
conseguían sacar sus documentos de identidad. Lo que antes
había servido como una protección —la ciudadanía— súbita-
mente se había vuelto imposible de probar. Un creciente
grupo de la población se encontró con que el Estado había
roto lazos con ellos. La polarización aumentaba entre el
Norte y el Sur.

En 2002 una fracción del ejército se rebeló contra
Gbagbo. Se desató una guerra civil de corta duración y los
rebeldes tomaron el control en las regiones del norte. Se
cometieron abusos por ambos lados y muchos civiles fueron
víctimas de la violencia. Tras unas semanas, la Unión Africana logró negociar un cese al fuego y las fuerzas de la ONU
fueron enviadas al país para supervisar el incipiente proceso
de paz.

Por mucho tiempo, Ouattara trató de mantenerse neutral
en este conflicto, pero el régimen de Gbagbo lo acusó de ser
el autor intelectual de la insurrección. Incrementaba la
persecución a los seguidores de Ouattara en Abiyán y en
otras ciudades del sur. Milicias simpatizantes del régimen
secuestraban y asesinaban a la oposición, y Gbagbo hacía
poco o nada para frenarlas o castigarlas. Al final de la
primera década de este siglo, se informaba que estas milicias
tenían decenas de miles de hombres en sus filas.

Se prometían elecciones que eran pospuestas una y otra
vez. Cuando por fin se llevaron a cabo en noviembre de
2010, era difícil malinterpretar el mensaje de Gbagbo a sus
seguidores: "¡O ganamos o ganamos!" ("*On gagne ou on
gagne*"). Desde luego, lo había dicho en serio.

POR MUCHO TIEMPO, a Abou le había parecido extraño escuchar a Gbagbo hablar en forma despectiva de los "forasteros" o "extranjeros". Sobre todo porque el presidente no solo aludía a los trabajadores que habían llegado de los países colindantes como trabajadores invitados, sino también a los musulmanes que habían nacido en el norte del país. De niño, rara vez había reflexionado sobre sus orígenes. Es cierto que su padre venía del país vecino Burkina Faso, pero la madre y el resto de la familia tenían sus raíces en Costa de Marfil desde hacía tanto tiempo que ya nadie recordaba. Fue cuando Abou se dio cuenta de que sus derechos estaban en peligro que dio el paso para comprometerse políticamente, aunque a un nivel local.

Al principio, pegar carteles había sido como un juego. Salían apresurados, las palmas de las manos alisaban los papeles, algunos brochazos de pegamento, el golpe de adrenalina cuando llegaban voces enfurecidas de alguien en la calle. Finalmente, las risas con los amigos una vez a salvo. Pero todo cambió aquel día que la policía los detuvo. Después de eso, Abou dejó de pegar carteles. Y sabe que la policía todavía tiene en sus registros su nombre y dirección.

—¿Qué puedes hacer para estar seguro? —pregunta el hermano en voz baja.

—No sé. Creo que voy a ver a la familia de Patrick. Tal vez saben algo más.

El hermano asiente. Patrick es cristiano. Su familia puede tener más información. Además, si ocurriera algo peor, es un buen lugar para esconderse.

—Ve con cuidado, ¿oíste?

〜

ABOU Y PATRICK iban a la misma escuela cuando eran adolescentes y aún son buenos amigos. Hablan *noushi* —la variante criolla del francés que se habla entre los jóvenes de los barrios obreros de Abiyán— y comparten la cultura urbana y juvenil. La música de esta cultura juvenil, desde Alpha Blondy hasta las estrellas del género musical *zouglou*, es una expresión concreta del por mucho tiempo exitoso crisol cultural de Costa de Marfil. Y a pesar de que ahora se están trazando líneas que diferencian entre grupos étnicos y religiones, Abou está seguro de que puede confiar en Patrick. Con él va a estar seguro, se dice, pues los hombres de Gbagbo no van a buscar cristianos.

La puerta está abierta, así que Abou se mete y con la vista busca a quien saludar. No se ve ningún adulto. Solo se entrevé a la hermanita de Patrick en uno de los cuartos.

—*Viens, la petite!* ¿Dónde está tu hermano?

La niña alza la vista y se encuentra con la mirada de Abou. Sin decir nada, se levanta y corre al interior de la casa. Abou se queda parado y espera callado. Deja que la mirada se escabulla por los muebles de la habitación. No es común ver la casa así de vacía.

Después de un rato aparece Patrick. Se saludan como suelen hacerlo, puño con puño y la palabra *"Cê côman?"* en *noushi*.

—*Ya fohi!*[9] ¿Y tú? —dice Patrick con una sonrisa.

Abou toma aliento antes de responder.

—Pues... Me acabo de enterar de que se están metiendo en las casas ahí donde vive el chavo con el que pegaba carteles.

—¡Ay! No te preocupes por eso. Seguro que no es nada serio.

—Pero se ha tenido que ir de su casa.

—¿Estás seguro? Probablemente solo tratan de espantar a la gente. Creo que no deberías pensar mucho en eso. Pero claro, si quieres, siempre te puedes quedar aquí a dormir.

—Gracias, pero... Tal vez, tienes razón. Trataré de llamarle de nuevo.

AFUERA EN LA calle se nota que se acerca el toque de queda. Los vendedores bajan sus cortinas de acero y los padres llaman a sus hijos para que entren a casa. Hay algo extraño en el aire. Una inquietud que es difícil asir. Mientras Abou busca el número de teléfono en su celular, casi lo tira un hombre que viene caminando muy rápido calle abajo.

—¿Cómo están las cosas ahora? ¿Dónde estás? —dice Abou cuando el otro contesta el teléfono.

—En serio que no es nada chistoso, ¿sabes? Tienes que tener cuidado, ¿escuchas?

—Pero aquí todavía está muy tranquilo.

—Están disparando al aire. Tengo que colgar. No puedo hablar. Me estoy escondiendo.

La conversación se interrumpe. En un instante el miedo regresa. Abou mira a su alrededor. Las tiendas han cerrado. Los vecinos han puesto los seguros de sus puertas. Patrick sale a la calle y le hace compañía. Un poco desconcertados comienzan a hablar de las elecciones. De como todo se ha vuelto un caos. De lo ridículo que es etiquetar como extranjera a la gente del norte a pesar de que muchos han vivido en el país por generaciones.

Mientras se detienen y hablan, Abou observa que más adelante de la calle se ha formado una pequeña aglomeración. Algunas personas están paradas en un grupo discutiendo. Un par de personas comienza a irse rápido del lugar.

—¡Quieren ver las identificaciones! —se escucha una voz.

Algunos se ponen a correr. La confusión se propaga. Es muy claro que algo no está bien.

—Mira, Patrick, mejor me voy.

—No, quédate con nosotros. No hay ningún problema.

La voz calmada de Patrick se ha esfumado. Pero Abou ya se ha decidido.

—Solo voy a mi casa y vuelvo. Regreso en unos minutos —dice, y se despide alzando rápido la mano mientras se aleja.

EL DINERO. Se hubiera traído el dinero. 300 000 francos CFA (cerca de 500 dólares) están en la casa, metidos en un libro en la cama debajo de la colcha. Casi tres meses de sueldo que habían sido contemplados como un salvavidas en caso de que sucediera algo inesperado. Tal vez algo como esto. Si registran en su cuarto van a encontrar el dinero. Así que solo irá a casa a recogerlo. Después puede regresar a casa de Patrick y ver si las cosas se han calmado. Sí, es un buen plan. Probablemente funcionará.

Las calles y callejones están ahora casi vacíos. Únicamente personas solitarias van caminando o corriendo por las banquetas. Abou siente que el tiempo se está acabando. Empieza a correr despacio entre los postes de luz. Se detiene después de unos cien metros. A lo lejos se ven formas oscuras. Puede ser la milicia. Se queda indeciso por unos segundos. Pero entiende que no puede correr el riesgo de que lo detengan.

Los tenis levantan grava y polvo cuando dobla en la esquina de la calle. El corazón palpita debajo de la playera. Trata de mantener la cabeza fría y pasar solo por los callejones más estrechos. Si vienen en carros no van a meterse por estas calles, se conforta, mientras zigzaguea entre los callejones rumbo a los barrios de la periferia. Un rato más tarde, el número de casas comienza a disminuir. Ha llegado a un sendero que sabe que conduce a la cuesta y al bosque. No se puede ver en dónde pisa. Piedras y raíces invisibles dejan sus huellas en la suela de los zapatos. Por encima de él, las copas de los arboles forman una bóveda que oculta la luz de las estrellas. Llega a un escarpado. Después a unos arbustos. Jadeando, se apoya en un tronco y trata de escuchar si alguien viene corriendo detrás de él. Pero no se escucha nada. Solo los grillos y los murmullos casi imperceptibles del follaje de los árboles.

Se sienta en el suelo que está levemente inclinado. Entre los troncos de los árboles brillan luces aisladas de las casas de su barrio. El aire es tibio y húmedo, ha venido del mar de las afueras de Abiyán. La respiración se vuelve más profunda. Lejos de ahí puede intuir el puerto y el mar oscuro.

A finales del siglo XV, los primeros barcos europeos atracaron en las afueras de las costas de África Occidental. Hombres que hablaban portugués o francés y que llevaban un dios crucificado establecieron misiones y centros de comercio en las costas de la región. Pero a menudo les costaba adaptarse al clima caluroso y húmedo. Enfermedades tropicales como la malaria acabaron con más de una expedición tierra adentro. Los europeos también se encontraron con un violento rechazo cuando reclamaron el control político del territorio; porque aunque pensadores y teólogos europeos contemporáneos consideraban que África era un continente "sin civilización", en realidad, era una región con una larga tradición comercial y estructuras estatales.

A la llegada de los europeos había varios imperios grandes en la región. Los dos más grandes eran el Imperio de Mali y el reino de Songhai, ambos con centros políticos alrededor de Tombuctú, hoy Mali. Estas estructuras estatales habían atraído por siglos a mercaderes y escribas y habían creado lazos comerciales con ciudades de Medio Oriente. El intercambio cultural, económico y científico continuó al menos desde el año 300 d. C. y se intensificó todavía más desde mediados del siglo XI, cuando llegaron a la región los emisarios a caballo de los califatos musulmanes.

En la zona que hoy corresponde a Costa de Marfil existía una tensión entre los de la sabana del norte que por períodos eran sometidos por los imperios musulmanes, y los del sur, de regiones costeras más boscosas, donde vivían tribus independientes con religiones animistas. Pero no había ningún tipo de frontera moderna. El poder y la influencia de los Estados irradiaba de sus centros y menguaba con la distancia. La región también parece haber estado caracterizada por identidades relativamente fluidas, donde la religión, la política y el origen no pocas veces se combinaban de maneras insospechadas. Por eso hay historiadores que sugieren que la idea de grupos étnicos cerrados y homogéneos es un producto de la influencia europea en África Occidental.[10]

Sabemos con seguridad que a la llegada de los europeos existía una norma importante de hospitalidad en África Occidental. Por regla, a los viajeros de largas distancias se les ofrecía la posibilidad de residir o de fijar su domicilio en la comunidad local, siempre y cuando respetaran las instituciones políticas locales. De ahí que durante los siglos XVI y XVII, los visitantes europeos pudieron establecer con relativa tranquilidad misiones y centros de comercio. Cada vez más barcos de países como Francia, Holanda, Reino Unido y Suecia atracaban en las afueras de las playas costeras y ofrecían armas y otros productos a cambio de la mercancía mas codiciada de aquel tiempo: esclavos.

Del otro lado del Atlántico se había producido una profunda escasez de mano de obra debido a las severas epidemias que afectaban a los pueblos indígenas. Como resultado, se establecieron grandes mercados de esclavos en Ghana, Senegal y en otros lugares a lo largo de las costas de África Occidental. Bandas de ladrones comenzaron a hacer incursiones tierra adentro y secuestraron a personas que podían vender como esclavas. Pronto el terror se volvió de tal magnitud que muchas comunidades del interior adoptaron la costumbre de construir altas barricadas para protegerse contra los cazadores de esclavos. Aun así, millones de personas fueron capturadas durante los siguientes trescientos años. Fueron vendidas al mejor postor en los estados costeros, donde los comerciantes europeos rara vez hacían preguntas innecesarias. Lo único que parecía interesarle a los comerciantes de esclavos era la ganancia que les esperaba del otro lado del mar.

~

DETONACIONES SORDAS RESUENAN sobre los techos de las casas. Los disparos llegan de golpe y dejan tras de sí un silencio desolado. Abou no es ningún experto de armas, pero cree que se trata de ametralladoras. Está sentado bajo un árbol con la mirada inmóvil, escuchando los disparos. A su alrededor, los grillos se han callado. Es como si todo el bosque estuviera conteniendo la respiración.

En su imaginación ve a su familia. Al hermano, el único hombre en casa ahora. A la madre, parada con las dos primas aferradas a su cintura. Abou trata de imaginarse lo que hacen, en dónde se esconden, qué piensan. Hasta el último momento habían esperado que los rumores solo serían puras palabras . Que las patrullas de la muerte no se activarían de nuevo. Pero ya no quedaba ninguna duda.

Se escuchan crujidos en el bosque. Abou estira el cuello. En la penumbra ve una forma que se mueve rápido por la vereda. Hojas y ramas caen a un costado cuando el hombre desconocido corre por el bosque. No se escucha nada más, ninguna voz, nada de perros ni *walkie-talkies*. Únicamente los crujidos de las ramas y de las hojas que los zapatos del hombre levantan. Cuando los pasos no se oyen más, Abou se arrastra un par de metros y echa un vistazo hacia la cuesta. Lo que ha visto solo puede significar una cosa: no es el único que se esconde aquí.

~

A MEDIADOS DEL SIGLO XIX, el proyecto colonial europeo entraba en una fase decisiva. Los barcos de vapor comenzaron a utilizarse en Níger, Senegal y en otras vías fluviales.

Los cañones de los barcos europeos eran temidos desde hacía tiempo, pero no fue hasta que pudieron trasladarse fácilmente tierra adentro que su potencia de fuego tuvo un impacto serio. Abordo también había quinina, compuesto principal para el tratamiento de la malaria, que le daba protección a los tripulantes de los barcos de vapor contra la enfermedad que había hecho célebre a la región como "la tumba del hombre blanco". En la carga, además, se encontraba el arma más temida de las últimas décadas del siglo XIX: la ametralladora.

Fue esta trinidad profana —barcos de vapor, quinina y ametralladoras— la que en tan solo unos años posibilitó a las grandes potencias europeas tomar el control de casi todo el continente africano. Desde luego, se encontraron con una fuerte resistencia, pero la ventaja de la tecnología armamentista fue tan abrumadora que pocos ejércitos del mundo podían hacerle frente. Maxim, Mauser y demás ametralladoras podían disparar hasta diez disparos por segundo y tenían un alcance de más de dos kilómetros. Miles de vidas podían ser liquidadas de esta forma en cuestión de minutos.

La resistencia comprendió enseguida que era en vano enfrentarse a campo abierto con los ingleses, alemanes, belgas u otros europeos. Por lo tanto, otras tácticas militares se volvieron comunes en los enfrentamientos a finales del siglo XIX. En Costa de Marfil, por ejemplo, los franceses se encontraron con pequeñas guerrillas cuando trataron de internarse en las áreas boscosas. De nuevo se cobraron vidas humanas en ambos bandos, pero poco a poco los europeos tomaron el control del territorio.

Las ganancias de las empresas coloniales no siempre eran claras. Pero en ese entonces, los colonizadores no solo se conducían por motivos económicos, sino también por una fuerte convicción ideológica: la expansión territorial, económica y cultural era *necesaria para la supervivencia*. Algo más que fe en el progreso científico y tecnológico había comenzado a crecer en el seno de la cultura de Europa occidental.

Historiadores como John A. Hobson y Eric Hobsbawm han denominado la Era del Imperialismo (o del Nuevo Imperialismo) al período que se expande desde principios de la década de 1870 hasta la irrupción de la Primera Guerra Mundial en 1914. En su obra clásica, *Los orígenes del totalitarismo* (1951), la filósofa estadounidense Hannah Arendt (nacida en Alemania) rastrea los hilos que van desde estas empresas imperialistas, pasan por la Primera Guerra Mundial y siguen hasta los horrores del fascismo. A la vez, nos ofrece una importante pieza del rompecabezas para entender el cierre progresivo de las fronteras del mundo.

A mediados del siglo XIX, la Edad de Oro del industrialismo revolucionó la industria manufacturera con máquinas de vapor, rodamientos y una serie de invenciones. Una vigorosa y creciente producción agrícola posibilitó el abastecimiento de una cantidad cada vez mayor de trabajadores en las ciudades, al mismo tiempo que el ferrocarril contribuía a reducir los costos de transporte. La economía parecía avanzar igual de rápido que los trenes modernos, con la productividad en constante aumento y ganancias cada vez más cuantiosas. De ahí que pensadores liberales de ese siglo abogaran por el libre comercio mundial, la libre circulación de personas y un papel muy limitado del Estado en la economía.

Sin embargo, la nueva economía no era una máquina perfecta. Pronto resultó estar llena de conflictos. La miseria aumentaba en los barrios obreros de las ciudades industriales, y a mediados del siglo XIX comenzó a formarse un movimiento obrero que demandaba mejores condiciones de trabajo y salarios más altos. En 1871, obreros rebeldes lograron tomar el control de la capital de Francia durante unos meses y establecer la llamada Comuna de París. La rebelión fue sofocada brutalmente y miles de revolucionarios fueron fusilados; pese a ello, los acontecimientos fueron un abrupto despertar para los nuevos no-nobles de la clase propietaria —o *burgueses*— como los llamaban los agitadores socialistas.

La época en que el monarca absoluto o las autoridades religiosas podían mantener a raya a las masas rebeldes había pasado. Los revolucionarios de Estados Unidos, Francia y Latinoamérica apuntaban hacia una dirección completamente diferente. Cada vez segmentos más grandes de la población conseguían el derecho al voto en países de todo el mundo. Todavía se exigía con frecuencia tener educación, propiedad y ser del sexo masculino. Pero entre los intelectuales europeos conservadores crecía una preocupación: ¿sobreviviría la civilización europea si los desposeídos, los obreros y las mujeres también tuvieran derecho al voto?

La cuestión llegó a un punto crítico a principios del verano de 1873, cuando la especulación en ferrocarriles, buques de vapor, fábricas y bienes y raíces condujo a una dramática e inesperada crisis económica. Las primeras grietas de la burbuja tuvieron lugar en Viena y unos meses después también en Nueva York. Las bolsas se desplomaron y se multiplicaron las quiebras. Las empresas que antes habían sido extremadamente rentables vieron cómo desaparecían sus márgenes de ganancia casi por completo. La economía del mundo aún no estaba tan conectada como la de hoy, pero aun así existen interesantes paralelismos entre las crisis de 1873 y los colapsos de la bolsa de 1929 y 2008.

Antes de 1873 nunca había ocurrido algo semejante. La crisis era hasta entonces la más seria en la historia del capitalismo y se sintió tan profunda y prolongada que se le llegó a dar el nombre de "La Gran Depresión". No fue sino hasta finales de la década de 1890 que los dirigentes del mundo, aliviados, pudieron constatar que la economía volvía a andar a toda máquina.

Hannah Arendt pertenece a quienes creen que la crisis fue causada, en primer lugar, por la sobreproducción de capital (no solo de dinero, sino también de otros activos corrientes como fábricas y ferrocarriles). En solo unos años, la mejora en las comunicaciones y el progreso tecnológico habían aumentado dramáticamente la capacidad de la producción de mercancías; sin embargo, no se puede decir que ya existiera un mercado masivo para el consumo de mercancías. En consecuencia, las tasaciones infladas se volvieron a la larga insostenibles. Los precios de los suministros, mercancías y servicios comenzaron a caer. La burbuja estalló.

Durante los años posteriores a la crisis, los dueños del capital despidieron a miles de trabajadores. Cuando esto no ayudó, se intentó ahorrar costos disminuyendo los sueldos de los que aún quedaban en las fábricas. Esto último resultó más complicado de llevar a cabo. Huelgas violentas irrumpieron en las ciudades de toda Europa occidental y de Estados Unidos, en donde los sindicatos comenzaban a formarse. También en países como Suecia, en donde apenas empezaba la industrialización, se impulsaron olas de huelgas desde la última mitad de la década de 1870. La Gran Huelga del aserradero de Sundsvall en 1879 fue, por ejemplo, consecuencia directa del empeño de los empresarios en disminuir los sueldos a una corona por día.

La crisis hizo que los precios de los productos agrícolas cayeran estrepitosamente. Muchos pequeños agricultores se vieron obligados a vender su tierra y a mudarse a los barrios obreros de las ciudades, cuando no simplemente tomaban la decisión de emigrar al norte y sur de América. Durante la década de 1870, emigraron 600 000 europeos a América cada año, lo que fue posible gracias a las mejoras en las conexiones marítimas y a la ausencia de visas. Otros buscaron suerte en los países vecinos, donde por el momento la rueda de la economía daba la impresión de girar un poco más rápido.

La emigración funcionó como una especie de válvula de escape para los gobiernos de Europa occidental. Pero el movimiento obrero seguía creciendo. Dentro de la élite económica e intelectual había quienes se preguntaban muy en serio si no había algo de verdad en aquello que el filósofo alemán Karl Marx había afirmado unos años antes, que el capitalismo iba hacia su destrucción inevitable.

Lo único que en ese tiempo podía competir con el sentimiento de clase era el sentimiento nacional. Desde principios del siglo XIX, en diferentes países de Europa occidental se había establecido el sistema educativo estatal, vuelto obligatorio asistir a la escuela y hacer el servicio militar y estandarizado una lengua nacional. Una identidad basada en la pertenencia a la nación estaba en camino de surgir y sus marcos y contenidos se determinaban frecuentemente desde arriba. Porque a diferencia de la comunidad o de la familia, la nación no estaba basada, en primer lugar, en la cooperación con otras personas, sino en una comunidad instruida y abstracta que en gran parte era moldeada en la escuela primaria y secundaria.

Por ejemplo, en Francia, país considerado hoy como el

arquetipo del Estado nacional, una mayoría de la población rural hablaba una lengua diferente del francés a mediados del siglo XIX. Esto cambió, en primer lugar, a medida que una población cada vez más numerosa iba a la escuela. El mismo desarrollo es patente en toda Europa, y a principios de la década de 1870 había crecido dramáticamente la cantidad de personas que se sentían leales a la *nación*.

En Alemania se estableció la idealización romántica del pasado como base para el proyecto nacional, lo que dio lugar a la unificación del reino alemán en 1871. Se llegó a considerar al Estado como el portador de los lazos de sangre, así como del destino cultural común, cuya lengua, costumbres, música popular y territorio formaban una especie de organismo cuya esencia profunda era "el alma nacional". Ideas como éstas recibieron apoyo entre muchos de los campesinos pobres y de las familias de los jornaleros que se habían mudado a las ciudades y que habían perdido el sentimiento de pertenencia y el entorno local que habían tenido en el campo. Veían la oportunidad de llenar este vacío por medio de ser incluidos, de una vez por todas, en la sociedad urbana, la que por mucho tiempo los había visto con desprecio debido a sus orígenes.

La lealtad a la nación no siempre estaba en conflicto con la lealtad de clase. No se excluían mutuamente, sino más bien enfatizaban distintas líneas de conflicto dentro de la política. Ambas incluían la demanda de mayor igualdad entre ricos y pobres. Pero ahí donde la identidad de clase acentuaba el antagonismo fundamental entre los trabajadores del mundo y los dueños del capital, el nacionalismo ofrecía una oportunidad de conservar los privilegios de las élites económicas y políticas locales. En otras palabras, no fue casualidad que durante los años de crisis se intensificaran los esfuerzos por infundir identidades nacionales por parte del Estado. Muchos de los símbolos nacionales modernos de Europa occidental —desde la bandera hasta el himno nacional—provienen de finales del siglo XIX, cuando las ciudades industriales se caracterizaron por un incremento de huelgas y protestas.[11]

A la vez, la crisis ponía fin al período de libre comercio mundial que había durado varias décadas y abandonaba el otrora capital sin fronteras a la lógica política del Estado nacional. Los que estaban en el poder en Alemania y en muchos otros países de Europa se dejaron inspirar por el argumento de Friedrich List de que la *economía nacional* de cada país tendría que protegerse y cultivarse con prudencia bajo la supervisión del Estado antes de que pudiera haber una apertura gradual a la competencia con el resto del mundo. Entre otras cosas significaba que los dueños de capital locales se beneficiarían frente a los extranjeros.

Cuando así los países a los que exportaba Gran Bretaña comenzaron a establecer tarifas protectoras y a ceder ante el proteccionismo como secuela de la crisis, hombres de negocios británicos como Cecil Rhodes abogaron por la expansión territorial como la única manera realista de salvar al capitalismo. Pensaban que las empresas británicas podían seguir creciendo y mantener su posición únicamente mediante la apertura de nuevos mercados más allá del sistema cerrado de Europa. Pero semejante expansión requería un poder armado abrumador —lo que de nuevo hacía necesario aliarse a un Estado.

Los pactos que ahora se contraían entre burgueses locales y sus empresas, por un lado, y los Estados y sus líderes políticos, por el otro, se caracterizaban por una ecuación tan fácil como fatal: la expansión geográfica de los

Estados se equiparaba al crecimiento económico. Y esto no solo tuvo impacto en Gran Bretaña. Pronto cobró ímpetu una carrera por colonizar África. En la Conferencia de Berlín en 1883-1884, se trazaron mapas con reglas y compases para disminuir el riesgo de una confrontación abierta entre las potencias. Pero la lógica de los cañones y de las ametralladoras prevaleció —sobre todo porque la práctica diplomática exigía en ese entonces el control militar y administrativo de toda la frontera para que un Estado pudiera reivindicar un cierto territorio.

De 1876 a 1915, una cuarta parte de la superficie del mundo se repartió entre una decena de Estados: Gran Bretaña aumentó su territorio con 10 millones de kilómetros cuadrados, Francia con 9 millones y Alemania con 2.5 millones. También Italia, Bélgica y Estados Unidos conquistaron grandes áreas de tierra. La "Mancha blanca" del mapamundi de los europeos se llenó rápido con los colores de las potencias. En el propio terruño, estas campañas militares eran representadas en términos de heroísmo y de superioridad civilizadora, y las colonias eran pintadas como lugares idílicos y más o menos "vacíos" a donde podían ir los desempleados nacionales para encontrar sustento sin necesidad de emigrar a países extranjeros.[12]

Pero de vez en cuando, el telégrafo y los medios de comunicación modernos daban otra imagen menos maquillada del imperialismo: la de incontables masacres, de la violencia arbitraria hacia los civiles, de violaciones y torturas. Para justificar los actos de crueldad hacia la población local y convencer a la opinión pública del propio país de que el destino de la comunidad de la nación era más importante que el principio cristiano de igualdad entre todos los seres humanos (y ni hablar, más importante que la conciencia de

clase), fue necesario reivindicar una ideología nueva y suges-
tiva: el racismo.

EL SOL SE HA LEVANTADO. Abou baja lentamente la calle en
la que una vez jugó cuando era niño. Afuera de las casas
multifamiliares hay un grupo de personas. Se oyen voces
alarmadas. Reconoce a algunos vecinos. Una de ellas, la
señora Awa se voltea cuando Abou se acerca. Un día normal
le hubiera dicho *Bonjour* e iría a su encuentro mirándolo con
una sonrisa, pero hoy su expresión es de preocupación.

—*Mon fils*, te tengo malas noticias.

—*Et puis quoi, encore?* [Y ahora, ¿qué más?].

—*Ce n'est pas bon*. Han detenido a tu hermano. Y tu
mamá se ha ido. Tienes que hacer todo lo que puedas para
irte de aquí.

La puerta exterior del departamento está entreabierta.
Abou la empuja y se mete a la sala. Hay ropa por todos lados.
Los sillones están tirados. Papeles y basura están en desorden
en el suelo. Sigue caminando por el departamento hacia su
cuarto. Adentro encuentra rasgada sus colchas y sábanas.
Voltea la cabecera de la cama y de inmediato comprueba que
el libro con su dinero ya no está. En el buró contiguo están
abiertos todos los cajones. ¿Qué buscaban? Se agacha y
empieza a revisar los papeles que están tirados en el piso.
Después de un rato oculta su cara con las manos. La copia de
su identificación no está.

EL MIEDO AL OTRO, al desconocido que no pertenece a la propia manada o al grupo más cercano, probablemente es tan viejo como la humanidad misma. Una cierta cantidad de prejuicios y estereotipos es acaso inevitable como una forma de sobrellevar un miedo existencial profundo que todos llevamos con nosotros. Pero ser cauteloso durante el encuentro con un completo desconocido (independientemente de si es un viajero lejano o un nuevo vecino en el edificio) es una cosa. Otra cosa muy diferente es dejar que ideas abstractas de jerarquías de razas o culturas rijan el punto de vista de la sociedad humana; de cómo debería organizarse y de qué manera se les debería o no permitir a las personas interactuar. En tal caso, ya no se trata de precaución o miedo. Sino de una ideología racista.

A lo largo de la historia encontramos muchos ejemplos de concepciones sobre la propia superioridad de un grupo étnico. Los seres humanos son, en gran medida, animales de rebaño, y tienen una tendencia probada a encerrarse en sí mismos, construir muros y hacer la guerra a otros grupos. Pero no son los miedos ni los prejuicios lo que le han dado al *Homo sapiens* un lugar excepcional entre los mamíferos, sino su capacidad para pensar de forma abstracta, el humor, la curiosidad, los viajes de larga distancia, el lenguaje hablado y escrito, el aprendizaje individual y colectivo, la riqueza inventiva y la creatividad.

Si con racismo nos referimos a una visión del mundo respaldada teóricamente que parte de un orden jerárquico más o menos invariable entre razas y culturas, entonces parece ser un fenómeno relativamente moderno. Ni en la antigua Persia, ni en la antigua Grecia, ni en el Califato musulmán hay ejemplos de una división sistemática de la humanidad entre razas superiores e inferiores a cuyos miembros se les atribuyeran rasgos de carácter invariable. Por el contrario, se nota un claro respeto por los enemigos de otras esferas culturales. Cualquiera que haya leído las historias de Heródoto sabe que los griegos resaltaban frecuentemente las cualidades de sus oponentes, pese a su fuerte etnocentrismo. Tampoco el Imperio romano se caracterizaba por alguna ideología racista, aun cuando a veces se representara a los esclavos como menos inteligentes que los hombres libres (no tenía nada que ver, empero, con su color de piel o trasfondo cultural).

Actos crueles contra los conquistados y los pueblos sometidos se han cometido en todos los tiempos. Pero, con todo, campañas de exterminio con justificaciones racistas parecen haber sido relativamente inusuales, por lo menos hasta hace 500 años. Incluso las sangrientas guerras de religión entre la cristiandad y el islam durante la Edad Media ofrecían una salida para los individuos que querían evitar ser estigmatizados por el bando enemigo: la conversión (algo que por supuesto podía ser tan doloroso como humillante para los que eran expuestos a esto).

El sistema de castas del gobierno colonial español en Mesoamérica fue la primera tentativa de desarrollar una teoría racista con la intención de legitimar la explotación brutal de la mano de obra y las restricciones al libre movimiento. Lo mismo sucedió con los defensores del comercio de esclavos a gran escala que se configuró a mediados del siglo XVI —un negocio que es descrito por el pensador franco-búlgaro Tzvetan Todorov como práctica racista (acciones racistas).[13]

Pero no fue hasta la época de la Ilustración que un pensamiento científico y sistemático dividió a los seres humanos en razas diferentes. Uno de los primeros ejemplos

se encuentra en la gran obra del biólogo sueco Carlos
Linneo, *Systema naturae* (décima edición, 1758). Linneo
trabajó en Uppsala en el siglo XVIII y dedicó toda su vida a
documentar y sistematizar la diversidad biológica. Actualmente es considerado, con justa razón, como el padre de la
biología moderna. Sin embargo, también cometió el error
fatal de dividir a la humanidad en distintas razas, o "variantes": *americanus, europaeus, asiáticus* y *afer*[14].

Les atribuyó diferentes cualidades: los *americanus* eran
rojos y coléricos; los *europaeus*, blancos, juiciosos y respetuosos de la ley; los *asiáticus*, amarillos, melancólicos e infle-
xibles; y los *afer* —que en aquel entonces se encontraban
sobre todo en África y en los plantíos de esclavos—, negros,
flojos y caprichosos. Durante su vida, Linneo no cometió
necesariamente ninguna acción racista (o "práctica racista",
en términos de Todorov). Pero su teoría dio legitimidad cien-
tífica a una serie de prejuicios negativos en las colonias de las
grandes potencias. En la práctica, Linneo sentó de este modo
las bases para una ideología racista. No puede minimizarse la
importancia de esto, ya que los peores crímenes de la historia
de la humanidad se han cometido cuando las prácticas
racistas y la ideología racista se han encontrado y unificado,
como durante el régimen nazi en Alemania en los años de
1933 a 1945.[15]

Los CARTONES en los que está sentado están húmedos. El
sol se está poniendo sobre el bosque de la ciudad, y Abou
escucha las voces de un grupo de hombres que hablan fuerte,
toman alcohol y fuman tabaco, o tal vez marihuana. De vez
en cuando alguien irrumpe en la conversación con una risa

grosera. Abou se empieza a preocupar de que los hombres puedan pasar por ahí y quieran hablar con él. Se imagina que quizás le pueden robar o a hacer otro daño. La idea lo pone nervioso.

Pero no se atreve a ir a casa. No después de lo que pasó. Tras recibir la horrible noticia ayer por la mañana, estuvo buscando a su mamá por horas. Cuando al final pudo comunicarse a su celular, la encontró en la estación de policía buscando a su hermano. Sonaba estresada y su tono era un poco cortante. Pero le dijo:

—Nuestra casa no es segura. Mucho menos para ti.

Los vecinos se hicieron cargo de las dos primas, mientras que Abou se fue a otra parte de la ciudad. Caminó por horas sin un plan y sin tener nada que hacer más que pasar el tiempo. Los titulares de los puestos de periódico mostraban que continuaban los disturbios y la crisis política. Cuando al final el anochecer se acercaba, Abou regresó al bosque y buscó un lugar aislado para dormir. Los cartones los había encontrado en una zanja.

Durmió mal. Como máximo tres o cuatro horas. Y esta mañana había repetido la rutina. Primero había ido a la ciudad a pasear sin rumbo. Había comido un poco en un puesto de la calle. Y después había seguido caminando, dando vueltas por las calles de Abiyán entre tiendas y mercados. Todo el tiempo había estado pensando cómo podría irse del país. Porque ya no quedaba duda de que estaba en las listas del régimen.

El teléfono suena. Es su madre.

—¿Mamá?

—Estoy tan cansada. He buscado a tu hermano por todos lados. Pero nadie sabe dónde está.

Su voz suena triste y preocupada.

—También estoy cansado. No puedo seguir así. Ya es la segunda vez en poco tiempo que me están buscando.

—¿Dónde te estás quedando?

—En el bosque, en el mismo lugar que antes... Pero no puedo vivir así. Quiero irme del país. ¿Tus conocidos en Ghana tendrán algún contacto que pueda ayudarme?

—Voy a hacer lo que pueda, te lo prometo. Pero tienes que tener paciencia. En un par de días igual lo resolvemos. Y a lo mejor entonces te puedes ir del país. Ten paciencia, hijo.

—Pero no tardes, porque no puedo seguir así.

Un suspiro se oye del otro lado de la línea.

—Paciencia... Paciencia...

Cuando Abou cuelga, entiende que va a pasar al menos una noche más aquí en el bosque. Limpia los cartones lo mejor que puede y trata de encontrar un lugar cómodo en donde acostarse. Continúan las risas y el griterío de los borrachos. No va a ser fácil dormir.

ALGUNOS AÑOS después de que se publicara la teoría de Linneo, el conde francés Georges-Louis Leclerc de Buffon presentaba otra teoría de las razas. Buffon afirmaba que todos los seres humanos tenían un origen en común y que éste tenía que haber sido "un ancestro caucásico". Los diferentes pueblos y razas que los exploradores europeos encontraron en sus viajes a África y otras partes del mundo eran, en otras palabras, un tipo de degeneración de la raza blanca, un resultado de miles de años de diferenciación. Los de piel oscura tenían esa piel debido a que habían vivido una vida incivilizada bajo un sol extenuante. Las diferencias con los de piel más clara se habían vuelto tan grandes con los años que no se podrían superar en un futuro próximo; lo que en la práctica significaba que la esclavitud estaba justificada. Buffon estaba convencido de que las razas humanas podrían determinarse simplemente con analizar tres variables: el color de piel, las dimensiones corporales y "lo natural" (las costumbres).[16]

Más de cien años después, sus ideas recibirían un impacto insospechado. Sin embargo, durante la época de la Ilustración lejos estaban de ser del interés de todos. Al contrario, los ideales de libertad, igualdad y fraternidad ponían en cuestión todas las antiguas jerarquías y provocaban una incipiente discusión sobre la libertad universal y los derechos. La aceptación de la teoría de las razas de Buffon se encontraba más afianzada entre los nobles, quienes veían horrorizados como las revoluciones americana y francesa debilitaban su posición a finales del siglo XVIII.

Un ejemplo elocuente es el del conde francés Joseph Arthur de Gobineau, enemigo jurado de las ideas de la Ilustración. En su *Ensayo sobre la desigualdad de las razas* (de cuatro tomos, 1853-1855) sostenía que el individuo no podía estar por encima de los rasgos predeterminados de las razas humanas y de las características culturales. Al igual que Linneo y Buffon, Gobineau situaba a los negros africanos en el nivel inferior de la jerarquía racial. En la cúspide ponía a la "raza aria", la cual, afirmaba, vivía en el norte de Europa. El que otro pueblo más desarrollado, la nobleza francesa, hubiera sufrido un revés desastroso durante la Revolución francesa, pensaba Gobineau, era resultado de la gran abominación de los tiempos modernos: la mezcla de razas. Temía que a la larga la mezcla de razas llevara a la decadencia de la humanidad.[17]

Intelectuales contemporáneos, como el historiador y pensador político francés Alexis de Tocqueville, rechazaron las ideas de Gobineau por infundadas y profundamente reaccionarias. Y tal vez habrían caído en el olvido para siempre, si no hubiera sido por el enorme impacto que tuvo el biólogo británico Charles Darwin a mediados del siglo XIX. Darwin mismo era escéptico acerca de las ideas de razas humanas, pero sus teorías sobre el desarrollo de las especies y de la selección natural estimularon la imaginación de otros pensadores como la del liberal Herbert Spencer, quien acuñó términos como "la supervivencia del más apto". A Spencer y a sus simpatizantes se les llegó a llamar darwinistas sociales, debido a que aplicaban las ideas de Darwin en mucho de lo que ocurría en la sociedad humana. Como Gobineau, también los darwinistas sociales albergaban una honda preocupación de que los pueblos "en la cúspide" y la herencia racial se disolvieran y empeoraran si se mezclaban con individuos menos desarrollados; preocupación a la que el primo de Darwin, Francis Galton, dio un atuendo pseudocientífico con el término "eugenesia", buen origen.

No fue casualidad que la idea de *herencia* biológica y social recibiera tal importancia en la vida cultural de las ultimas décadas del siglo XIX. Era un tiempo marcado por grandes cambios y conflictos entre pobres y ricos, y la defensa de la herencia servía muchas veces como una justificación tanto de las profundas desigualdades económicas como de la falta de derecho al sufragio universal e igualitario. Los darwinistas sociales podían explicar la enorme riqueza y la pobreza abismal como una consecuencia inevitable, natural, e incluso necesaria para el perfeccionamiento de la herencia humana.

Estas ideas, en combinación con la crisis de la década de 1870, tuvieron un impacto muy fuerte en Europa. La clave fue su encuentro con el creciente nacionalismo. Cuando incluso sobre las naciones se puso en práctica la idea de la lucha por la supervivencia, los defensores del imperialismo tuvieron de pronto la excusa que tanto habían estado buscando. A la vez que los abusos en las colonias eran descritos como algo "natural", "inevitable", e incluso "deseable", también se sentaban las bases para una variante nueva y extrema de nacionalismo que aquí llamo *ultranacionalismo*. Éste se caracterizaba por las nociones de diferencias jerárquicas entre razas, culturas y naciones, y por un desprecio cada vez más extendido hacia la debilidad. Pero a diferencia del anterior nacionalismo, vislumbraba una comunidad biológica y cultural perfecta: *la nación de raza pura*.

En la práctica, este nacionalismo socavaba no solo la ética cristiana tradicional, sino también los ideales de la Revolución francesa de libertad, igualdad y fraternidad. De este modo, una ideología vulgar y destructiva era invitada a los aposentos más refinados de Europa. Un considerable número de jefes de estado y capitalistas se dejaron llevar por la visión ultranacionalista y militarizada del futuro y, sorprendentemente, también muchas personalidades destacadas de la cultura y de la intelectualidad europea parecían haber aceptado acríticamente que el propio pueblo, o "la raza", estaba destinado a dominar sobre los otros.

Era solo cuestión de tiempo antes de que esta lógica se aplicara también en la misma Europa. En la actualidad, la irrupción de la Primera Guerra Mundial en 1914 es descrita por la mayoría de los historiadores como consecuencia más o menos directa del ambiente nacionalista que se conformó durante los años del Imperialismo. La línea de conflicto que pasa por la diferencia cultural había superado la dimensión material (y debilitado al movimiento obrero en toda Europa), así como la idea universalista de que todos los seres humanos son iguales.

Activistas de izquierda e intelectuales críticos como Rosa Luxemburgo continuaron exhortando la lucha de clases y la solidaridad internacional, y los liberales radicales criticaron el imperialismo y advirtieron de las consecuencias para la libertad individual y la libertad de capitales. Pero por el momento eran superados por el nuevo movimiento de masas que se había formado: el ultranacionalismo. Esto es también la principal explicación de que tantos jóvenes marcharan entusiasmados hacia su muerte en los albores de la Primera Guerra Mundial.

Económicamente, es dudoso que el imperialismo de la última década del siglo XIX fuera un asunto de ganancias. El que la economía se recuperara en Europa y Estados Unidos a finales de la década de 1890 dependió más bien de nuevos descubrimientos, como la bombilla, el motor de diesel y el teléfono, que estimularon el desarrollo económico y la productividad en todo el mundo. De igual modo, la fusión de empresas menores en entidades más grandes (las llamadas corporaciones) y la llamada línea de ensamblaje o taylorismo contribuyeron a la recuperación de la crisis. Además, la disminución de los precios de productos agrícolas llevó a que, con el tiempo, incrementaran los sueldos reales de los trabajadores y de los empleados, con lo que se sentaban las bases para un incipiente mercado de masas de bienes de consumo.

Pero si el impacto económico del imperialismo fue limitado, su legado político tuvo un efecto mayor. El ultranacionalismo que surgió durante la última década del siglo XIX había demostrado ser capaz de movilizar a las masas de una manera que solo el movimiento obrero lo había sido en el pasado. Este nacionalismo parecía funcionar en país tras país como una especie de vacuna contra el segmento más revolucionario del movimiento obrero (con ciertas notables excepciones como Rusia). Muchos de los axiomas del imperialismo sobrevivirían también a lo largo del siglo XX: la íntima relación de las naciones con el poder de Estado, las soluciones militares como la única política efectiva, el derecho del más fuerte, la expansión como necesidad para la supervivencia nacional, el valor de mantener genéticamente "saludable" el propio pueblo, y sin olvidar, la importancia de las fronteras para reivindicar la soberanía del Estado. Varias de estas ideas tuvieron impacto en todos los espectros políticos, desde la derecha hasta la izquierda. Pero el principal movimiento político que encarnó todo esto fue, sin duda, el fascismo.

Hannah Arendt fue de las primeras en rastrear las pesadillas de la Segunda Guerra Mundial en el ultranacionalismo del imperialismo y sus sueños de expansión. Era consciente de que se podía objetar que no toda potencia colonial había estado envuelta en el desarrollo fascista (Gran Bretaña es el ejemplo citado). Por eso, en *Los orígenes del totalitarismo* subraya que no había nada predeterminado de lo que sucedió en Europa durante los treinta y cuarenta, y que otros factores también habían influido además del imperialismo, como las humillantes condiciones a Alemania en el Tratado de Versalles, la severa crisis económica durante el período de entreguerras y el grave debilitamiento institucional en muchos países de Europa.

Pero dicho esto, Arendt vuelve a su tesis principal: no se pueden entender los horrores del totalitarismo del siglo XX sin incluir el imperialismo de la última década del siglo XIX. Años más tarde, recibiría el apoyo de muchos, entre otros de Sven Lindqvist, quien en su clásico ensayo "Exterminad a todos los salvajes" ha tratado de mostrar como las experiencias coloniales de África influyeron en el desarrollo de los proyectos fascistas y nazis. Cuando el libro se publicó en Suecia en 1992, Lindqvist fue criticado en algunas reseñas por haber llevado su conclusión demasiado lejos, pues a diferencia de Arendt, trató de trazar una línea directa entre los abusos del imperialismo y las cámaras de gas de Auschwitz. La crítica puede considerarse en cierta parte válida. Pero Lindqvist está en lo cierto cuando busca respuestas en las experiencias humanas del racismo (o de la práctica racista por decirlo en palabras de Todorov). De la misma manera que la experiencia de la explotación brutal de seres humanos inspiró a los primeros teóricos del racismo durante los siglos XVI y XVII, mucho indica que la práctica concreta del racismo del imperialismo contribuyó a que primero el ultranacionalismo (en las décadas anteriores a la Primera Guerra Mundial) y luego el fascismo (en tiempos de entreguerras) tuvieran un apoyo amplio en todas las capas de la población de Europa.

—¡PERO si eres tú! —dice Patrick, poniéndose a un lado de la puerta abierta—. Justo me estaba preguntando qué te había pasado. ¿Cómo va todo?

Abou se sienta agradecido en una silla de la mesa que Patrick ha jalado. Es temprano por la mañana y su familia todavía está durmiendo.

—Mal. A mi hermano lo arrestaron. No sabemos dónde está. Y yo he dormido dos noches en el bosque.

—Pero... ¿Tienes idea de qué le ha pasado a tu hermano?

—No. No sabemos a dónde lo han llevado. Quizás está

en alguna cárcel. Quién sabe. De todos modos, no admiten que lo tienen. Mi plan es irme del país.

Patrick asiente callado.

—Lo siento mucho. Pero si crees que es la mejor solución, seguro es así.

Abou se queda callado un rato y mira la mesa.

—Espero que mi mamá me ayude.

—Te ves cansado. Si quieres puedes dormir aquí. ¿Tienes hambre? ¿Quieres comer algo?

—Sí, tal vez algo de comer.

Patrick se levanta y pone agua para café. Cuando está listo, sirve el café en una tasa y toma un baguette y saca un poco de mantequilla del refrigerador. Abou corta el pan en pequeños rebanadas y les unta mantequilla salada. El café hace que el pan sepa menos seco.

Una vez que ha terminado de comer, Patrick le muestra su recámara. La cama está tendida. Abou sonríe agradecido y se acuesta exhausto sobre la colcha. Por encima de él, en la pared, cuelga una cruz. Los párpados se vuelven pesados y caen de nuevo, una y otra vez. Los rayos cálidos del sol matutino entran por la ventana.

Debemos transformar por completo la mentalidad negra para que nos entiendan [...] Seamos honestos: en este momento, el nativo todavía es indiferente a nuestras instituciones [...] Por muchos años será necesario llevar a nuestros súbditos hacia el progreso contra su voluntad [...] La tarea de la administración es una en particular [...] Consistirá en la intervención especial de nuestra autoridad: ejerceremos esta autoridad básicamente para hacer

que los africanos trabajen, una noción que no tienen
[todavía].[18]

EL QUE ESCRIBIÓ estas líneas fue un general francés
llamado Gabriel Angoulvant, quien llegó a Costa de Marfil a
finales del otoño de 1908 con el fin expreso de pacificar la
zona costera, donde la población local se negaba a pagar
tributo al poder colonial. Tomaba notas detalladas y ya desde
el principio tenía una idea clara de cómo ocurrirían las intervenciones:

> Ante todo tenemos que establecer el principio indiscu-
> tible de nuestra autoridad. El reconocimiento de este
> principio tiene que manifestarse mediante una bienve-
> nida cortés y un respeto absoluto hacia nuestros represen-
> tantes, sea quien sea; un pago integral de los impuestos;
> [...] una cooperación seria en la construcción de carreteras
> y ferrocarriles, [y] la aceptación de porte pagado [...] Toda
> muestra de impaciencia o irreverencia frente a nuestra
> autoridad y la falta deliberada de buena voluntad será
> castigada sin dilación.[19]

Angoulvant, en su nuevo puesto como gobernador, envió
inmediatamente tropas al oeste del país, en donde un desta-
camento militar había tenido dificultades para exigirle
impuestos a la población local. Cinco aldeas fueron incen-
diadas y el arroz almacenado de los aldeanos fue confiscado.
Métodos como estos se volvieron pronto comunes en toda la
colonia. Así, por ejemplo, los miembros del pueblo de Abe —
al este de Costa de Marfil— fueron forzados a trabajar duro y
sin salario cuando una nueva línea de ferrocarril iba a atravesar su territorio. El descontento con "deberes" como éste

creció, y el 6 de enero de 1910 el pueblo de Abe se levantó en armas contra el poder colonial. Los rebeldes atacaron una serie de estaciones de tren y desprendieron los rieles, por lo menos en una veintena de lugares. Fue entonces cuando se puso en serio a prueba el talento estratégico-militar de Angoulvant. Y no albergaba duda alguna de que su tarea principal era proteger los intereses comerciales franceses[20]:

> Las pérdidas que los hombres de negocios sufrieron a lo largo de la ruta [...] fueron tan severas que el castigo más terrible fue justificado y ejecutado [...] Los pueblos que fueron sometidos, fueron quemados. No se mostró piedad alguna a los prisioneros. Las cabezas decapitadas fueron clavadas en estacas en las estaciones de tren o delante de las cabañas de los pueblos.[21]

Además de las atrocidades que el mismo Angoulvant enumeró en sus notas, también fueron enviados al exilio 250 líderes locales. Cuando los clérigos locales trataron de sustituirlos, también fueron apresados o deportados. La resistencia fue sometida con métodos que solo podían justificarse mediante un estatus extraterritorial: la población extranjera / nativa no tenía derechos en territorio bajo control francés.

Es interesante que Angoulvant describiera los abusos tan detalladamente. Da la impresión de haber querido convencer al lector de la legitimidad y necesidad de la brutalidad; lo cual dice mucho del ambiente que había en su país, Francia, durante este período. Permanecía una tensión entre los ideales universales de la Revolución francesa de libertad, igualdad, fraternidad y la igual dignidad de todas las personas, y la idea particularista de que la nación francesa y la raza blanca eran superiores a todas las demás. A veces, el dilema parecía solucionarse, porque la nación francesa se mantenía abierta a todo aquel que se dejara asimilar. Pero cuando el poder colonial se encontraba con resistencia –que era más bien la regla que la excepción— siempre se anteponía el derecho de la nación.

Además, muchos gobernadores franceses y burócratas coloniales alimentaron la idea de que eran los portadores de la misión civilizadora —*mission civilisatrice*— que consistía en llevar la luz de la Ilustración al "continente negro". Los europeos, rezaba el argumento, habían domesticado a la naturaleza y ahora era tiempo de domesticar a los hombres que todavía no se habían ceñido al progreso de la civilización y de la modernidad.

En los textos de Angoulvant se repite que los nativos no entienden su propio bien, que necesitan ser *educados* —con métodos particularmente rigurosos— antes de poder incorporarse al cuerpo de la nación francesa. Es decir, en teoría existía un camino para la asimilación y la integración para los que aprendieran a pensar como franceses (sobre todo en términos de trabajo asalariado, eficacia y ganancia). Pero a la vez, Angoulvant recalcaba que tardaría mucho tiempo llegar allí, porque claro, no era cualquier mentalidad la que se iba a transformar: se trataba de la mentalidad *negra*.

La clave para entender cómo funcionaba esta variante francesa de ultranacionalismo es tener en cuenta precisamente el aspecto temporal. Ya Buffon hablaba de cómo las razas blancas y negras provenían de un origen común, pero que las diferencias entre ellos se habían vuelto tan grandes que en la práctica tardaría tiempo indefinido superarlas. Cuando esta idea fundamentalmente racista dio con el discurso más incluyente de Rousseau, de que la ciudadanía podía aprenderse por medio de la *educación* y la *formación* (que por definición era un proceso que llevaba tiempo), y con la opinión positiva respecto a los castigos corporales en la Europa de los primero años del siglo XX (el maltrato a los niños "formaba el carácter"), se pudo legitimar la violencia y la explotación brutal —aunque de manera poco convincente — sin que se negara que *alguna vez* los de piel oscura podían volverse iguales.

No es ninguna casualidad que Angoulvant acentuara las diferencias culturales (o "lo natural" para decirlo con Buffon) más que las biológicas. Las ideas de razas biológicas estaban muy asentadas entre los ultranacionalistas franceses (el discurso de Angoulvant sobre "la mentalidad negra" es típica del período). Sin embargo, entre los intelectuales, los funcionarios y los tomadores de decisiones no todos estaban igual de convencidos, y en tal caso, era muy útil el argumento moral que justificaba la superioridad de la propia cultura nacional y su misión civilizadora.

Poco importaba para la población negra de Costa de Marfil cómo justificaban los franceses sus crueldades. Sus líderes habían muerto o habían sido deportados, otros miles torturados, mutilados o asesinados. La resistencia fue aplastada. En las zonas del sur del país tuvo lugar una conversión masiva a la cristiandad en las primeras dos décadas del siglo XX, en parte por resignación, en parte como resultado de que predicadores como William Wadé Harris adaptaron la religión a la situación africana. Con el tiempo, sin embargo, comenzó a fraguarse la demanda de un Estado nacional independiente, porque como Hannah Arendt observara: no es infrecuente que las personas que una vez fueron oprimidas en nombre de una nación desarrollen ellas mismas un fuerte nacionalismo.

Al final, Costa de Marfil consiguió su independencia en

1960. El *boom* del cacao produjo una transición relativamente estable, pero el trauma que todos los traslados forzosos y las campañas de pacificación de Angoulvant había dejado tras de sí quedó como un punto de referencia colectivo. Cuando más tarde la crisis de la deuda estalló en las postrimerías de la década de los ochenta, y se recrudecieron las luchas de poder en el interior de las élites, un número de políticos optó por recoger el espejo quebrado del imperialismo y buscar respuestas en él. Y aquel que se quedó más tiempo frente al espejo fue Laurent Gbagbo.

Como historiador de formación, Gbagbo debería haber sopesado los riesgos de buscar una receta política en un pasado distante lleno de abusos y sufrimientos atroces. La historia es una fuente importante de conocimiento, y a veces existen fuertes argumentos para que sean castigadas las injusticias del pasado, como los juicios de la última década contra los verdugos de las dictaduras en Sudamérica. Pero cuando la historia se utiliza como un pretexto para trazar líneas entre "nosotros" y "ellos" y para incitar al odio nacionalista, pueden liberarse enormes fuerzas destructivas. Debería ser obvio después de la Primera Guerra Mundial (1914-1918), de la Segunda Guerra Mundial (1939-1945) y de las muchas guerras civiles en los últimos años, como la de Yugoslavia durante los noventa y el genocidio en Ruanda en 1994.

En el mejor de los casos, a Gbagbo le cegaba la lucha de poder con Outtara y el rencor contra el viejo poder colonial francés. No es difícil entender la desconfianza hacia la ONU y sus campañas de pacificación cuando se sabe cómo se emprendían las de Francia (Costa de Marfil distaba de ser el único país expuesto a estos esfuerzos "de construcción de paz" a principios del siglo pasado). Pero Gbagbo también era un típico oportunista. Con los años se encargó de darse el sueldo más alto de todos los presidentes de África y malversó sistemáticamente sumas millonarias del erario público, que repartió entre sus aliados. En una entrevista, a finales de la primera década de este siglo, se describió a sí mismo como "un socialista no practicante"; y apenas si se dedicó a algún tipo de redistribución económica. En lugar de eso, su sello distintivo fue el resurgimiento del nacionalismo. Gbagbo se unía, de esta modo, a una lista —cada vez más larga— de políticos que han hecho del ultranacionalismo, del racismo y del fascismo su plataforma política los últimos años.

Fascismo puede parecer una etiqueta dura. Pero depende de qué se entienda por tal concepto. Después de la Segunda Guerra Mundial, el fascismo se asoció principalmente con uniformes y botas marchando. Por mucho tiempo, la palabra se esgrimió más como un insulto que como una categoría de análisis, lo que contribuyó a que nunca se llegara a alguna definición inequívoca. El que los mismos fascistas abandonaran el término también contribuyó a la confusión. La extrema derecha en Europa era muy consciente de que llamarse fascista se había vuelto una carga, y en una conferencia en París en 1968, de la que entre otros escribe detalladamente Henrik Arnstad en su libro *Älskade fascism*[22] (2013), se trazaron las líneas generales para la *Nouvelle Droite* (la Nueva Derecha) —que desde entonces constituiría la base para el nuevo partido fascista, Frente Nacional; hoy Agrupación Nacional (*Rassemblement Natio- nal, RN*).

No solo el término fascista fue abandonado por esta extrema derecha reformada. También se dejó de lado el discurso sobre las razas humanas. Tras el Holocausto, el concepto de raza se consideró gastado políticamente y, además, estaba en buen camino de ser derrotado por las modernas investigaciones biológicas. Hoy sabemos que las variaciones genéticas casi siempre son mayores *dentro* de ciertos grupos étnicos o supuestas "razas" que entre dos grupos humanos separados.[23]

El biólogo Richard Lewontin ha señalado que el 85% de las variaciones genéticas en los seres humanos se da entre los individuos del mismo grupo de población. Además, el 9% de las variaciones genéticas se encuentra entre grupos que a principios del siglo XX se hubieran considerado pertenecientes a la misma "raza". En otras palabras, solo el 6% de las variaciones genéticas humanas constituye lo que el racismo científico del otrora Instituto de Biología Racial de Uppsala hubiera llamado "diferencias de razas". Y puesto que no hay ninguna prueba convincente de que este 6% pudiera tener algún significado decisivo para los seres humanos, la mayoría de los científicos han abandonado por completo el concepto de raza.[24]

La reorientación de la extrema derecha europea significó el retorno de la retórica francesa del imperialismo. La diferencia de culturas regresaba para eclipsar el discurso biológico de raza. Incluso el aspecto temporal se volvió pronto un tema común: ciertos grupos de inmigrantes eran representados como tan radicalmente diferentes (en cuanto a nivel educativo, religión o de otra manera), que se les podía considerar como "imposibles" o "muy difíciles" de asimilar o de integrar en los países de acogida. El que ha seguido el debate político en Europa en los últimos años, sabe que éste es el tema más común de la retórica de Agrupación Nacional en Francia o la de los Demócratas de Suecia. Pero al igual que con Gabriel Angoulvant, detrás del delgado barniz cultural se atisba, la mayoría de las veces, el viejo determinismo biológico.

A medida que los movimientos ultranacionalistas y neofascistas han ganado terreno en Europa, también su estudio se ha vuelto más extenso. El sociólogo británico Roger Griffin ha tenido un gran impacto por su definición de fascismo como un anhelo *ultranacionalista* de *regeneración mística* tras un largo período de experimentada *degeneración* y *decadencia*. Esto abarca la mayoría de los movimientos ultranacionalistas, algo que se ha considerado tanto una ventaja como una desventaja. Otro sociólogo, Michael Mann, ha tratado de llegar a una definición más específica,[25] y enlista cinco criterios que supone son características distintivas de un movimiento fascista en un sentido más clásico.[26]

- Renacimiento ultranacionalista, que se asocia frecuentemente con una fuerte restricción de la migración, y /o con una difícil asimilación de los inmigrantes.
- Gobierno estatal autoritario. Culto al líder.
- El sueño de una comunidad armoniosa alejada de conflictos asociados al capitalismo.
- Racismo cultural y limpieza étnica.
- Fuerzas paramilitares.

Partiendo de la interpretación de Griffin, apenas queda duda de que el régimen de Laurent Gbagbo era fascista. Pero si incluso aceptamos por un momento la estrecha definición de Mann, resulta llamativo cuán cerca llega a satisfacer Gbagbo los cinco criterios.

Laurent Gbagbo alimentó un culto en torno a su persona

que con el tiempo se volvió cada vez más sectario y difícilmente se le podía haber considerado como políticamente correcto en el extranjero. En su retórica había una romantización de la historia de Costa de Marfil previa a la llegada de los europeos. Había ataques verbales contra el viejo poder colonial de Francia, al que se le acusaba de estar detrás, tanto de los viejos agravios del colonialismo como de la crisis económica y los programas de reajuste estructural del FMI. Existía un discurso de regeneración o *refondation* y la reinterpretación radical de lo que de verdad significaba ser "habitante originario" de Costa de Marfil. Había persecuciones contra los inmigrantes y se etiquetaba de "forasteros" o "extranjeros" a los que no pasaban por la prueba de la "marfileidad" (*ivorité*). Gbagbo financió, además, una serie de milicias afines al gobierno con cantidades millonarias que provenían directamente del erario público. Estas organizaciones armadas, como *Jeunes Patriots* (Jóvenes Patriotas) en Abiyán, reclutaron a miles de hombres a finales de la primera década de este siglo, y se sospecha que cometieron las peores violaciones de derechos humanos del conflicto.

A la vez, no se puede hacer la vista gorda ante el hecho de que Gbagbo también formaba parte de un contexto político internacional. Después de los atentados terroristas en Nueva York en 2001, una línea de conflicto había llegado a superar todo lo demás: entre Estados Unidos / países de Occidente y el islamismo radical. Un número de Republicanos prominentes de Estados Unidos veía a Gbagbo como un posible aliado en la guerra contra el terrorismo, y los formadores de opinión conservador como el pastor Pat Robertson elogiaban al controvertido presidente como un valiente combatiente y quien no se andaba con rodeos en "el choque de civilizaciones" (una expresión vuelta popular por el politólogo Samuel Huntington unos años antes). Es con este trasfondo que debe entenderse el que Laurent Gbagbo y su esposa Simone a menudo hablaran de sí mismos como redimidos y parecieran avivar, por lo visto deliberadamente, el creciente conflicto con la gran mayoría musulmana del norte del país. Durante estos años, la pareja Gbagbo también fue invitada a una serie de desayunos de trabajo por miembros republicanos del Congreso estadounidense.

Si Laurent Gbagbo debe ser categorizado como un ultranacionalista militante, neofascista, realista político en extremo cínico o una combinación de todo esto (algo que puede considerarse como lo más probable), lo pueden decidir los futuros debates académicos. Aquí basta con advertir que su mera ideología parece tener mucho en común con los nacionalistas radicales como Jean-Marie Le Pen en Francia, Jimmie Åkesson en Suecia o incluso Donald Trump, quien unos años más tarde llegaría al poder en Estados Unidos. Esto es una lección importante, ya que hay una tendencia en las investigaciones académicas modernas o periodísticas de hablar del movimiento ultranacionalista o neofascista como si existiera únicamente en Europa. Así, en los reportajes sobre África se usa la expresión de "conflicto étnico", pese a que las mayoría de las veces hubiera sido más correcto hablar de extrema derecha, ultranacionalismo o hasta de fascismo. El genocidio en Ruanda en 1994 y el pillaje de la guerra en las proximidades del Lago Victoria son solo algunos ejemplos de conflictos que en gran parte han sido conducidos por ultranacionalistas convencidos o fascistoides. Lo mismo sucede con movimientos políticos en países como Zimbabue y Kenia.

Pocos de estos movimientos o partidos se describen a sí mismos de manera explícita como racistas o fascistas. Como sabemos, lo mismo pasa en Europa, donde un Demócrata

Sueco o un miembro de la Agrupación Nacional rara vez admitirá las raíces históricas de su partido. A pesar de eso, y en consecuencia, muchos investigadores indican que la retórica política y las acciones concretas pueden revelar los vínculos. Por lógica, lo mismo también debería ser válido para los ultranacionalistas en África, Asia y América.

Pero para Laurent Gbagbo el tiempo estaba a punto de acabarse. Tras diez años en el poder, había fracasado en eso que es decisivo en casi todo proyecto político moderno: la economía. Los precios del mercado mundial de cacao empezaban a subir de nuevo, pero, aun así, en 2010 había cuatro millones de jóvenes desempleados en Costa de Marfil. Las sanciones extranjeras hicieron que el dinero del erario público se acabara con rapidez. En Estados Unidos, los aliados de Gbagbo en el Partido Republicano habían perdido el poder presidencial contra Barack Obama, y tanto en la ONU como en la Unión Africana crecían las demandas para que dimitiera. La percepción de que los derechos humanos podían hacerse a un lado como una excepción en la guerra contra el terrorismo se había vuelto temporalmente menos común de lo que había sido unos años antes.

Gbagbo no cedió. Pero sus alas estaban cortadas. Su régimen se transformó en una carga económica y política para muchos de sus antiguos aliados. Cuando se intensificaron las persecuciones contra la oposición, el conflicto se acercaba a un estado crítico. Sin embargo, era difícil predecir lo que iba a suceder en Costa de Marfil los meses venideros.

Abou se despierta por el timbre de su celular. En la pantalla ve que son más de las diez de la mañana. Es su mamá que llama.

—¿Estás bien?

—Sí... Me acosté y me dormí. Estoy en casa de Patrick.

—Solo cuídate de no meterte en problemas. Estoy preocupada por ti. Pienso en ti.

—Sí, pero no puedo quedarme aquí. ¿Crees que pueda irme a Ghana?

—Hay una persona que puede ayudarte a salir del país. Es un comerciante, un conocido mío, y ya hablé con él... Pero tienes que esperar unos días.

QUINTA PIEZA DEL ROMPECABEZAS

LA FRONTERA

¡Cuántos crímenes, guerras, asesinatos; cuántas miserias y horrores habría evitado al género humano aquel que hubiese gritado a sus semejantes, arrancando las estacas de la cerca o cubriendo el foso: «¡Guardaos de escuchar a este impostor; estáis perdidos si olvidáis que los frutos son de todos y la tierra de nadie!».
Jean-Jacques Rousseau

—Bájense. Desde aquí tendrán que ir a pie.

Jamal se levanta, se agarra de la carrocería y salta de la plataforma del camión. Los zapatos desaparecen en la nieve. El frío y la humedad se meten por los tobillos. Da unos pasos con dificultad en la manta blanca de nieve mientras escucha cómo el camión se patina con estrépito detrás de él. El conductor trata de zafarse de la nieve fangosa y da vuelta en la saliente de la roca. A su alrededor se alzan las montañas plegadas, de color gris marengo y salpicadas de nieve.

Han viajado tres horas desde Urmia. Ya no se puede ver la ciudad allá abajo en el valle, y el camino se ha convertido en un sendero resbaladizo y angosto que serpentea muy cerca del precipicio. Tal vez las 4x4 los llevaron más allá de lo que en realidad era prudente.

El grupo está formado por una centena de migrantes: la mayoría afganos, como él, pero también algunos pakistaníes, chinos y otras personas que no sabe de dónde vienen. Algunos han esperado aquí por un rato. Pero ahora todos están parados y llevan mochilas en la espalda. Los semblantes son serios. Dos *facilitadores* —que son kurdos, a juzgar por la lengua que hablan— los increpan como si fueran un rebaño de ovejas. En las caderas de los dos hombres penden revólveres en fundas de cuero. El tercer traficante está sentado al volante de la camioneta y, en este momento, maneja lentamente de vuelta cuesta abajo por el camino sinuoso de gravilla.

Alguien del grupo pregunta cuánto tiempo van a caminar por la montaña.

—Dos, tres horas —es la breve respuesta.

A Jamal le cuesta creerlo. Ha escuchado historias sobre estas montañas. Están situadas en la frontera entre Irán, Turquía e Irak, y sabe que hay muchas, pero muchas personas que se pierden en ellas.

Ya hace mil años formaban una barrera natural entre las monarquías europeas en Occidente y los Imperios persa e islámico en Oriente. En aquel entonces, no había fronteras claras y delineadas geográficamente, ni aquí ni en ningún otro lugar del mundo. Pero la simple dificultad física de atravesar las montañas contribuía a que los contactos como mucho fueran esporádicos. No fue hasta que el ejército de los pueblos nómadas turcos irrumpió en las líneas de defensa bizantinas y venció a las huestes de los emperadores cristianos en Manzikert en el año de 1071, que comenzó un intercambio más intenso entre la Europa feudal y fragmentada y los reinos al este de las montañas de Zagros. Desafortunadamente, el "intercambio" no fue siempre constructivo.

Las palabras clave que resultaron del conflicto religioso, político y militar tienen una connotación vagamente conocida para muchos europeos. La Primera Cruzada. La Batalla de Jerusalén. La Fundación del Imperio otomano. La Caída de Constantinopla. La expansión turca hacia el oeste y la guerra en el este y centro de Europa. El Sitio de Viena.

Si hay algo que les encanta a los ultranacionalistas y fascistas europeos, es hacer hincapié en este período de la historia, ya que saben que los respaldan siglos de propaganda. Durante toda la Edad Media, los representantes de la Iglesia cristiana consideraron al pueblo turco y a otros "mahometanos" como "emisarios del diablo en la tierra". Y una mezcla de horror y fascinación por el Oriente ha sobrevivido en la cultura popular y hasta en el mundo académico contemporáneo, algo que Edward Said ha bautizado como Orientalismo (pero que no disminuye necesariamente las cualidades literarias de, por ejemplo, la trilogía del Señor de los Anillos de Tolkien).[1]

Lo difícil no es entender que surgieran y sobrevivieran tales prejuicios de tinte religioso. Lo difícil es encontrar maneras de hacerles frente. Ver a las personas detrás de los estereotipos. Respetar las opiniones que no incitan al odio.

Escuchar.

Aprender.

Pero sin olvidar de dónde vienes.

Jamal se crió en Afganistán. Es musulmán y un profundo creyente. La guerrilla talibana es muy fuerte en su distrito. Durante la década de 2010, este movimiento armado obtuvo un apoyo popular creciente en la zona, y a Jamal no le resulta difícil entender por qué. Está de acuerdo con las críticas por los abusos de los estadounidenses: sabe que a menudo llegaban con helicópteros por la noche y se llevaban a hombres inocentes. Que no respetaban ni a las mujeres ni a los niños, y que se comportaban de un modo irresponsable e insultaban a la población local.

Pero también le resulta difícil entender la interpretación dogmática que hacen los talibanes del Corán. La prohibición de la música, de cierto tipo de ropa, de la educación de las mujeres. Hay algunos comandantes talibanes que son más pragmáticos que otros. Sin embargo, a Jamal le cuesta quedarse callado cuando escucha a alguien decir algo que considera equivocado. A menudo les había dicho a sus amigos lo que pensaba después de la oración del viernes. Y al final, llegaron las consecuencias.

Por eso ahora está caminando aquí. Por eso no pudo terminar sus estudios de ingeniería en Jalalabad. Por eso ahora va rumbo a Europa. Consigo lleva las palabras que su papá le dijo la noche anterior a la partida mientras estaban sentados y tomaban té en la alfombra de la sala familiar:

"Vas a conocer gente que piensa distinto, que vive de una manera diferente a la nuestra. Respétalas y obtén conocimiento. Estudia, aprende cosas. Pero no te olvides de dónde vienes."

Mil años han pasado desde Manzikert. El mundo es otro. El internet ha posibilitado el contacto con personas de diferentes regiones y podemos comunicarnos a larga distancia como nunca antes. Jamal ha aprendido sobre los derechos humanos en la escuela y en el internet, y simpatiza con los principios enunciados en la Declaración de la ONU de 1948.

No obstante, las montañas son igual de difíciles de atra-

vesar a pie ahora que como lo eran hace mil años. Jamal
levanta el cuello de la sudadera y estira el gorro hacia las
orejas. Cruje debajo de los zapatos cuando camina por la
nieve.

YA ES hora de que nos enfoquemos en la frontera. La
frontera geográfica y política. Aquella que se traza entre
países, entre Estados. Aquella que a veces toma la forma
física de un muro. O de una valla. O quizá solo de una línea
en el mapa. ¿De dónde proviene la frontera? ¿Cuál es su idea
original? *¿Quién la inventó?*

El politólogo estadounidense Jordan Branch ha dedicado
su vida profesional a buscar respuestas a estas preguntas. En
su libro, *The Cartographic State* (Cambridge University
Press, 2014), muestra con argumentos convincentes que,
efectivamente, la frontera geográfica y política no tiene más
de unos siglos de antigüedad, y que su *idea* guarda una relación cercana con la construcción del Estado moderno
europeo.

Cuando un señor feudal describía su tierra, lo hacía casi
siempre mediante un tipo de inventario, explica Branch,
donde las fincas, fortalezas y ciudades leales eran catalogadas
según estuvieran bajo control directo o indirecto. El poder
irradiaba de estos lugares concretos como el brillo de una
vela. El campo y los bosques entre estas luces eran frecuentemente lugares inseguros y hostiles. No solo Europa parecía
ser así, sino la mayor parte del mundo. Sin embargo, en
Europa también había una clase de "islas" independientes
dentro del resplandor de la vela en las que no se podía entrar:
conventos, catedrales y otros dominios de la Iglesia.[2]

La mayoría de las veces, el rey no era más que una figura decorativa. Los señores feudales tenían el poder político y económico efectivo, puesto que regulaban la circulación de personas, mercancías y capitales en sus vastas tierras privadas. Por ejemplo, en el siglo XIII el rey de Francia solo tenía control directo (*potestas*) sobre sus propias tierras, y cada vez que salía de ellas tenía que confiar en su buena reputación o en sus lazos familiares (*auctoritas*). Como si esto no fuera suficiente, también había que tener en cuenta al Emperador del Sacro Imperio Romano. Éste era nombrado por el Papa y, a decir verdad, solo tenía control militar sobre algunos pequeños principados alemanes; pero aun así, pretendía representar a todo el mundo cristiano en el campo de batalla.[3]

Esta Europa fragmentada fue la que hizo frente a la expansión del Imperio otomano a finales del siglo XV. La amenaza militar externa seguramente contribuyó a que los señores feudales tuvieran un contacto más cercano, y que las formas del Estado se volvieran más unificadas. El historiador Charles Tilly menciona, por ejemplo, el Tratado de Paz en Buda de 1503 como un primer paso hacia el sistema estatal europeo. Entre los firmantes estaban ciudades-Estado como Venecia; Imperios como el otomano; el representante de la silla Papal; y los primeros embriones de los Estados nación como Inglaterra, España y Portugal.[4]

El que estos últimos llegaran a dominar en el nuevo sistema de Estados no era para nada claro en esta época. Para que el Estado nacional llegara a ser la unidad política dominante en Europa, fueron necesarias dos revoluciones: una tecnológica-armamentista y la otra mental.

A principios del siglo XVI, las armas de fuego, cuyos prototipos fueron importados de Asia, tuvieron una gran repercusión. Cuando el tubo del cañón comenzó a ser fundido en hierro, y los mosquetes alcanzaron bastante precisión y calibre para atravesar una armadura resistente, consiguieron de golpe una potencia de fuego completamente devastadora en el mar, en los sitios y en los campos de batalla. En breve, la guerra se volvió un negocio oneroso debido a que las nuevas armas requerían grandes inversiones de capital. Y por eso, la cantidad de actores con recursos para conducir una guerra descendió dramáticamente.

Esto benefició ante todo a las Casas Reales. Pero ni siquiera los monarcas podían financiar campañas enteras por cuenta propia. Tuvieron que buscar ayuda de financieros privados. Comerciantes y banqueros que tan solo unos siglos antes habían sido considerados como disidentes del sistema social feudal —ya que se habían negado a aceptar el monopolio de los señores feudales de la regulación de la circulación de personas, mercancías y capitales— desempeñaban ahora un papel central en la construcción del Estado nacional moderno. Los préstamos que la nueva clase burguesa facilitaba a los jóvenes Estados eran entregados al contado y devueltos con intereses, lo que estimuló la creación de las monedas y a las Casas Reales que promovían activamente el empleo de estas monedas. En contadas ocasiones había una garantía de préstamo, sin embargo, los prestamistas confiaban en que continuaría creciendo la economía del Estado y la fuerza militar.

No es imposible que esto último tuviera que ver con la imagen mental que estaba surgiendo en Europa de lo que era un Estado. A finales del siglo XV, había comenzado una revolución cartográfica después de que fuera traducida al latín la gran obra del antiguo matemático griego, Claudio Ptolomeo, *Geographike Hyphegesis*. En su obra, Ptolomeo había dado reglas para el diseño detallado de mapamundis con longitudes y latitudes. Y aunque *Geographike* fue resguardada por siglos, entre otros por los Califatos musulmanes antes de que llegara a las ciudades-Estado italianas durante la Edad Media, hasta donde sabemos, no fue hasta las postrimerías del siglo XV que alguien decidió seguir las reglas.

Los nuevos mapas tuvieron un impacto enorme. Tanto las clases altas como las bajas quedaron fascinadas por la existencia de la nueva perspectiva de pájaro. En particular, se convirtieron en éxitos de ventas aquellos mapas donde el territorio respectivo de los Estados era pintado con diferentes colores y las fronteras delineadas con claridad. Curiosamente, rara vez coincidían con los mapas políticos reales, los cuales eran más complejos e imbricados. Aun así, se vendieron como pan caliente tras la revolución de la imprenta. Entre 1472 y 1500 se produjeron 56 000 mapas. Entre 1500 y 1600 la cantidad llegaría a varios millones. Los atlas universales geográfico-políticos fueron, junto con la Biblia, los primeros grandes *best sellers*.[5]

Sin lugar a dudas, el desarrollo fue advertido en el momento por los soberanos de Europa. Sin embargo, pasaría tiempo antes de que las fronteras geográficas de verdad tuvieran algún impacto en la política europea. El sistema intrincado de matrimonios nobiliarios, la esfera de poder feudal y la influencia ideológica de la Iglesia hacían que para muchos monarcas fuera arriesgado reivindicar zonas geográficas claramente delimitadas.

Pero la situación era otra en el llamado Nuevo Mundo. América era vista por muchos europeos como *"terra nulis"*, un mundo desocupado cuyo territorio podía ser fraccionado y dividido como si se tratara de una simple parcela. Por tal razón, ya en 1494 las casas reales de España y Portugal habían trazado una linea vertical para dividir el nuevo continente en el llamado Tratado de Tordesillas. Se estableció que todo el oeste de la línea le pertenecería a España, mientras el lado este a Portugal. Cuando un cuarto de siglo más tarde Magallanes cruzó el Atlántico, resultó en realidad más complicado determinar qué pertenecía a cada potencia; pero el hecho de que en principio hubiera un acuerdo basado en las fronteras geográficas, posibilitó, después de todo, que se negociara una solución. Por primera vez, la frontera se mostró capaz de disminuir el riesgo de guerra.

Las representaciones geográficas también comenzaron a influir en los propios mapas mentales de los reyes. Se dice que en España, el rey Carlos V estaba casi obsesionado de ver su reino delineado en un gran mapamundi. No es aventurado suponer que otros monarcas también tuvieran el mismo pasatiempo. Había comenzado un desplazamiento gradual de aquella perspectiva que veía el poder como el dominio concreto sobre los habitantes de las ciudades y de las grandes fincas, a aquella en la que el poder consistía en el control militar sobre una superficie abstracta.

Los pies están mojados del sudor y de la nieve derretida que se ha metido en los tenis blancos. La nieve sigue en el suelo aquí y allá, sin embargo, han caminado ya un buen rato a través de un desfiladero en donde crece un espeso bosque.

—Dos, tres horas —resopla uno de los afganos.

Pero no tan fuerte como para que alguno de los "facilitadores" pueda escuchar. Sus armas intimidan eficazmente. Tal vez eso de la distancia no era pura mentira, piensa Jamal, pues se habían tardado unas horas antes de llegar al primer pueblo, en donde unas chicas se les habían acercado con expresión sonriente y curiosa y les habían preguntado si eran migrantes.

—¿A dónde van?

No había tiempo para charlas. De hecho, ni para descansar. Los traficantes habían ensillado rápido algunos caballos y habían reanudado la caminata.

Crece la irritación en el grupo por la falta de información. La única provisión que llevan son unos paquetitos de galletas. Y lo único que tienen para beber es el agua derretida de las laderas de las montañas. A lo lejos les espera una subida empinada que por momentos se entrevé entre los troncos de los árboles. Allí no hay que quedarse atrás, piensa Jamal.

«Porque ahora también tienen fustas».

El Estado mercantilista que se configuró en el siglo XVI y XVII estaba prácticamente obsesionado por aumentar el control de la circulación de personas, mercancías y capitales. Para poder generar más ingresos y disminuir la dependencia de la financiación privada, los monarcas crearon ministerios de finanzas, contrataron recaudadores privados de impuestos y llevaron a cabo un desarme gradual de la población. Paradójicamente, el concepto de "paz" tenía más sentido a medida que los representantes de los Estados llegaban al campo y trataban de sacar recursos para futuras guerras. Lo que Max Weber ha llamado el monopolio del uso legítimo de la violencia se fue estableciendo paulatinamente. Durante la Edad Media, en Europa rara vez había existido una distinción clara entre guerra y paz, más bien había habido algo así como una situación de conflicto constante. Pero ahora, de vez en cuando, surgía una sensación de "paz" —por lo menos en las clases altas de la sociedad.

Las clases bajas no sintieron necesariamente menos duras las nuevas obligaciones y mandatos que ordenaba el Estado que en la situación anterior más anárquica. Rebeliones sacudieron reino tras reino. El Estado reprimió algunas con violencia, pero el resultado era frecuentemente una renegociación entre la casa real, la nobleza, los campesinos y las demás clases. Con el tiempo se alcanzaron compromisos que cada vez más grupos aceptaron. La pretensión del Estado de regular el uso de la violencia y la circulación de personas, mercancías y capitales se volvió cada vez más legítima.

No es ninguna casualidad que teóricos contractualistas como Jean Bodin y Thomas Hobbes escribieran sus obras en los siglos XVI y XVII cuando estos procesos eran más intensos. Los dos vivieron de cerca una guerra civil (Bodin en Francia y Hobbes en Inglaterra) y pensaban que era necesario que la población aceptara el poder soberano del rey sobre el territorio, pues la alternativa era más sufrimiento humano.

La Paz de Westfalia de 1648 significó el avance decisivo del Estado nacional. Durante la guerra de los Treinta Años había demostrado ser una efectiva y extraordinaria máquina de guerra: había podido albergar ciudades que generaban capital y un campo a cuyos campesinos podía reclutar para el ejército del país. Desde luego, aún existían las ciudades-Estado y las confederaciones estatales como la Hansa, pero su influencia disminuía —y en retrospectiva es fácil ver que el Estado nacional como forma de organización estaba en camino de tomar el relevo—. Había comenzado a enraizarse la idea de que la paz podía ser garantizada mediante un sistema de Estados cerrados y delimitados geográficamente que tuvieran el control exclusivo de la violencia en sus respectivos territorios.

En su libro Jordan Branch demuestra, sin embargo, que no se usaron mapas en las negociaciones de la Paz de Westfalia. El método utilizado seguía siendo el de "catálogo de inventario". Es decir, la soberanía aún no se había convertido en un asunto de control estatal sobre una área geográfica claramente delimitada y medida en kilómetros y leguas. La frontera geográfica como principio político todavía no había hecho su entrada en la política europea.[6]

—GET UP! *We have to go! Or we will leave you here!* ("¡Levántate! ¡Tenemos que irnos! ¡O te dejamos aquí!")

El chino reposa jadeando de espaldas en la nieve. Su enorme cuerpo no parece tener suficiente oxígeno. Parece una mancha negra informe ahí tirado sobre la manta blanca de nieve, rodeado de huellas grises de pies. De vez en cuando se queja con extrañas palabras en un idioma que los demás no entienden.

Resoplando, está parado Jamal un poco más arriba de la cuesta. Ya ha ayudado un poco al chino a lo largo del camino, lo ha sostenido por el hombro y llevado paso a paso hacia arriba por la pendiente empinada. Pero es pesado. Y ahora Jamal está cansado.

A su alrededor, los otros parecen apreciar la parada. Alguien se seca el sudor de la frente. Otro mete la mano en el paquete de galletas y le ofrece a un compañero. Más abajo de la cuesta, blandiendo amenazante la fusta, el traficante se dirige hacia el chino. El hombre en el suelo se queda ahí. Solo alza su brazo delante de su cara como protección. Cierra los ojos y se voltea hacia un lado. Pero no hace ningún intento de levantarse.

—¿Dinero? ¿Tienes dinero? —brama el traficante.

A varios les ha costado seguir el ritmo apresurado la última hora. Y el que se queda atrás es increpado por alguno de los traficantes. A veces amenazan con dar una paliza. Uno de los afganos —un tipo joven con sobrepeso de Herat—, desesperado, ha pagado cien dólares para poder montar un caballo. No es como los otros afganos del grupo. No está acostumbrado a caminatas largas y a trabajos pesados en el campo. Y ahora está acurrucado en una de las magras yeguas.

El chino no parece entender a qué se refiere el traficante. No habla farsi ni inglés, y el cansancio y el miedo le hacen mirar absorto y aterrorizado hacia el cielo. Pero entonces el otro repite la palabra "money" y señala al afgano que está sentado en el caballo más adelante de la pendiente. En aquel momento, el chino se recompone y asiente con la cabeza. Se inclina y se pone a buscar en su mochila. Transcurren unos segundos. Después se extiende algo. Jamal no puede ver bien qué está ocurriendo desde el lugar en el que está parado. Pero en ese momento el traficante baja el látigo y le grita a su colega que le lleve uno de los caballos.

Los antiguos monarcas, quienes, llamándose reyes de los persas, de los escitas, de los macedonios, parecían considerarse más como jefes de los hombres que como señores de su país. Los de hoy se llaman, más hábilmente, reyes de Francia, de España, de Inglaterra, etc.; dominando así el territorio, están seguros de dominar a sus habitantes.[7]

ESTA OBSERVACIÓN de Jean-Jacques Rousseau en el *Contrato social* (1762) demuestra cuánto había pasado desde que Thomas Hobbes escribiera el *Leviatán* (1651) más de cien años antes. El territorio comenzaba a configurarse en serio.

Poco a poco la población había sido desarmada, y la defensa militar se había trasladado a la periferia geográfica en donde se habían construido fortalezas y se cobraban aranceles (anteriormente se había cobrado aduana casi solo a lo largo de las grandes rutas y en las entradas de las ciudades). La nobleza ya no era una amenaza seria contra el rey, quien de buena gana se presentaba como el representante de Dios en la tierra. Esto, junto con el impacto de los nuevos mapas, dio lugar a la representación de un poder real absoluto sobre un espacio de tierra cohesionada.

Sin embargo, Rousseau no estaba impresionado. Había nacido en Suiza, pero había vivido casi toda su vida adulta en Francia durante el *Ancien Régime* de Luis XV. Lo que vio fue una monarquía tan decadente como corrupta, cuyo desinterés por los problemas sociales de Francia, la enorme grieta entre ricos y pobres y la falta de buena educación eran detestables. El rey parecía pensar que no necesitaba justificar sus actos solo porque controlaba la poderosa máquina de guerra en la que se había convertido el Estado.

Aquellos que criticaban el mal gobierno decadente buscaron nuevos marcadores de identidad que pudieran movilizar el descontento popular. Y Rousseau encontró la solución en lo que llamó "la nación". Este concepto, que hasta entonces apenas si había existido en francés, ahora, gracias a Rousseau, adquiría completo significado.

"El hombre ha nacido libre, y sin embargo, por todas partes se encuentra encadenado", comienza el *Contrato Social* y prosigue para, tan brillante como provocador, invertir las ideas de soberanía y territorio de la época. Rousseau pensaba que ni el rey ni su ejército tenían el derecho legítimo a la tierra que la gente cultivaba y usufructuaba. Este pueblo y su asociación política —la nación— eran la única fuente legítima para las leyes del país.

No todos los Estados estaban hechos forzosamente para la democracia, admitía Rousseau, aunque era la forma de gobierno que él prefería. Otras formas de gobierno, como la monarquía, la aristocracia y la oligarquía, podrían ser adecuadas para ciertos pueblos. Pero para que funcionaran bien tenían que estar vinculadas a un territorio nacional unido y no fragmentado; un indicio de que Rousseau había dedicado un tiempo considerable a estudiar los nuevos mapas de la época.

El principio fundamental del Estado nación era que la ley —las leyes fundamentales, civiles y criminales— siempre tenía que ser la expresión de la *voluntad general*. Esta voluntad mística, colectiva, que según Rousseau era más que la suma de las opiniones y, por eso, no conforme necesariamente con la mayoría, daba origen a una cuarta clase de ley o derecho: las costumbres ("costumbres, hábitos y especialmente, opiniones"), que por alguna razón no muy clara, Rousseau la consideró como la más importante de todas.[8]

En realidad, Rousseau esbozó en el *Contrato Social* una comunidad cerrada espacial, política y culturalmente. Con justa razón puede ser llamado el padre del Estado nación moderno. Pero ¿por qué esta obsesión con la nación?

¿Cuál es el fin de la acción política? La conservación y la prosperidad de sus miembros. ¿Y cuál es la señal más segura de que se conserva y prospera? Su número y su población. No vayáis, pues, a buscar más lejos este signo tan discutido. En igualdad de condiciones, es infaliblemente mejor el gobierno bajo el cual sin medios extraños, sin naturalización, sin colonias, los ciudadanos pueblan y se multiplican más. Aquel bajo el cual un pueblo disminuye y decae es el peor. ¡Calculadores, ahora es cosa vuestra: contad, medid, comparad!⁹

Multiplíquense. Pueblen el territorio. Sin intromisiones extrañas. Sin inmigración. En este único parágrafo del *Contrato Social* hay mucha tela que cortar para aquellos que quieran estudiar las ideas de Rousseau sobre la nación, ciudadanía y el extraño. Porque aquí se forja una frontera. Una frontera entorno al cuerpo desnudo de la nación amenazada.

Hannah Arendt ha señalado que no se puede entender la idea de la unidad de la voluntad general de la nación sin que la propia comunidad enfrente una amenaza mortal desde afuera. Solo ante tal amenaza enemiga, real o potencial, los ciudadanos justificadamente podían hacer a un lado sus diferencias y cerrar filas detrás del líder como un solo individuo. Y aunque en el fondo Rousseau tenía una concepción positiva del ser humano, es difícil no tener la impresión de que veía enemigos por todas partes: tanto fuera como dentro de la nación.¹⁰

Acaso podamos atribuírselo a la época en que vivió. Combatió una monarquía cruel que se dedicaba al negocio de esclavos a gran escala, y que encarcelaba frecuentemente a sus opositores. Y murió once años antes de la Revolución francesa. En otras palabras, Rousseau nunca pudo ver a los ciudadanos entonar *"Liberté, Égalité, Fraternité"* en la toma de la Bastilla. Nunca pudo ver a los delegados de la Nueva Asamblea Constituyente declarar que el ser humano poseía derechos universales y ciudadanos, o escucharlos interpretar sus ideas y las de muchos otros escritores de la Ilustración, como la de que "todo el poder surge del pueblo". Y nunca pudo ver cómo, unos años más tarde, la revolución se radicalizaba ni cómo Maximiliano Robespierre se hacía pasar como el único intérprete de la voluntad general y ejecutaba a miles de personas durante el llamado Régimen del Terror.

Es difícil juzgar a Rousseau como persona. Sin embargo, algunas de sus ideas son discutibles y no son inocentes de que el Estado liberal moderno y su democracia representativa se hayan relacionado tan íntimamente con un nacionalismo excluyente. Porque al mismo tiempo que la asociación política imaginaria de Rousseau suponía la igualdad de todos sus miembros en el cuerpo social colectivo, y comenzaba a esbozarse lo que sería el Estado nación francés, se creaba una nueva y no menos importante desigualdad: aquella entre el ciudadano y el extraño.

Tampoco las mujeres contaban en el grupo de ciudadanos de Rousseau. Eran, como en la antigua Grecia, excluidas automáticamente del poder público. Además, Rousseau escribió sobre un enemigo interno: el que todo ciudadano llevaba consigo, que no respetaba la voluntad general, solo pensaba en sus intereses propios de corto plazo y se interponía deliberadamente en el camino de los intereses nacionales. Este enemigo interno tenía que ser combatido, sostenía, sobre todo con instrucción y reprogramación.

No obstante, durante la revolución en curso no había tiempo para meter a todos los ciudadanos a la escuela. Robespierre prefirió tomar a Rousseau al pie de la letra. Él era el intérprete definitivo de la voluntad general. El único portavoz del interés nacional. Y aquel que lo obstaculizara —esto es, a la voluntad general— podía ser excluido del cuerpo social. Expulsado. Guillotinado. Aniquilado. *¿Te suena?*

~

UN CLAMOR ahogado se escucha detrás de ellos. Jamal se voltea y advierte un movimiento en la oscuridad. Es más de media noche, la única luz proviene del tenue brillo de las estrellas. Se escucha un grito. Es el chino. Debe haberse caído de nuevo del caballo.

—¡Agárrate de la cola! —le grita el traficante.

Por supuesto, no entiende. En las pendientes, le ha costado mantenerse en el lomo del caballo. Hace un rato se cayó al suelo cuando el caballo trotó unos pasos cuesta arriba. Pero ahora el traficante le obliga a ponerse de pie a latigazos y le muestra cómo debe sujetarse de la cola.

El caballo no parece tener nada en contra. Sigue avanzando pacientemente hacia arriba por el camino pedregoso y nevado. Pero al chino le cuesta mucho mantener el mismo ritmo. Tan pronto como el caballo agarra un poco de velocidad para subir unos metros por el empinado, se cae y se golpea.

Jamal está cansando y tiene frío. Por un largo rato, la caminata lo ha mantenido en calor. Pero ahora siente que se congela. La única provisión que llevan son las galletas y ya se están acabando. El agua derretida de los arroyos mitiga la sed, pero los dedos casi se congelan de frío cada vez que los mete en el agua. En la espalda se siente como si la mochila estuviera hecha de plomo, y un viento helado entume las mejillas.

Cuando el chino se acerca, Jamal ve que hay algo brillante y aterrador en su mirada. Un poco más lejos viene caminando el "facilitador". En la cadera se puede entrever la culata en la funda de la pistola. Sin ella, nadie aquí aceptaría el trato al que son expuestos. ¿Qué harán si el chino no aguanta? ¿Dejarlo?

Jamal se detiene y le ofrece su brazo y su hombro. El chino acepta sin decir una sola palabra. Suben juntos y tratan de mantener el mismo paso que el caballo. Jamal se quita el gorro y se enjuaga el sudor de la frente. A su alrededor, la montaña permanece en silencio. Lo único que se escucha son los traqueteos de las pezuñas en las piedras, el chapoteo de los zapatos en la arcilla fangosa y el jadeo del chino.

SIN DUDA, la Revolución francesa supuso un cambio radical en gran parte de Europa, y lo fue, entre otras cosas, en lo que respecta a la posibilidad de los Estados de controlar la circulación de los ciudadanos. Anteriormente, los estrictos requisitos para los documentos de viaje habían sido uno de los dispositivos de poder más importantes del régimen absolutista, sobre todo para los viajes dentro del país. Por eso, cuando la Asamblea Constituyente de 1791 adoptó la nueva constitución, la libertad *"d'aller, de rester, de partir"* [de ir, de quedarse, de marcharse] estaba enlistada incluso por encima de la libertad de expresión y de asamblea.[11]

Sin embargo, el período de libre circulación total fue

breve. Pronto, por razones de seguridad surgieron nuevos requerimientos para limitarla. Las fuerzas contrarrevolucionarias estaban preparando una contraofensiva desde los países vecinos de Francia, y en *The invention of the Passport* (2007) John Torpey describe como el nuevo Congreso aprobó una nueva ley en 1792 en la que se establecía la obligación de llevar un pasaporte para los extranjeros que estaban en el país y para todos los franceses que quisieran abandonarlo. Los debates previos a la resolución final fueron intensos y acalorados, y había voces influyentes que argumentaban que la imposición del pasaporte sería traicionar los ideales de la libertad humana en los que se cimentaba la revolución. Pero al final, los argumentos a favor tuvieron más peso, y quien sigue los debates similares de hoy los reconoce bien: el que no tiene nada que esconder, no tiene nada que temer —y aumenta la seguridad para todos.[12]

La mayoría de los países no expedían todavía ningún tipo de pasaporte para los viajes al extranjero, así que al principio, las autoridades francesas también tuvieron que arreglarle uno a los extranjeros del país. Esto puede sonar poco práctico, pero Torpey considera que de hecho era parte de un nuevo "abrazo" mucho más patente del Estado a todos los habitantes. En los años venideros, el Estado revolucionario se aproximaría a los habitantes de un modo nunca antes visto, mediante censos, estableciendo oficinas públicas y expidiendo pasaportes y otros documentos de identidad. El dominio directo llegaría a ser la norma incluso en lugares en los que antes había habido poca o nula presencia estatal.

La misma línea siguió Napoleón Bonaparte una vez que se hizo con el poder mediante un golpe de Estado. Los privilegios de los nobles se abolieron por completo y se introdujo el derecho civil moderno. Pero el nuevo emperador del país se volvió célebre sobre todo por su talento de movilizar militarmente una "nación en armas", como rezaba la frase. Al mismo tiempo, las casas reales europeas tuvieron que hacer cada vez más concesiones a las clases bajas para poder movilizar su apoyo contra el creciente Imperio francés. Algo que a la larga socavaría el feudalismo, entre otros lugares en lo que hoy es Alemania.

Cuando finalmente Napoleón fue vencido, los nobles trataron de devolver el orden a Europa tanto como fuera posible. Se mantuvo el principio de dominio directo, pero se revocaron tanto el servicio militar como el derecho al voto universal, invenciones que fueron tachadas de subversivas y moralmente reprobables. En la Conferencia de Paz de Viena de 1814 a 1815, los países vencedores trataron de crear un nuevo equilibrio de poderes en Europa. La idea era que ningún Estado tendría una influencia dominante. Es decir: Francia nunca más podría ser tan poderosa.

Durante el siglo XIII, se habían realizado varios proyectos ambiciosos para crear mapas de los territorios de los reinos en Europa; a veces incluso se habían trazado fronteras detalladas para resolver disputas (como en las montañas entre Suecia y Noruega). Pero en su libro sobre el impacto de la cartografía en Europa, Jordan Branch muestra que no fue hasta 1814 y 1815 que se consolidó el uso de las fronteras geográficas en las negociaciones de paz.[13]

Antes de 1814 el Estado soberano no había sido equiparado con el control administrativo y militar de un territorio, delimitado con fronteras geográficas en un mapa. En otras palabras, el sistema internacional con Estados demarcados territorialmente —que algunos teóricos de la escuela realista han descrito como un "estado de anarquía natural"— no lleva más de unos 200 años de existencia.

La función que ahora se le atribuía a la frontera geográfica y política era importante, pero relativamente sencilla: si el ejército de un país infringía una frontera —con o sin violencia— se verificaría con relativa rapidez quien había cometido la agresión. Sería más fácil evitar provocaciones y malentendidos. Se resolverían las crisis internacionales y se conservaría la paz. Esa era la *idea*.

Por varias décadas este arreglo mantuvo a Europa lejos de grandes guerras. En general, la aristocracia logró conservar la paz y muchos de sus privilegios. Pero a pesar de que el Estado había sido encadenado temporalmente en Europa, continuaba desplazándose en otras regiones y hacia otros continentes. A los Estados de ultramar no se les reconocía como soberanos, así que el colonialismo podía seguir su curso sin molestias.

Tampoco desaparecieron las tensiones entre las viejas élites y los ciudadanos cada vez más urbanizados solo porque alguien trazara una línea en un mapa. Había una relación casi dialéctica entre los conservadores y los nacionalistas de la Europa de aquellos tiempos, y apenas sorprende que los mapas coloreados pronto comenzaran a utilizarse para formular visiones políticas distintas.

Para el nacionalista, la frontera no era en primer lugar un medio para confinar el desplazamiento del Estado. Consideraba, en cambio, que existían dos clases diferentes de frontera que mantenían una tensión constante entre ellas: una frontera estatal y una frontera nacional. Esta última se basaba en una visión sobre dónde vivía (o más bien, debería vivir) un cierto grupo de personas con una historia imaginada compartida, una lengua y usos y costumbres en común. Visto idealmente, esta frontera nacional debería coincidir con la frontera estatal.

A veces, también parecía ser así, pero en muchos casos había un desfase importante entre el Estado y la nación representada. Entonces los nacionalistas más radicales exigían un cambio. Esto podía significar una rebelión contra las élites gobernantes. En los casos en que el poder ya de por sí estaba en las manos de los nacionalistas —lo que era cada vez más común a finales del siglo XIX—, podía conllevar, además, purgas o la expansión de un territorio de un Estado ya existente. En esta complicada búsqueda de interacción perfecta entre la geografía y los cuerpos —*el jardín perfecto*, expresión acuñada por Zygmunt Bauman— se le dieron gradualmente a la frontera nuevas funciones. Y en el cambio de siglo entre 1899 y 1900, ésta se había vuelto una herramienta para controlar mercancías, dinero y, en particular, la circulación de personas.

EL RAUDAL ES una oscuridad fría y furiosa. Jamal trata de no mirar hacia abajo cuando se sube al tronco resbaloso. El traficante grita algo y Jamal da unas zancadas rápidas tambaleándose. Una vez que ha bajado del tronco en el otro lado, siente una necesidad intensa de sentarse.

Detrás de él pasan los otros por el raudal, uno tras otro. También el chino logra cruzar. Un poco más lejos Jamal ve unas camionetas. Tres, cuatro hombres, acaban de bajar de ellas. Parecen conocer a los traficantes porque los saludan en kurdo y les gritan algo.

La caminata se acabó.

Los MACIZOS montañosos de los que Jamal acaba de salir ileso constituyen para los migrantes indocumentados uno de los mayores obstáculos de la Ruta clandestina de la Seda que se extiende hacia Europa. Cada año, miles de personas de Medio Oriente, de África, del centro y del este de Asia atraviesan la zona sin permiso, con el riesgo de que la patrulla fronteriza les dispare, se congelen o pisen alguna de las minas que el ejército turco y la guerrilla kurda PKK han puesto durante los años de conflicto armado.

Del mismo modo que en México, este conflicto vuelve aún más peligrosa la situación para los migrantes. Y al igual que en México, las estadísticas sobre la cantidad de migrantes muertos son deficientes. Por lo general, los que desaparecen o mueren en las montañas vienen de países cuyos gobiernos apenas si piensan en ellos, salvo cuando se convierten en alguna noticia incómoda. Tampoco los gobiernos que controlan las montañas tienen mayor interés en que sean conocidos los casos de muerte. En la medida en que se reportan públicamente, se vuelven notas breves en los registros de las organizaciones como la Unidad para la Acción Intercultural (United for Intercultural Action):

MAYO, 2000: nueve migrantes son asesinados con arma de fuego cuando tratan de pasar la frontera sin permiso.

Enero, 2002: 19 afganos, entre ellos nueve niños, son descubiertos congelados cerca de la frontera turco-iraní.

Marzo, 2007: siete hombres de origen desconocido que iban rumbo a Europa son encontrados congelados del lado turco.

Mayo, 2015: Seis niños y una mujer de origen desconocido mueren de hipotermia tras haber tratado de entrar a Turquía desde Irán.

Estos son solo unos pocos ejemplos. Entre los años de 1993 al 2019, la Unidad para la Acción Intercultural documentó —con la única ayuda de reportes de noticias y de organizaciones no gubernamentales— 36 570 migrantes muertos en las fronteras exteriores de "Fortress Europe" (Fortaleza Europa). Se sospecha que, en realidad, la cantidad es mucho mayor. En especial, tratándose de las montañas entre Irán y Turquía.[14]

Los migrantes que he entrevistado no albergan duda alguna de que esta parte del viaje está entre las más peligrosas. Sobre todo durante los meses invernales. Algunos dicen haber presenciado disparos y la desaparición de compañeros de viaje, otros que han visto cuerpos petrificados y congelados en los desfiladeros de las montañas, como si se tratara del Monte Everest.

Transcurren seis días. Jamal puede descansar y saciar el hambre. Junto con los otros afganos espera el permiso para seguir viajando. La espera puede ser frustrante, pero no tiene de otra.

Entonces vuelve a sentarse en un autobús. Recibe un boleto. Y en la mano lleva el pasaporte iraní que le hicieron en Urmia. La foto fue tomada con una cámara Polaroid y, por supuesto, el pasaporte es falso. Pero es el único pasaporte que tiene.

Jamal mira por la ventana mientras el autobús se dirige

hacia el oeste. Cada año pasan por aquí grandes cantidades de droga, armas y personas indocumentadas. Turquía es un país de tránsito grande e importante para los empresarios de la economía ilegal. Muchas víctimas de trata se encuentran también entre las que transitan por estos caminos.

Sin embargo, no es fácil transportar personas y mercancías a través de Turquía. Desde luego, la corrupción puede facilitar algo. Pero Jamal sabe que el riesgo de ser detenido es grande.

El primer control de seguridad sale bien. Un policía se sube y pide las identificaciones. Jamal extiende su pasaporte. El policía se lo lleva, pero regresa en seguida. No dice nada. Parece que funciona.

Una hora más tarde, de nuevo otro control. Un policía se sube y junta los pasaportes. Esta vez toma más tiempo. Cuando regresa, tiene una expresión adusta.

—Tú. Y tú. Y tú. Vengan conmigo.

Jamal entiende que no tiene otra opción. Se levanta y se baja del camión.

HAY una cosa que quisiera que recuerdes después de que hayas leído este capítulo. Las fronteras geográficas y políticas fueron creadas para impedir el movimiento *del Estado* —no el de las personas—. Esto es una lección importante; una pieza clave en nuestro rompecabezas conjunto. Ya que nos da la respuesta a la pregunta de qué es en realidad una frontera geográfica —o al menos, qué era cuando empezó a esgrimirse en el contexto internacional hace 200 años—, una herramienta para confinar a la máquina de guerra.

La frontera iba a impedir el movimiento indeseado *del Estado.*

El que así fuera se ilustra sobre todo con lo que pasó después de 1820, cuando los Estados de Europa occidental suprimieron paulatinamente los controles de pasaporte, y se facilitó la circulación de personas y de capitales como nunca antes. Durante esta época de oro del industrialismo, los discípulos de Adam Smith tuvieron resonancia por la idea de que la mano invisible del mercado conduciría a la sociedad por el camino correcto, siempre y cuando se dejaran en paz al comercio y al interés personal. Los liberales querían limitar las funciones del Estado a la de un Estado guardián que garantizara la ley, el orden y el cumplimiento de los contratos comerciales contraídos. Se había puesto la base para el Estado liberal —mucho antes de que el derecho al voto universal se estableciera en la mayoría de los países.

En algunos imperios de la periferia, como el ruso y el otomano, se mantuvieron restricciones para viajar y duros controles a la circulación de personas. Para los sultanes del Imperio otomano era una manera de preservar el orden general, de impedir el vagabundeo y una inmigración exagerada hacia las ciudades. Es fácil olvidar que la mortalidad en las ciudades a mediados del siglo XIX todavía era mucho más alta que en el campo.

Sin embargo, los Estados que, de este modo, limitaron la circulación de capitales, mercancías y personas, se metieron pronto en un aprieto. La desintegración paulatina del Imperio otomano durante la última mitad del siglo XIX puede ser atribuida, al menos en parte, a su incapacidad de abrirse a la industrialización y al simultáneo crecimiento de grupos ultranacionalistas en los Balcanes.

Con el estallido de la Primera Guerra Mundial, la jaula,

como anteriormente había sido pensada la frontera para el Estado, se había convertido en un trampolín para los ultranacionalistas. El desplazamiento o el rediseño de las fronteras había llegado a verse como el símbolo de la superioridad civilizadora y técnica. Lo mismo sucedió con las expulsiones masivas y, a veces, hasta con los asesinatos en masa. El genocidio armenio entre 1914 y 1915 está directamente relacionado con el ultranacionalismo que emergió en Turquía al disolverse el Imperio otomano. Del mismo modo, el largo conflicto sobre la cuestión kurda como minoría étnica.

El que tan tardíamente como en 2013 se revelara que Turquía aún registra en secreto a las personas que pertenecen a grupos minoritarios, solo muestra qué tan profundo está impregnado este ultranacionalismo en el Estado turco.[15] Con este trasfondo, apenas sorprende que el gobierno turco también actúe en los últimos años como país de contención para la Unión Europea; lo cual ha dificultado drásticamente el viaje de los migrantes indocumentados por el país.

NOCHE.

Han llegado a una prisión preventiva. En algún lugar allá afuera está Estambul. Pero Jamal está acostado en el camastro inferior de una litera. Parece una cárcel, aunque bastante limpia.

Repite en silencio lo que dirá mañana: *"I am from Burma"* ("Soy de Birmania").

A los birmanos no los deportan. Eso le dijo el traficante.

Los otros del cuarto solo mueven la cabeza cuando les pregunta si es una buena idea:

—No mientas. No vale la pena.

~

MAÑANA.

Los sacan al patio interior y tienen que formarse en un círculo grande. Dentro del círculo está un hombre enorme con un uniforme negro. Es el jefe aquí. Y a su lado está un hombre flaco que hace de intérprete.

—*Where are you from?*

Ha comenzado un interrogatorio colectivo.

Jamal ve desde el otro lado del círculo como un hombre pakistaní se mueve inquietamente y dice:

—Birmania.

El comandante se queda callado un segundo. Luego alza el brazo y le da al prisionero un golpe duro en la cabeza. Mientras el preso se dobla de dolor, el comandante sigue con el próximo hombre.

—¿De dónde eres?

—Birmania.

El golpe llega más rápido esta vez. El comandante grita cosas en turco, patea furiosamente y golpea con los puños hasta que el hombre queda tirado en el piso.

Después se voltea hacia la siguiente persona.

—¿De dónde eres?

~

NOCHE.

Jamal está acostado en la litera mirando la cama de encima. Escucha la respiración de los otros. La mañana se acerca. ¿Qué le va a decir al comandante? No se pudo comunicar. No es su culpa. Hizo lo que pudo.

MAÑANA.

—¿Tienes tu boleto?

Jamal mira directamente a los grandes ojos negros. Sabe que ahora es solo cuestión de segundos.

—No, ayer era día feriado en Afganistán y...

La palma de la mano llega precipitadamente antes de que la frase termine. Todo se vuelve negro. Se inclina y hace una mueca de dolor, trata de recuperar la compostura. La mejilla y la oreja le arden.

—Un día. Tienes un día —escucha al traductor haciendo eco del comandante turco.

SEXTA PIEZA DEL ROMPECABEZAS

LA INDUSTRIA DE LA DEPORTACIÓN

Cualquier propuesta de nueva ley o regulación comercial que provenga de esta categoría de personas [los comerciantes] debe ser siempre considerada con la máxima precaución, y nunca debe ser adoptada sino después de una investigación prolongada y cuidadosa, desarrollada no solo con la atención más escrupulosa sino con el máximo recelo.[1]
Adam Smith

—RÁPIDO. Rápido.

Los zapatos cubiertos de fieltro raspan la arena. Una bota aplasta un alambre de púas. Unas manos callosas jalan otro hacia arriba. Por el hueco de medio metro pasan agachados uno tras otro: doce hombres y dos mujeres. Susurros nerviosos y voces entrecortadas los apuran. Cuando se enderezan del otro lado, saben que están en Estados Unidos.

Para que no los vean, corren despacio entre árboles bajos, cactus y pequeños matorrales secos y crujientes. El suelo ya no está cubierto de arena amarilla, sino de tierra dura de un café rojizo que el sol ha quemado, creando grietas largas y angulosas. El resto del paisaje sigue siendo el mismo. A lo lejos se yergue el majestuoso macizo de Arizona.

—¡Alto! —ordena el pollero y alza la mano.

Su espalda desaparece entre los matorrales. Norma se sienta en la gravilla del riachuelo seco en donde les han ordenado que se detengan. No tiene ilusiones de lo que les espera. La caminata va a ser larga y difícil. Pero aun así se siente contenta. No pensaba que iba a ser tan fácil cruzar *la línea*.

La diferencia es enorme comparado con Nogales. Ahí la frontera era una barda de acero de cinco metros de altura, vigilada día y noche por guardias, repleta de reflectores y cámaras de video. Habían oído historias de túneles subterráneos que pasaban debajo de la barda, y que cruzar por ahí costaba 5 000 dólares. Los mismos túneles en los que se trafica marihuana, cocaína y armas. En otras palabras, peligroso. Y por supuesto, demasiado caro para ellos.

Así que habían seguido hasta Puerto Peñasco, unos 300 kilómetros al oeste. Y fue ahí, en la plaza de Puerto Peñasco, donde habían conocido a Julio. Su tarifa para viajar a Los Ángeles era más accesible: 2 500 dólares por persona. Y sobre todo, no tenían que pagar antes de que llegaran.

—Ya no queda mucho. Acuérdate, es el último tramo del viaje —dice Oscar en voz baja.

Está sentado de cuclillas a lado de Norma y parece querer darse ánimos tanto a sí mismo como a ella. Porque ya se siente el cansancio en el cuerpo. Han estado viajando a pie más de un mes, durmiendo al aire libre casi cada noche y han perdido la cuenta de todas las veces que se han caído y se han lastimado. El zapato derecho de Oscar está roto, y en la puntera se abre un agujero grande. Por lo menos hoy se ha librado de que se le enfríen los dedos, porque los zapatos están cubiertos con pantuflas gruesas que el traficante ha confeccionado con pedazos de alfombra. Todos han tenido que ponerse esas pantuflas sobre los zapatos. No dejan huellas en la arena.

—¡Muuu!

El mugido es la señal del traficante. Norma levanta sus bidones de agua y comienza a correr despacio. Oscar también levanta sus dos *galones* (3.79 litros). Detrás de él viene caminando Olvan, el hondureño que conocieron en Ixtepec y que se ha vuelto un buen amigo durante el aventurado viaje.

El cuarto desertor de Lechería, Gustavo, ya no está con ellos. Logró subirse al techo de un vagón en Nayarit. Norma también trató, pero cuando aventó su mochila al techo, justo en el momento en que el tren comenzaba a andar, unos hondureños que ya estaban sentados en el techo no quisieron compartir el espacio. Le patearon las manos de Norma y tuvo que soltar una mano de las escalerillas de fierro del tren. Mientras colgaba y se balanceaba con una sola mano en el vagón, el tren se alejaba cada vez más rápido de la estación. La corriente de aire le jalaba las piernas debajo del vagón, y justo cuando estaba a punto de caerse, sintió que Olvan la sujetaba por la cintura. Se cayeron fuerte al suelo. Norma, después, tenía las piernas y brazos llenos de raspaduras feas. Perdió su biblia con la mochila. Pero al menos tenía todas las extremidades intactas.

—Espérense aquí.

El traficante tiene que haber visto algo, porque ahora se acuesta y, con su camisa verde y jeans azules, se arrastra lentamente por el suelo. ¿Será una de las cuatrimotos que usa la patrulla fronteriza? ¿O un avión sin tripulantes, uno de esos que los traficantes llaman *mosquitos* por el zumbido de los motores? Norma entorna los ojos hacia el cielo, pero no ve ningún puntito de acero resplandeciente.

Julio tiene unos 35 años, cabello oscuro y ojos cafés afables. Da confianza. Y eso es importante. Porque se necesita de ayuda experimentada para atravesar el desierto. No solo la policía fronteriza y la guardia nacional patrullan aquí, también hay miembros de guardias ciudadanas que pretenden "mantener seguro a Estados Unidos" con medidas más o menos legales. *Minuteman Project* es solo uno de los más conocidos. Existen muchos más, y todos comparten la convicción de que a "los ilegales" hay que disuadirlos con el uso de la fuerza y amenazas violentas.

—¡Muuu!

El mugido de Julio es seguido por el roce en el suelo de zapatos revestidos de pantuflas y del gorgoteo de bidones de plástico que rebotan en espinillas. Mientras el sol invernal pasa por encima de las montañas, el frío nocturno se convierte lentamente en calor.

"¡Una invasión! Definitivamente esto es una invasión a nuestro país. ¡El pueblo de Arizona tiene derecho a sentirse seguro! Pero el gobierno federal no hace nada".

LAS PALABRAS SON PRONUNCIADAS por la gobernadora de Arizona, Jan Brewer, en una entrevista en Fox News el 31 de marzo de 2010.[2] Cuatro días antes, el ganadero Robert Krentz ha sido asesinado a balazos en su patio en Conchise County en circunstancias poco claras —y Fox News rápido le echa la culpa a los "inmigrantes ilegales".

El día anterior han sido confiscados unos cien kilos de marihuana en la propiedad de Krentz, y ocho traficantes han sido detenidos. Pero en vez de hacer una investigación sobre los motivos precisos que pudieran estar detrás del asesinato, en el noticiero se incita a la indignación moral y generalizada contra todo transgresor de fronteras. Vez tras vez se repite que es inaceptable que se haya muerto un estadounidense.

Cuando Jan Brewer entra al estudio de Fox News, sabe que ésta es la entrevista más importante de su vida. Ha sido gobernadora interina de Arizona por un año (después de que Janet Napolitano fuera reclutada por el presidente Barack Obama como jefa del Departamento de Seguridad Nacional), pero ya lucha por su vida política. La crisis financiera y crediticia ha golpeado duro a Arizona, la tasa de desempleo ha alcanzado el 10%, y según una encuesta reciente, Brewer tiene pocas posibilidades de ser reelegida en las elecciones gubernamentales en el otoño. Ésta puede ser su última oportunidad.

Así que utiliza palabras como "inmigrantes ilegales" y "terroristas" en la misma frase. Hace un llamado a la unidad contra "la invasión" en curso. Y acusa al gobierno federal de haber "traicionado" a Arizona y arriesgado "la soberanía" del país.

Funciona. Aumentan las opiniones positivas en las encuestas.

La reelección está a la vista.

Dentro de un mes, Brewer, junto con el líder Republicano del Senado del estado, Russell Pearce, también ha logrado imponer una propuesta de ley que recibe el nombre técnico *SB 1070*, pero que en el resto de Estados Unidos y del mundo será conocida como "la ley Arizona". Ésta convierte en criminales a los migrantes que no lleven los documentos que comprueben su residencia, a la vez que obliga a los policías de Arizona a realizar controles de identidad si existen *sospechas razonables* de que una persona pueda ser indocumentada.

Los críticos de la ley alertan de que ésta va a conducir al llamado *racial profiling* ("perfil racial"), ya que los latinoamericanos de piel morena podrían ser inspeccionados con mayor frecuencia. Brewer descarta esto calificándolo de tontería. Pero para los aproximadamente 500 000 indocumentados que en el año 2010 viven en Arizona, y cuya mayoría es mexicana, no se necesita de ningún análisis profundo para entender de lo que se trata en realidad: un ataque frontal hacia ellos, sus familias y sus amigos.

En Washington, el gobierno de Barack Obama no tarda en presentar una apelación contra Arizona que congela provisionalmente el uso de SB 1070. En 2012, la Corte Suprema de Estados Unidos suprime las partes más controvertidas de la ley. Pero aprueba que la policía investigue el estatus migratorio de una persona que haya sido detenida o cuestionada por otra razón.

Algo ha comenzado a gestarse en Arizona y en el resto de Estados Unidos. En los próximos años, propuestas parecidas a la ley SB 1070 se debatirán en Alabama, Georgia, Indiana, Carolina del Sur y Utah. Ideas más radicales, como la de suprimir el derecho de ciudadanía automática por nacimiento, son discutidas muy en serio dentro del ala radical de derecha del Partido Republicano.

El autodenominado arquitecto de la ley Arizona, Russell Pearce, se vuelve uno de los Republicanos que abogan por cambiar la constitución para prohibir lo que llama "bebés ancla" ("anchor babies"). Además, no se anda con rodeos al

sospechar de que Barack Obama tiene una acta de nacimiento falsa.

"Lo mejor con SB 1070 es que probablemente Obama
no va a visitar Arizona de nuevo, porque aquí vamos a exigir
papeles", dice en diciembre de 2010.[3]

Obtiene el apoyo de un tal Donald Trump, quien más
tarde utilizará las sospechas infundadas sobre el acta de nacimiento de Obama para catapultar su candidatura en el
Partido Republicano.

Russell Pearce es destituido de su puesto en el senado de
Arizona en 2011, gracias a lo que el activista Randy Parraz
ha descrito como "una inusual coalición de demócratas,
republicanos, independientes, latinos, mormones, católicos y
miembros de otras congregaciones, ateos, sindicalistas,
pensionados, maestros y activistas jóvenes".[4]

Pero el ejemplo de Pearce seguirá siendo una inspiración para Donald Trump, quien en la campaña presidencial de 2015 a 2016 se distingue por su vehemente
retórica anti-inmigrante. Trump promete construir un
muro en la frontera de México, endurecer la política
migratoria, y tilda a los inmigrantes mexicanos de criminales y "violadores".[5]

Cuando es elegido presidente de Estados Unidos en
noviembre de 2016, la entonces ex-gobernadora de Arizona,
Jan Brewer, le aplaude, así como el entonces ex-senador
Russell Pearce.

Pero un par de años más tarde, Pearce se ha vuelto impa-
ciente. El Congreso está de nuevo bajo control Demócrata, y
en abril de 2019 señala que en Estados Unidos tienen
"líderes estúpidos, políticos estúpidos".

—Puede que sea necesario derramar sangre para
mantener esta república. Yo, por mi parte, estoy dispuesto a

hacer lo que sea —dice Russell Pearce frente a varios lideres del Partido Republicano en Arizona.[6]

Entretanto, la campaña de Trump compra miles de anuncios en Facebook en los que se usa el término "invasión" para referirse a la migración no deseada en Estados Unidos. Solo de enero a julio de 2019 se publican 2 199 anuncios en los que Trump llama a parar dicha "invasión".[7]

No es fortuito el empleo de esta palabra. Se trata del arranque de la campaña de reelección presidencial. Y en redes sociales como el "8chan" algunos de los seguidores de Trump se toman el mensaje muy en serio.

El 3 de agosto de 2019, un hombre blanco de 21 años, Patrick Wood Crusius, entra armado con un rifle AK-47 en una tienda de Walmart en El Paso, Texas. Dispara y mata a 22 personas y hiere a 25 más. Muchas de las víctimas pertenecen a la comunidad hispana. Ocho de las víctimas mortales son ciudadanos mexicanos. En el primer parágrafo de su "manifiesto", el autor del crimen escribe :

"Este ataque es una respuesta a la invasión hispana de Texas."

Donald Trump se distancia del ataque. Condena el racismo y lo que llama "la ideología del supremacismo blanco". Aun así, los comentarios de Trump están lejos de convencer a todos los estadounidenses.

Este ataque por motivos racistas y fascistas no es el primero ni será el ultimo en Estados Unidos. La polarización de la sociedad parece ser cada vez más difícil de contener, y va de la mano con la radicalización del Partido Republicano estadounidense.

¿Cómo pudo volverse así? ¿Cómo puede haberse convertido una gran parte del Partido Republicano, que una vez fuera el impulsor de la abolición de la esclavitud, en algo que recuerda a una fuerza política ultranacionalista, o incluso fascista, en la década de 2010?

¿Qué es lo que ha pasado en Estados Unidos?

Cuando abre los ojos, entrevé las estrellas por las ramas de los árboles. Casi no se oye nada. Ni siquiera los grillos. Solo la respiración de los compañeros y el chirrido de las bolsas de basura en las que duermen.

Han acampado junto a un árbol grande que crece al pie de la primera cuesta. Julio no quiso seguir a la luz del día, así que desde las tres de la tarde han esperado aquí pacientemente. Comieron una rebanada de pan con frijoles machacados. Luego Julio y algunos de los otros sacaron las grandes bolsas negras de basura en las que ahora duermen.

También Norma, Oscar y Olvan han llevado bolsas de plástico. Pero las suyas son más pequeñas y estrechas porque las compraron en una tienda de abarrotes. Llegan solo a la cintura. Por suerte, Norma lleva una chamarra acolchada. Se la regaló un hombre que se compadeció de ella cuando estaba sentada con mucho frío afuera de la estación del tren en Nogales el primer día en la frontera. Sin la chamarra, estaría congelada. Mira a Oscar de reojo. Solo tiene un suéter delgado, pero trata de mantenerse caliente pegándose a ella.

De repente, siente que algo se mueve en sus piernas. Primero, como un ligero golpecito en su pantorrilla. Después, como un movimiento largo que se enrosca en los dos tobillos. Algo pesado, largo y resbaloso. Norma se queda completamente inmóvil durante los segundos que dura el contacto físico. Cuando termina, se sienta con cuidado y sacude fuerte el brazo de Oscar.

—¡Oscar! ¿Sentiste?

—Mmm... Algo pasó por mis zapatos.

—¡Era una víbora! ¡Pasó por mis piernas!

Oscar se sienta. Con la luz de la luna casi no ve nada, pero instintivamente encoge las piernas. Parece que la víbora se ha ido. Después de un rato, los dos se acurrucan muy pegaditos de nuevo. Es lo único que pueden hacer.

HACE 150 AÑOS, Norma, Oscar y su grupo de migrantes no hubieran llamado mucho la atención en esta parte del desierto de Arizona. Uno que otro transeúnte probablemente les hubiera aconsejado hacer una fogata para que se calentaran y para que alejaran a la fauna silvestre. En esta *última frontera,* como llegó a denominarse este territorio después de que lo anexara Estados Unidos tras el acuerdo de paz con México en 1848, los viajeros remotos mantenían, por lo general, una distancia respetuosa entre ellos. Así era más seguro. Pero a mediados del siglo XIX no había ninguna policía fronteriza por la que preocuparse.

Todavía tardaba viajar por lo menos un par de semanas desde la costa este de Estados Unidos a Los Ángeles en California. Lo mismo sucedía con el correo. Sin embargo, en la década de 1850 ocurriría algo que tendría consecuencias revolucionarias en la comunicación humana de las generaciones siguientes: el gran invento del telégrafo.

La primera línea de telégrafo transcontinental llegó a California en 1861. En un instante, y por primera vez en la historia de la humanidad, una cantidad considerable de información podía viajar por todo un continente mucho más rápido que una persona. La misma palabra *comunicación,* que hasta entonces había equiparado el simple transporte físico de personas con la transmisión de información, iba a tener ahora dos significados diferentes.

El telégrafo, junto con el ferrocarril que llegaría a California una década después, dio un impulso enorme a la industrialización y al capitalismo como sistema económico. No es una casualidad que el Chicago Board of Trade se fundara en 1848, el mismo año en el que el telégrafo llegó a la ciudad. También la Bolsa de Nueva York se consagraba como mercado nacional a medida que Estados Unidos se conectaba con las líneas de telégrafo.

En estos nuevos mercados nacionales, y en un grado creciente, globales, ya no se compraban y vendían mercancías físicas sino *recibos* de envíos. Esto requería a su vez una estandarización de medidas, unidades y zonas horarias. El tiempo y el precio substituyeron el dinero y los productos como valor principal para los hombres de negocios; algo que no solo llevó a una rápida acumulación de capital, sino también a lo que Karl Marx ha denominado como el fetichismo de la mercancía y a un riesgo prácticamente inherente de burbujas financieras y de crisis económicas.[8]

Este desarrollo puso en marcha la primera gran ola de la globalización y tendría consecuencias enormes en las posibilidades del Estado de regular el movimiento de capitales. No obstante, por esta época, la regulación del movimiento se consideraba como algo innecesario y anticuado: las reflexiones de Adam Smith sobre la mano invisible del libre comercio habían tenido impacto en casi todo el mundo occidental. Incluso una parte de los filósofos contemporáneos pensaban que la libre circulación de personas debería considerarse más como un derecho que como un instrumento para estimular el crecimiento económico. Para estos pensadores, las fronteras geográficas no eran más que líneas imaginarias en un mapa que con el tiempo se borrarían. El uso cada vez más generalizado del telégrafo fue visto como un gran paso hacia un mundo cada vez mas conectado y libre.

Al principio, parecía casi como si tuvieran razón. Las décadas posteriores a 1850 estuvieron marcadas por un fuerte incremento de productividad y crecimiento económico, difusión de innovaciones y una confianza general en el futuro. El progreso le daba una palmada en la espalda a los partidarios del libre comercio en Estados Unidos, quienes desde finales del siglo XVIII habían argumentado en contra de la economía de esclavos, prevaleciente por mucho tiempo en los estados del Sur. Pero en el país también existía un fuerte movimiento reaccionario anglosajón que estaba preocupado por la presión de los cambios de los nuevos tiempos y los efectos de la inmigración en la "pureza" del pueblo estadounidense (en aquel tiempo se consideraba como un problema sobre todo a los inmigrantes irlandeses y alemanes). En una carta célebre de 1855, el futuro presidente de Estados Unidos, Abraham Lincoln, rechazaba a estos *Knownothing*:

> Como nación, empezamos declarando que "todos los hombres son creados iguales". Ahora, en la práctica, lo leemos como "todos los hombres son creados iguales, salvo los negros". Cuando los *Know-nothing* lleguen al poder, se leerá "todos los hombres son creados iguales, excepto los negros, los extranjeros y los católicos". Cuando esto pase, preferiría emigrar a otro país en donde no fingen amar la libertad, en Rusia, por ejemplo, donde el despotismo puede tomarse en su forma pura y sin ninguna capa de hipocresía.[9]

La posición inexorable de Lincoln con respecto a la esclavitud y la libre migración llegaría a ser una piedra fundamental en la autoimagen estadounidense como crisol cultural de migrantes de todo el mundo. Pero sus ideas sobre las diferencias de raza no eran tan simples como a veces se ha afirmado. El sueño americano estuvo impregnado en su primera etapa del sueño anglosajón, de y para hombres blancos propietarios. E incluso durante la administración de Lincoln se abrigaron planes de transformar Panamá y partes de Haití en colonias en las que se pudiera enviar a gran parte de la población negra de Estados Unidos, ya que se consideraba que las "razas" diferentes no podían entenderse en una misma nación.[10]

Varios movimientos surgidos desde abajo y un siglo de lucha serían necesarios antes de que mujeres, negros, europeos del sur y del Este, pueblos originarios, asiáticos y otros grupos excluidos pudieran gozar de la misma libertad y derechos como los hombres blancos de ascendencia anglosajona de Estados Unidos. Sin embargo, los mapas mentales ya habían empezado a cambiar —y no solo respecto a la esclavitud.

En la década de 1850, conexiones marítimas más seguras y baratas posibilitaron que cientos de miles de europeos se desplazaran al otro lado del Atlántico y siguieran las huellas del capital. Provenían de casi todos los países de Europa, pero en particular de Escandinavia, Gran Bretaña, Alemania, Irlanda y países del sur de Europa. En 1850, 300 000 migrantes europeos cruzaron el océano. Durante los años de 1870, el flujo a Norteamérica había aumentado a más de 600 000 por año. Y durante la primera década del siglo XX llegaron anualmente alrededor de un millón de migrantes.[11]

Quien haya leído la serie de libros de Vilhelm Moberg,

Los emigrantes, sobre unos migrantes suecos, sabe que la travesía pocas veces transcurría sin peligros. Pero no se necesitaba ningún tipo de pasaporte o visa. Y del otro lado del océano los salarios eran más altos que en su país de orígen, y había una oferta grande de tierra cultivable.

A diferencia de Karl-Oskar y de Kristina en las series de Moberg, la mayoría de los emigrantes europeos no eran campesinos pobres. Al contrario, eran trabajadores de la industria, de servicio doméstico y "contratistas" de los sectores informales de las ciudades que se habían cansado de los sueldos miserables y de la vida de los barrios pobres. En muchos casos, se convirtieron en engranajes importantes de la estructura industrial manufacturera y de materias primas de Estados Unidos.

Los que consiguieron llegar hasta Arizona encontraron, sin embargo, una dura realidad. Ahí, contratistas sin escrúpulos, llamados Barones del robo, habían establecido minas y ranchos que protegían o ampliaban con ayuda de ejércitos privados. La presencia del Estado era mínima y, a decir verdad, no solicitada, salvo cuando las rebeliones de los pueblos originarios se volvían difíciles de controlar. Para los oídos estadounidenses nombres como Tombstone, "la ciudad sin ley", son bien conocidos. Pero como el periodista e historiador Jeff Biggers cuenta en su libro *State Out of the Union* (2012), la economía ilegal que caracterizaba a Arizona en este período no era solo cuestión de robos de bancos como en las películas del viejo oeste, duelos de revólveres y asaltos a diligencias, sino también de capitalismo crudo y desregulado, el que en la práctica había llegado antes que el Estado de derecho.[12]

Por muchos años, las grandes empresas seguirían controlando a la mayoría de los políticos y autoridades del estado.

La corrupción estaba tan difundida que tardaría hasta el siglo XX antes de que el gobierno federal y el congreso en Washington aceptaran a Arizona como un estado en pleno derecho. En aquel entonces, el Estado federal había comenzado a establecer el monopolio de la violencia y un cierto control administrativo, lo que dependía en gran parte de la prolongada guerra contra los pueblos originarios. El gobierno federal disfrutaba, además, de cierta legitimidad entre los habitantes mexicanos que habían vivido en los territorios conquistados antes de 1848, pues les habían otorgado la ciudadanía estadounidense, a pesar de la desconfianza de los americanos anglosajones frente a estos "half-breeds" o "half-bloods" (expresiones despectivas hacia los mestizos).

Cuando después, a mediados de la década de 1870, se agrietó la burbuja de la especulación ferroviaria en Estados Unidos, aumentaron las tensiones en el país. La nueva tecnología de información divulgaba la noticia de los éxitos del movimiento obrero. También en Arizona se formaron sindicatos que querían estandarizar y aumentar —o al menos estabilizar— los sueldos de los trabajadores. Estallaron huelgas y se pactaron alianzas entre trabajadores mexicanos y estadounidenses, quienes antes se habían visto como contrincantes.

Al mismo tiempo, crecía una nueva reacción entre los políticos conservadores del país y las clases propietarias. Esta vez se manifestó en una desconfianza hacia el principio de libre movimiento, ya sea que se tratara del capital o de personas. Las nuevas "soluciones" se definían en términos autoritarios, ultranacionalistas y racistas. El proceso europeo que Hannah Arendt ha llamado "la conquista del Estado por la nación" tenía ahora impacto también en Estados Unidos, y se manifestaba en exigencias de eugenesia e higiene racial, y en un imperialismo extraterritorial (como el que se condujo con la anexión de Filipinas y Hawái).

Con este trasfondo, apenas sorprende que la primera restricción a la libre circulación en Estados Unidos apareciera en 1882, en medio de la carrera por la colonización de África. "La ley de Exclusión China" era una ley abiertamente racista, cuyo objetivo era impedir que los trabajadores chinos se fueran a vivir a Estados Unidos. Los asiáticos de por sí no tenían el derecho a la ciudadanía estadounidense, y ahora podían ser detenidos en los puertos a la llegada al país. Cuando esta ley fue examinada por el Tribunal Supremo de Estados Unidos, se determinó que el control de la migración —es decir, de la circulación de personas— era un asunto que concernía a la *soberanía* de Estados Unidos.[13]

Antes de este fallo histórico no había habido ningún control fronterizo del que hablar en Estados Unidos. Pero a medida que se empleaba cada vez más la palabra mágica de soberanía, pequeños grupos de policía montada comenzaban a patrullar la frontera sur.

Había iniciado un cambio en las leyes y en las actitudes. Pero con todo, tardaría hasta la irrupción de la Primera Guerra Mundial antes de que la era liberal —que a veces se le ha llamada "la época de las migraciones"— llegara definitivamente a su fin.

PERLAS DE SUDOR escurren por las sienes. Norma solo aguanta cargar los bidones unas decenas de metros a la vez, antes de que los ponga jadeando sobre la cuesta. Unos pasos delante de ella, Oscar también resopla. El resto del grupo espera un poco más arriba en una planicie pequeña.

—No, ya no puedo...

Cuando Norma se voltea, ve a Olvan inclinado y vomitando. Una vez que ha vaciado el estómago, se desvanece sobre las rocas, al parecer inconsciente. Julio también ha visto lo que ha pasado. Deja sus bidones y baja corriendo por la cuesta pedregosa. Olvan está tirado en el suelo y jadea. Primero no consiguen que diga algo. Cuando vuelve en sí, todavía está mareado y se siente mal físicamente por el esfuerzo.

—Ustedes sigan... No puedo. Déjenme aquí. Seguro que puedo encontrar algunos federales —dice entre arcadas.

—Eso no. Si la migra te ve, van a saber qué camino hemos tomado. O te levantas o te regresas todo el camino a pie —dice Julio, inflexible.

Olvan mira con ojos grandes al traficante. ¿Regresarse a pie?

Norma le da un par de sorbos de una bebida energizante. Ya han caminado varias horas porque Julio quería terminar el tramo al abrigo de la noche. Ahora es de mañana. El sol está escondido todavía detrás de un velo de neblina del alba, pero muchos del grupo comienzan a impacientarse. Son mexicanos y éste es el tercer intento de cruzar la frontera. Las dos veces anteriores fueron detenidos y expulsados. No quieren que se repita otra vez.

Después de unos segundos, Olvan se repone y le pregunta a Oscar:

—¿Me puedes ayudar con la mochila?

—Claro, te ayudo. Pronto llegamos. Después ya es plano. Creo.

—Sí, vamos Olvan. Te ayudamos —añade Norma.

Levantan a Olvan y éste comienza a tambalearse cuesta arriba. Oscar se pone la mochila y levanta los cuatro bidones que ahora tiene que cargar. En cuanto dan los primeros pasos cerro arriba, escuchan la voz irritada de Julio.

—¡Ya vámonos!

El pasaporte no es un invento nuevo; un equivalente anterior existía ya en la antigua Persia, en el Califato musulmán y en el Imperio mongol. Pero el fundamento de nuestro orden actual con el sistema combinado de pasaportes y visas no se estableció sino durante la Primera Guerra Mundial, cuando las grandes potencias querían identificar y detener a espías e infiltrados. El nuevo sistema se adecuó tan bien a las corrientes de pensamiento racista y ultranacionalista de aquella época, que tanto la visa como el control de pasaportes se quedaron tras la firma de paz.

Los sistemas de visas establecidos ponían frecuentemente obstáculos a los viajeros según fuera su nación y raza. Tal fue el caso en 1924 de la "Ley de inmigración de Johnson-Reed", cuyo objetivo explícito era disminuir las posibilidades de los europeos del sur y del Este de llegar a Estados Unidos. A éstos simplemente se les consideraba menos inteligentes que los europeos del norte, y por tanto, la ley dividía a los seres humanos en un estricto sistema jerárquico y detallado con categorías de diferentes nacionalidades y razas, a las que luego se les asignaban distintas cuotas de inmigración. Al mismo tiempo, se creaba la agencia de la Patrulla Fronteriza de Estados Unidos para asegurar que la ley fuera acatada.

La historiadora estadounidense Mae M. Ngai ha mostrado que este paradigma institucional de tendencia racista no solo disminuyó de modo drástico la cantidad de entradas, sino que también creó una categoría completamente nueva de personas: los inmigrantes ilegales. Como fenómeno, las deportaciones apenas si habían existido en Estados Unidos antes de la Primera Guerra Mundial, pero entre los años de 1920 y 1929 aumentó repentinamente diez veces el numero de expulsiones hasta llegar a 30 000 por año.[14]

Muchos gobiernos en el mundo de está época se regían según la idea de que cada nación tenía el derecho a su propio Estado. Por eso a muchos grupos minoritarios en Europa se les impidió volverse ciudadanos o se les privó de su ciudadanía. Millones fueron expulsados de países como Turquía y Grecia. El número de personas sin Estado creció de manera vertiginosa.

Algunos de los cerebros detrás de esta lógica de fronteras y división fueron el académico sueco de ciencias políticas Rudolf Kjellén y los geógrafos alemanes Friedrich Ratzel y Karl Haushofer. Delante de coloridos mapas bidimensionales proyectaron al Estado nación como un *organismo* y acuñaron conceptos como *geopolítica* y *Lebensraum* (espacio vital). Teorías y conceptos que no solo iban a inspirar al régimen nazi en los treinta, sino también a muchos de los estudios académicos del Estado nacional y de relaciones internacionales en las décadas venideras.

Simultáneamente, la idea de una tercera frontera, interna, se había vuelto aceptada en general: la que existía entre el "cuerpo verdadero" del Estado nación (es decir, la parte del territorio que correspondía a la nación) y los demás territorios en los que se tenía control militar. Con frecuencia, a estos otros territorios se les otorgaba un estatus legal diferente: "territorio militar", "protectorado", "Colonia de la Corona". En ellos era posible negarles a las poblaciones nativas los derechos que disfrutaban los miembros de la nación. Ahí también existían otras reglas de cómo el capital podía explotar la mano de obra y los recursos naturales. Estados Unidos no era la excepción. Los pueblos originarios del país fueron agrupados en *reservas*. Y durante la Segunda Guerra Mundial, más de 100 000 japoneses y ciudadanos estadounidenses de origen japonés fueron llevados a campos de internamiento, de los cuales uno de los principales estaba precisamente en Arizona. Pero, desde luego, los ejemplos más flagrantes se dieron en Europa:

Gueto.

Campo de concentración.

Campo de exterminio.

Palabras que han sido instrumentos de los trazadores de fronteras.

Una de las que se vio forzada a vivir de cerca las consecuencias de este fanatismo espacial fue Hannah Arendt. Nacida en Alemania, de padres judíos, atestiguó como joven estudiante y activa antifascista cómo la depresión económica le daba la posibilidad a los nazis de aliarse con grandes segmentos de la élite económica y política. Después de haber tenido que huir a Estados Unidos en 1941, llegó a la conclusión sombría y bien fundada de que quien no tuviera un Estado que lo protegiera, no tenía en realidad ningún derecho.

—Si QUIERES, te puedes quedar aquí —dice Julio.

Norma trata de mantenerse calmada pese al comentario malintencionado. Han pasado otra montaña y bajado a un valle en donde los arbustos y matorrales dificultan la caminata. Hace un rato se torció el pie en una piedra cuando pasaban por un matorral. El pie le duele tanto que ha tenido que sentarse. Primero Julio le dio un ungüento para que se lo pusiera en donde le dolía. Pero cuando Oscar le había vendado el pie y a Norma de todos modos le seguía doliendo y cojeaba, Julio se exasperó.

—Si te quedas aquí, seguro que te encuentran —dice.

Es difícil decir si se burla de ella o no. No hay senderos por aquí. Norma ha tenido que dejar su teléfono prepago en Puerto Peñasco porque dicen que puede revelar su posición. Y a diferencia del primer día, cuando vieron algunos carros, motocicletas y helicópteros, no ha visto ni un rastro de la policía fronteriza desde la mañana.

Los únicos seres vivos parecen ser la manada de coyotes que están descansando a unos 300 metros. Todo el día los han seguido de lejos. Norma cuenta seis animales. Algunos tan grandes como pastores alemanes.

—No me quiero quedar aquí —dice calladamente.

—Sí, pero entonces ándale. ¡Hay que seguir!

La Segunda Guerra Mundial ha sido descrita por el historiador Charles Tilly como "uno de los mas grandes torbellinos demográficos que ha barrido el mundo".[15] No es ninguna exageración. El "extremismo espacial" de los nazis provocó enormes desplazamientos y tragedias humanas. Además de millones de personas ejecutadas, asesinadas en cámaras de gas o muertas en combate o por hambrunas, 30 millones fueron expulsadas de sus casas. Al final de la guerra, 11 millones de estos refugiados todavía estaban fuera de su país.[16]

Por lo general, los refugiados de guerra querían regresar a sus casas tan pronto como pudieran, o bien buscar suerte en algún otro país. Más de 3 millones recibieron ayuda de organismos internacionales —como la Organización Internacional para los Refugiados y el Comité Intergubernamental para los Movimientos Migratorios de Europa— para encontrar una nueva base en la vida. Muchos fueron a dar a Norteamérica, donde Estados Unidos recibió 329 000 refugiados y Canadá 123 000. Más de 800 000 se desplazaron a Latinoamérica, sobre todo a Brasil y Argentina. 182 000 llegaron a Australia, y alrededor de 130 000 judíos recibieron un Estado libre en Israel tras haber escapado del Holocausto.[17]

Pasarían varios años antes de que la reconstrucción impulsara el crecimiento en Europa, pero en Estados Unidos la economía pronto iría a toda máquina. Durante la guerra, la necesidad de mano de obra en la zona rural se solucionó con mexicanos que recibieron permiso de residencia temporal. Después de la guerra, el llamado programa Bracero se prolongó año tras año hasta que los trabajadores mexicanos se volvieron casi parte inherente del campo estadounidense. Más de 4 millones de mexicanos recibieron permisos de trabajo temporal entre los años de 1943 a 1965, con lo que se sentaban indirectamente las bases para la inmigración "ilegal" que continuaría tras el fin del programa de trabajadores invitados.[18]

También en países como Alemania y Suecia se introdujeron amplios programas de trabajadores invitados en los años dorados de los cincuenta y los sesenta, lo que atrajo mano de obra sobre todo del sur de Europa, los Balcanes y Turquía. La idea era en ese entonces que los trabajadores se regresarían cuando no hubiera más trabajo. Pero cuando la crisis del petróleo afectó a los países de Occidente en 1973, y la mayoría de los programas de trabajadores invitados se interrumpieron, resultó que muchos de los trabajadores extranjeros se habían arraigado en el nuevo país. Se habían casado, tenido hijos, y no tenían interés en regresar. Situación recurrente en la mayoría de los programas de trabajadores invitados en el mundo.

Hasta ahora la migración a Estados Unidos y Europa occidental se había impulsado por fuerzas económicas (lo que en el mundo académico se llama *Factores de expulsión y de atracción* y que, entre otras cosas, alude a las diferencias en los niveles salariales entre países emisores y receptores). Pero a medida que las minorías étnicas se afianzaban en los nuevos países, se creaba una red que facilitaba más la migración. Y como ha señalado el investigador de economía James F. Hollifield, entonces también los conceptos de libertad y derechos iban a tener más importancia.[19]

Esto comenzó a ser patente en Estados Unidos a partir de mediados de los sesenta, cuando se abolió el sistema de cuotas migratorio de tinte racista, y el movimiento de derechos civiles logró que se aprobara la Ley de Derechos Civiles (Civil Rights Act) que invalidaba las leyes raciales en los estados del Sur. Muchos movimientos de base crecieron en esta época y el primer movimiento grande de contracultura de Estados Unidos se había consolidado en 1968.

Dentro del Partido Republicano existía un profundo recelo hacia las nuevas expresiones culturales que llegaron a impregnar los primeros años de los setenta. La oposición a la guerra de Vietnam tampoco era estimada por estas fuerzas conservadoras. Pero, al mismo tiempo, los conflictos internos del país atestiguaban el espíritu democrático, lo que favoreció a Estados Unidos durante la Guerra Fría, porque contrastaba con el evidente silencio del bloque del Este totalitario. Cada vez que un desertor lograba huir del cinturón de hierro y entrar al "mundo libre" significaba un triunfo propagandístico de Estados Unidos y de las otras potencias de Occidente. Así que tratándose de la migración, muchos Republicanos tenían una posición pragmática. Por ejemplo, durante su presidencia en los ochenta, Ronald Reagan condujo un programa de amnistía para 2.7 millones de inmigrantes indocumentados sin que protestara su Partido Republicano.

Pero algo cambió después del derrumbe de la Unión Soviética. Una estridente minoría dentro del Partido Republicano comenzó a hablar cada vez más sobre los derechos de los *americanos*, seguridad e identidad nacional, y menos de derechos humanos, paz y seguridad mundial. En particular, el movimiento del Tea Party se distinguió por una creciente retórica nacionalista, e incluso ultranacionalista. Esta retórica se radicalizó aún más con la llegada de Donald Trump al poder.

Comprende tres argumentos principales contra la inmigración, que también han utilizado Gbagbo en Costa de Marfil, Ahmadinejad en Irán, Le Pen en Francia, Åkesson en Suecia y muchos otros a través de los años:

La amenaza de seguridad. La circulación de personas a través de la frontera es una amenaza para la seguridad nacional y la soberanía política, ya que existe el riesgo de que los "enemigos", terroristas y criminales entren al país, así como enfermedades peligrosas, como en el caso de la pandemia de Covid-19.

La amenaza económica. Si el Estado deja que entren demasiados inmigrantes, los sueldos disminuirán y/o el sector público va a ser sometido a una carga insostenible e injusta.

La amenaza contra la comunidad política. Como solo

ciertas personas con un cierto trasfondo cultural son adecuadas para ser miembros, la inmigración puede ocasionar que la comunidad política se debilite, se corrompa o simplemente se desintegre.

—¿Ves ese montón de piedras allá adelante? Ahí enterré a un muchacho que se murió. Me acuerdo que era de Guerrero.

Con la luz de la luna llena, Norma vislumbra las rocas que señala Julio. Es la tercera noche. Han caminado por un paraje pedregoso con grandes bloques de piedra y cactus. Si pudiera ir más rápido lo haría, pero le duele el pie y a veces tiene que ir cojeando. Es difícil no tomar lo que le dijo Julio como una advertencia directa.

Oscar levanta su último bidón de agua y le dice que se acerque.

—Aquí. Moja un poco la lengua.

Norma hace lo que le dice, pero tiene cuidado de no tomar demasiado. La subida en este paraje repleto de malezas ha sido pesada y han tenido que dejar varios bidones rotos que goteaban. También la comida se ha terminado. Norma, Oscar y Olvan le dieron a Julio 1 000 pesos antes de partir para que comprara una bolsa de comida. Pero todo lo que les ha dado para comer son algunas rebanadas de pan con frijoles machacados y unas dos latas de atún. No le puede haber costado más de 100 pesos. La confianza que Norma sintió por Julio al principio de la caminata casi se ha esfumado.

Existen situaciones límite cuando indudablemente hay motivos fuertes para cerrar las fronteras de un país o limitar severamente el derecho a la libre circulación, como es el caso de pandemias, los días posteriores al asesinato de un jefe de Estado o un importante ataque terrorista. En 2020, gran parte del mundo fue sacudido por la pandemia de Covid-19, y la entrada a Estados Unidos llegó a ser fuertemente restringida a ciudadanos de otros países. Durante un período limitado de crisis, esto puede ser justificado. Sin embargo, epidemiólogos coinciden en que siempre hay que tomar en cuenta los efectos no deseados de tales medidas, ya que se corre el riesgo de causar más daños que beneficios. Lo mismo puede decirse sobre restricciones impuestas en situaciones más "normales", cuando no hay una crisis de tal magnitud.

Cada año, mueren cientos de migrantes por deshidratación en la frontera entre Estados Unidos y México; en particular en ese desierto en el que caminan Norma y Oscar. Las causas de muerte pueden parecer "inocentes": deshidratación, infarto de corazón, agotamiento. Pero no se trata de casos de muerte natural. Al igual que los muchos naufragios en el Mediterráneo, las muertes en el desierto de Arizona ocurren dentro de un contexto. Son el resultado de un orden.

Durante los años noventa y dos mil se construyeron muros y vallas a lo largo de la frontera sur de California y de Texas, lo cual ha obligado a que cada vez más migrantes indocumentados se dirijan hacia este extenso paraje desértico que caracteriza tanto al estado de Sonora en México como al de Arizona. Pero también aquí la policía fronteriza ha recibido un aumento considerable de recursos en los últimos años, y la guardia nacional participa cada vez más en la vigilancia de la frontera.

El efecto inmediato para los migrantes ha sido el de una

mayor dependencia de los traficantes. El que tiene dinero suficiente puede comprar un boleto para ir escondido en un tráiler o en un camión, o pasar por alguno de los túneles subterráneos de los que ha oído hablar Norma; aunque estos últimos tienen una conexión clara con los traficantes de drogas, y con eso también secuestradores y otros peligros. Con frecuencia, la alternativa es ir por el desierto con un *pollero*, como han optado Norma y Oscar —aun cuando el incremento de la vigilancia hace que la caminata pueda tardar dos o tres veces más que solo hace unos años.

Solo en el llamado sector Tucson, en el sur de Arizona, han perdido la vida al menos 3 356 personas desde 1990.[20] Una tercera parte de los cuerpos jamás son identificados. Pero quien escucha a Donald Trump, Jan Brewer y a otros políticos y analistas ultranacionalistas en Estados Unidos puede quedarse con la impresión de que los casos de muerte son un precio que bien vale la pena pagar para mantener lejos a los narcotraficantes y terroristas.

"Estadounidenses inocentes son asesinados en sus ranchos y en sus casas... Phoenix se ha convertido en la capital del secuestro de Estados Unidos, así que no puedo si no aplaudir lo que hace el gobierno del estado de Arizona para garantizar la seguridad de la gente", afirmaba, por ejemplo, Michelle Bachman, figura prominente del Tea Party poco después de la votación sobre la controvertida ley Arizona en 2010.[21]

"El futuro de nuestra república está en juego", completaba el locutor de radio Glenn Beck. "Phoenix se ha vuelto la capital del secuestro de Estados Unidos, con más casos que otras ciudades en el mundo —con excepción de la Ciudad de México".[22]

Cuando el New York Times hizo una investigación sobre

la veracidad de esta afirmación, el periódico constató que en el mejor de los casos se trataba de un malentendido, y en el peor, de un engaño deliberado. Es cierto que Phoenix se había vuelto una central mayorista para, entre otras, la exportación de cocaína y marihuana del cártel de Sinaloa durante la primera década del siglo XXI. Pero había una tregua entre los cárteles mexicanos en Estados Unidos. El asesinato del ganadero Krentz fue uno de los pocos asesinatos de ciudadanos estadounidenses que había sido directamente relacionados con la industria del tráfico en Arizona. El New York Times constató que solo uno de cada cuatro secuestros reportados parecía tener algo que ver con el crimen transfronterizo. Más tarde, la Oficina del Inspector General concluiría que la ciudad de Phoenix había inflado los números de secuestros en 2008, posiblemente en búsqueda de fondos federales. Pero ya en los medios del movimiento "Alt-right" se había bautizado a Phoenix como "la capital de los secuestros".

En realidad, la cantidad de delitos violentos contado por cada 100 000 habitantes había disminuido en el estado. Solo había una clase de delito que, sin lugar a dudas, había aumentado en Arizona: crímenes de odio por motivos racistas.[23] Entre 2007 y 2017 el número de crímenes de odio racista en el estado incrementó un 100% (de 80 a 160 casos por año), según el FBI.[24]

Pero ¿y los terroristas? Sí, es verdad que existe el riesgo de que alguien planee un atentado e intente pasar por la frontera sin pasaporte. Pero según un reporte de Cato Institute apenas se registraron nueve casos de personas no documentadas que trataron de cometer actos terroristas en Estados Unidos entre 1975 y 2017, y no lograron lastimar o matar a nadie. Solo tres de estos terroristas habían entrado por la frontera con México: Shain Duka, Britan Duka y Eljvir Duka, tres hermanos de Macedonia del Norte que cruzaron la frontera cuando eran niños en 1984. Ya de adultos, en 2007 (es decir, 23 años más tarde), fueron detenidos por el FBI por planear un ataque contra una base militar en Fort Dix, New Jersey.[25]

"Hay terroristas que cruzan por la frontera sur, probablemente porque es la forma más fácil de entrar", afirmaba el entonces presidente Donald Trump en enero de 2019.

Sin embargo, la agencia estadounidense Associated Press concluía que no había elementos para creer que grupos terroristas extranjeros hubieran usado la frontera entre México y Estados Unidos para pasar a militantes. Esto a pesar de que cientos de miles de personas cruzan la frontera ilegalmente cada año.[26]

El alto riesgo de ser detenido (25-50% según el experto de seguridad Jeremy Schapiro) probablemente disuade a los miembros de las organizaciones terroristas. Además, la cuestión es si de verdad *necesitan* pasar de manera ilegal. Pues los hombres que cometieron los atentados de septiembre de 2001 tenían visa de estudiantes y pudieron tomar clases de aviación en territorio estadounidense sin ningún problema. La gran mayoría de los individuos que han realizado atentados en los últimos años han sido ciudadanos estadounidenses o han tenido alguna forma de permiso de residencia válido.

Con este trasfondo, es algo ofensivo escuchar a Trump y a otros políticos igualar a los inmigrantes "ilegales" con terroristas y criminales. Desde los años cuarenta, una serie de estudios sociológicos han demostrado que es mucho más fuerte el vínculo entre criminalidad y clase social que entre criminalidad y etnicidad. Incluso a veces el vínculo parece ser exactamente inverso: el mismo año en el que la ley Arizona fue aprobada se presentó un reporte científico que mostraba que en los estados que habían tenido una mayor afluencia de inmigrantes durante el período de 1990 al 2000 también había disminuido la criminalidad.[27]

Si el argumento de seguridad está hueco, ¿qué fue lo que favoreció a Jan Brewer en las opiniones de 2010? ¿Fox News o Glenn Beck? ¿Acaso otro temor económico mejor fundado? Cuando Brewer firmó la ley Arizona, su gobierno estatal tenía un gigantesco déficit presupuestario. Muchos edificios de gobierno fueron vendidos durante 2010 en un intento desesperado por evitar la quiebra del estado. Al mismo tiempo crecían las brechas como nunca antes, tanto en Arizona como en el resto del país. La crisis en el sistema de bienes raíces provocó en Arizona que uno de cada seis propietarios se quedara sin casa y aumentara la tasa de desempleo de 3 a 10%. La clase media también se vio afectada. La creciente desigualdad dificultó, más que en otras décadas anteriores, el ascenso social de una generación a otra. El sueño americano parecía estar en camino de resquebrajarse. ¿Pero era culpa de la inmigración?

—Repito. ¿Alguien tiene un teléfono? ¿Cosas de valor? ¿O dinero? Quiero que me los den ahora.

Todos en el grupo entienden la seriedad de la situación.

Es el cuarto día y están caminado por una planicie con el sol quemándoles las cabezas. Ya han pasado dos carreteras; primero una de asfalto y después una de grava. En una ocasión vieron unos carros de la policía fronteriza. Y Julio quiere que sigan adelante. Pero las fuerzas comienzan a menguar. El agua se acabó. Tal vez por eso a Julio se le ocurre esto ahora.

—¿No escucharon lo que dije? ¿Teléfonos? ¿Cosas de valor? ¿Dinero?

El tono no es amable.

—Yo tengo 22 dólares —responde insegura la otra chica del grupo. Viene de Tamaulipas, y durante el camino ha sido amable con Norma. Ahora le toca a ella sufrir la ira del traficante.

—¡Pero sí les dije que dejaran todo su dinero! ¡Dámelo!... Bueno... ¿Alguien más?

Olvan saca renuente lo último que tiene: 80 dólares.

—¿Teléfono? ¿Tienes algún teléfono?

Olvan duda de nuevo. Había creído poder evitar esto, pero no es el mejor momento de tener una pelea. Sabe que aquí lo pueden dejar. Así que pasa su teléfono prepago apagado —su último recurso.

—¿Nada más? Entonces sigamos.

Antes de que comiencen a caminar, uno de los hombres pregunta:

—Julio, los bidones están vacíos, ¿hay algún lugar en donde podamos llenarlos de agua?

—Sí, sí, claro... Solo sigue adelante...

YA KARL MARX escribía que el capitalismo como sistema es dependiente de un ejército de reserva industrial que por su mera existencia reduce los salarios. A Marx no le interesaba en particular la migración, pero subrayaba que era en primer lugar un sindicato fuerte el que podría oponerse a la presión salarial que generaba el ejército industrial de reserva. Desde entonces, esto ha permitido que marxistas más o menos ortodoxos a veces vinculen la idea del migrante con la del esquirol insolidario.

También el influyente economista neoliberal, Milton Friedman, hablaba de un nivel "natural" de desempleo necesario para que la economía pudiera funcionar de manera óptima. Pero entonces, ¿el aumento de la migración en Estados Unidos durante los últimos cuarenta años puede explicar el incremento de las desigualdades que el premio Nobel de Economía, Joseph Stiglitz, ha descrito como el mayor problema económico sin parangón del país?

En términos temporales parece innegable que existe una relación. Entre 1979 y 2012, los ingresos del porcentaje más rico en Estados Unidos crecieron de 9 al 23% de los ingresos totales del país, al mismo tiempo que varios millones de latinoamericanos cruzaban ilegalmente la frontera en California (la amnistía de 1986 no cambió esto, más bien al contrario). Tampoco se puede negar que con la inmigración ha incrementado la cantidad de trabajadores en Estados Unidos. A finales de los noventa y principios del siglo XXI creció la población alrededor de un millón por año. Cada vez más mexicanos, centroamericanos y otros inmigrantes llenaban los campos, las fábricas de carne y las cocinas de los restaurantes de Estados Unidos, y en 2013 el número de personas indocumentadas ascendió a más de once millones. Mae M Ngai ha mostrado que, en gran parte, esto fue una consecuencia del cambio en las leyes de migración estadounidense de 1965, cuando se abolió el programa bracero y, en la practica, se criminalizó el desplazamiento de los mexicanos. Pero ¿fue una casualidad que las desigualdades crecieran durante este período?

El aumento de la competencia por un trabajo puede

verse como algo indeseado o injusto para un jardinero, un albañil o una niñera en la ciudad o en las regiones donde llegan muchos inmigrantes indocumentados. Sería una falta de respeto rechazar esto como irracional. Dentro de ciertos ámbitos, durante ciertos períodos y en regiones específicas, un flujo grande de migrantes puede crear, sin duda, problemas sociales; y en tal caso, es muy importante la existencia de un Estado activo que pueda facilitar medios de formación continua o nuevas oportunidades de trabajo.

Dicho esto, la mayoría de los economistas coinciden en que de ningún modo la migración es un juego estático de suma cero en el que un inmigrante toma el trabajo de una persona del país. Al contrario, casi siempre la migración estimula la economía y contribuye con un mayor crecimiento y con la creación de nuevos empleos. En Estados Unidos, inmigrantes han fundado empresas como Google, Intel, Yahoo, Paypal e Intel. En 2005, más de la mitad de las nuevas empresas de Silicon Valley tenían un inmigrante como propietario, y una cuarta parte de las solicitudes de patentes que se presentaron en el país pertenecían a un inmigrante innovador —a pesar de que el grupo solo equivalía al 12% de la población.[28]

También los inmigrantes poco calificados pueden generar lo que los economistas llaman "efectos dinámicos". O haciendo los trabajos que los nacionales rechazan o brindando servicios que generan más trabajos. Cuando un inmigrante se dedica al cuidado de niños o personas mayores por un sueldo modesto, otra persona puede tomar un trabajo remunerado, de lo contrario, esta última tendría que quedarse en casa y cuidar a su familiar sin ningún pago. El movimiento de una persona puede, de esta manera, crear dos trabajos remunerados. Lo mismo sucede cuando un migrante abre un restaurante y contrata a un cocinero o a una mesera, o cuando abre una tienda o comienza otra empresa.

A esto se suma que la migración económica tiene una gran capacidad para autoregularse. Mudarse a otro país implica una gran inversión, y más si se tiene que recurrir a un traficante de personas. Si se tuviera la creencia de que no habría una mejor perspectiva de futuro en ese nuevo país, la mayoría desistiría de realizar la travesía. Esto se notó en Estados Unidos durante los años de la crisis financiera, cuando disminuyó visiblemente el flujo de migrantes. Por primera vez en muchas décadas, el flujo neto de mexicanos en el país fue casi cero en 2011. Es decir, los que dejaron el país fueron tantos como los que llegaron.[29]

Muchos indocumentados en Estados Unidos, además, pagan impuestos de su sueldo, ya que éstos son extraídos automáticamente, y de este modo generan ingresos al Estado no solo a través del consumo, sino directamente de su trabajo. A diferencia de las personas que nacen en el país, el Estado no necesita financiarles la escuela y el seguro social durante su infancia y adolescencia. Y las veces que *think tanks* como Pew Research han calculado los costos y ganancias de la inmigración en Estados Unidos, el resultado ha sido con frecuencia un poco más de ganancias para el Estado.

Ahora que hemos llegado tan lejos es tiempo de hacer una advertencia. Existe un riesgo de hablar de los migrantes como "rentables". ¿Rentables para quién?, se puede cuestionar. ¿Para el Estado? ¿Para los empleadores? ¿Para los dueños del capital? Y claro, con todo respeto al crecimiento económico, pero ¿qué hay de la desigualdad? ¿cómo le afecta?

En el libro titulado *"Friends or strangers?"* (1990) el economista George J. Borjas advertía que la migración de los países pobres de Latinoamérica y de Asia a Estados Unidos podría darle a la sociedad una estructura de clase con forma de reloj de arena, con una reducida clase media. Borjas consideraba que a la larga ésta crearía tensiones violentas y amenazaría a la democracia en el país. Con el telón de fondo de los últimos años, resulta difícil no tomar en serio su advertencia.

Sin embargo, cuando el periodista estadounidense Timothy Noah consultó a Borjas mientras trabajaba en el libro *The Great divergence* (2012), obtuvo, curiosamente, una respuesta mucho más cautelosa.

"Si haces una lista de las cinco o seis causas principales que están detrás de la creciente desigualdad, diría que [la inmigración] ha contribuido. [Pero] ¿diría qué es la causa más importante? No."[30]

Hoy Borjas es un investigador muy respetado dentro del campo, pero también es considerado como, quizá, el más pesimista. Ha estimado que debido a la inmigración, los adultos que no terminaron la preparatoria (*high school*) han perdido 7,4% en aumento salarial (0,4% al año) entre los años 1980 y 2000.[31] No obstante, a Borjas le es difícil demostrar que el impacto de la inmigración ha sido significativo para la gran mayoría de estadunidenses que sí han terminado la *high school*. Además, en un articulo científico de 2006 constataba que la mayoría de los resultados de los estudios sobre la influencia de la migración en los niveles de salario "tiende a quedar alrededor de cero".[32]

Es decir, en ciertas regiones, durante ciertos períodos y para ciertos grupos vulnerables, un gran flujo de mano de obra no calificada puede crear problemas. Pero la historia del incremento de la desigualdad en Estados Unidos no se trata en primer lugar de los más pobres. El gran cambio ha consistido en que se han estancado los ingresos de la clase media, mientras que se han disparado dramáticamente los ingresos porcentuales de los más ricos. Y como ha mostrado el economista David Card, la inmigración no puede explicar más que el 5% de este cambio.[33]

Cuando Noah buscaba otras explicaciones, encontró una serie de factores que muchos investigadores consideran que han contribuido más al aumento de la desigualdad. Entre ellos la competencia procedente de países con salarios bajos; la posición debilitada de los sindicatos; un número insuficiente de personas altamente calificadas frente a los cambios tecnológicos; una élite económica en exceso remunerada; y bancos demasiado grandes para dejar que se vayan a la quiebra. Mucho de esto está relacionado con el proceso llamado globalización. Pero también depende de una política interna mal dirigida.

Esto último es subrayado en un estudio que la investigadora en ciencias políticas, Janet C. Gornick, presentó en 2013. Mostraba que la desigualdad en Estados Unidos antes de impuestos no era mucho más alta que en países como Noruega o Suecia. No era sino después de la imposición tributaria y la redistribución estatal que las disparidades se hacían mayor. Gornick llegó a la conclusión de que el Estado tiene un papel central en la lucha contra la desigualdad de la sociedad.[34]

Sin embargo, en muchas partes del mundo de hoy, el que aboga por impuestos altos y un Estado de bienestar de corte socialdemócrata clásico a menudo recibe una respuesta fría del llamado *mercado*. A diferencia de la antigua Persia, donde el rey fácilmente podía controlar el flujo de capitales y obtener impuestos por medio del registro de aquellos que viajaban en caravanas por los caminos reales, en la actualidad a muchos gobiernos les resulta cada vez más difícil detener el capital. El Estado que hoy trate de limitar o gravar el movimiento del capital se arriesga a ver desaparecer su propia plataforma financiera.

Cuando la economía empeora es fácil que se le eche la culpa a otro tipo de movimiento; ese que todavía puede limitarse y castigarse relativamente sin riesgo. La circulación de migrantes.

EL ERUCTO VIENE REPETIDAS VECES. Primero no saca mucho, pues no han comido nada. Pero después viene liquido. Líquido rojo. Y ve que es sangre, que vomita... sangre.

—Oscar, ¡ayúdame! —resopla Norma entre retorcijones de estómago.

Oscar y Olvan tratan de decirle algo que la conforte, pero los dos están asustados por lo que ven y no saben qué deben hacer.

Es la cuarta noche y Julio ha ido a comprar comida y agua en una casa que han visto a lo lejos. Algunos del grupo dicen que creen que es la periferia de Tucson. Pero nadie está muy seguro.

Cuando los calambres han amainado, Norma se sienta en un árbol y mira sobre la planicie. No está segura de que vale la pena continuar. El estómago le quema. Pero a lo mejor puede aguantar un poco más. Julio ha dicho que ya casi se acaba la caminata.

Si los argumentos de seguridad y de lo económico están huecos, o al menos basados en fuertes exageraciones, volvamos a la tercera amenaza percibida por el ultranacionalismo: aquella contra la comunidad política. La idea del crisol cultural ha sido descrita como una de las claves del período de gran poderío de Estados Unidos. Pero en los últimos años, el péndulo ha comenzado a oscilar de nuevo hacia el *tribalismo* anglosajón, por tomar prestado la expresión de Arendt.

El que en el fondo exista un racismo hibernando no es una afirmación exagerada.

Basta con estudiar algunas citas del entonces presidente Donald Trump:

"...traen drogas, crimen y son violadores." [Dicho sobre inmigrantes mexicanos en su inicio de campaña el 16 de junio de 2015.[35]]

"Países de mierda." [Referencia a Haití, El Salvador y algunos países africanos (países de origen de grandes comunidades de migrantes en Estados Unidos). Pronunciado en una reunión con senadores sobre una reforma migratoria el 11 de enero de 2018.[36]]

"Vuelvan a sus países." [Expresión dicha a cuatro mujeres congresistas del Partido Demócrata. Todas son de color, pero solo una es nacida fuera del país. Publicado en su cuenta de Twitter, el 14 de julio de 2019.[37]]

Hay muchos ejemplos más. Seguramente recuerdan el comentario de Trump tras el ataque neonazi en Charlottesville en 2017 que causó la muerte de la manifestante de 32 años, Heather Heyer, y lesionó a otras 28 personas.

"Hay gente muy buena en ambos lados", dijo Trump.[38]

No hay duda de que un eje importante de la estrategia electoral de Trump era explotar al máximo las tensiones y recelos entre diferentes grupos y comunidades de Estados Unidos. Es obvio que esto conllevaba riesgos serios, tanto para la paz social como para la democracia y los derechos humanos.

Y la punta de lanza de esta estrategia era su discurso de odio contra el grupo más vulnerable: los inmigrantes indocumentados.

Pero quien en serio quiera entender la política estadounidense, no debe enfocarse solo en las ideas, sino que también debe seguir el dinero.

Más allá de la retórica ideológica, casi siempre hay intereses especiales con motivos económicos y estrategias de poder. Paradójicamente, parece que el mismo Partido Republicano se ha convertido en uno de estos intereses especiales.

—Es una cuestión política... en cuanto a la amnistía, eso realmente aumentaría el número de simpatizantes en sus registros electorales —respondía Jan Brewer en octubre de 2011, cuando le preguntaron por qué creía que Obama y el Partido Demócrata habían sacado el tema de una nueva amnistía para los indocumentados.[39]

Lo interesante con esta declaración es que revela indirectamente como ella y muchos de los Republicanos más radicales veían —y todavía ven— la cuestión. En el estado de Arizona se estaba dando un cambio demográfico dramático. En dos décadas, el sector de la población considerada "hispanic" (con origen familiar en América Latina) había aumentado del 28% a cerca del 50%, y los Republicanos empezaban a entender que su base electoral tradicional estaba en camino de erosionarse. Un desarrollo parecido, aunque no tan drástico, ocurría a nivel nacional.

En lugar de adecuarse a la nueva realidad demográfica, Brewer y el senador Russell Pearce trataron de encontrar la manera de excluir a los electores latinos. Para lograrlo, se aliaron con algunos lobbies conservadores y en cierto grado xenófobos del país, como la Federación para la Reforma de Inmigración Americana (FAIR, por sus siglas en inglés). Pero ¿qué otros intereses concretos, aparte de los del propio Partido Republicano, se escondían detrás de la ley Arizona?

¿Las iglesias evangélicas, tal vez? En la política de narcóticos, las iglesias evangélicas a menudo ejercen una enorme influencia a través de sus lobbies en Washington. Pero en cuanto al estatus legal de los migrantes, éstas —al igual que la Iglesia católica— estaban abiertas a una amnistía, puesto que beneficiaría a muchos de sus miembros.[40]

¿Los sindicatos? Desde un punto de vista histórico, los sindicatos habían tenido, por así decirlo, una posición ambivalente hacia la inmigración, en parte debido al miedo de una reducción salarial y de la vieja idea de la importación de esquiroles. Sin embargo, la gran organización sindical central AFL-CIO era muy crítica de la ley y la condenó como racista. Años más tarde la AFL-CIO ha tomado una posición crítica hacía Donald Trump, aunque también ha mostrado desconfianza frente al Partido Demócrata.

¿Y los empresarios? Seguro que había uno que otro ganadero que se identificaba con el asesinato de Krentz y de su familia. Pero alrededor del 70% de los casi 1.2 millones de trabajadores de la agricultura y ganadería de Estados Unidos eran migrantes indocumentados y la mayoría tenía un origen latinoamericano. El primer año tras la aprobación de la ley, alrededor de 100 000 de estos trabajadores abandonaron el estado. Y a pesar de que, a principios de la década de 2010, el desempleo era alto entre los estadounidenses blancos, resultó difícil que los ranchos encontraran nuevos trabajadores. Las quejas de los empresarios del campo se volvieron cada vez más fuertes.

La falta de mano de obra también afectó a Alabama, que en 2011 adoptó una legislación parecida a la de Arizona. Ahí se presentó en breve la propuesta de que los presos tenían que trabajar en los campos, como en los viejos tiempos de trabajo forzado. Pero las quejas del empresariado, junto con los recursos legales del gobierno federal, lograron frenar las partes más radicales de esta ley.

Esto nos lleva a la acaso única esfera de interés y poder que parece haber estado involucrada de verdad en la creación de la ley SB1070. Una industria que en los últimos veinte años se ha vuelto un factor de poder creciente en la política estadounidense e internacional, pero que con frecuencia opera en las penumbras sin un escrutinio público adecuado.

La industria carcelaria y de seguridad.

O lo que acaso es el nombre más apropiado: la industria de deportación.

QUINTO DÍA.

El sonido entrecortado de los helicópteros martilla en su cabeza. Alrededor irrumpe el pánico.

—¡Córranle! ¡Córranle! ¡Ahí viene *la migra*!

Norma corre lo más que puede detrás de los otros. Después de un rato, se esconden del estruendo en una barranca. Cuando los helicópteros han pasado, le dice a Julio:

—No aguanto más. Me duele el estómago. Aquí me quedo.

—Ándale. Solo quedan tres horas. Y ya he llamado para que nos recojan. Aguanta —le responde el traficante.

Temprano por la mañana, Norma vio que Julio utilizó un teléfono por primera vez desde que comenzaron la caminata. Así que lo que dice probablemente es verdad. Pero ahora a Norma le cuesta tomar agua. El diafragma le quema como fuego. Y empieza a marearse. Está asustada.

—*Burros*. Lo que faltaba.

Julio señala hacia el desierto.

Dos muchachos vienen corriendo con mochilas grandes en la espalda. Están empapados de sudor y agitados.

—¿Dónde está la calle 23? ¿Saben dónde queda la calle 23? —jadea uno de ellos.

Julio avanza unos pasos y señala hacia unos asentamientos que quedan a unos cien metros.

—Creo que es ahí.

—¡Gracias!

Julio mira preocupado las huellas que han dejado en la arena.

—¡Qué chingada suerte tenemos! ¿Sí saben que llevan en la espalda, verdad? Eso significa que la policía fronteriza no está lejos. Tenemos que irnos.

∽

—*Stop!* ¡Párense!

Las advertencias de las altavoces de una motocicleta 4X4 resuenan en el paraje. Dos horas han pasado desde que vieron a los narcotraficantes, y la policía ha conseguido dar con el grupo. Julio y los demás corren entre los arbustos. Pero Norma se deja caer en la arena.

«*Ya no aguanto*».

«*Ya es suficiente*».

Como en una niebla ve cómo Oscar y Olvan vienen caminando hacia ella. Ve cómo se sientan a su lado. Cómo la patrulla se acerca. Cómo ella se acuesta y parpadea viendo al cielo.

EN OCTUBRE DE 2010, el canal NPR de la radio pública de Estados Unidos revelaba que la industria de cárceles privadas había sido una gran fuerza propulsora detrás de la controvertida ley Arizona o "SB 1070".[41] Los reporteros de la NPR habían encontrado numerosos documentos que describían "una sigilosa contribución del lobby con la intención de ayudar a crear y pasar la ley". En los materiales había, entre otras cosas, información de una reunión en el hotel Grand Hyatt en Washington en diciembre de 2009, en donde Russell Pearce —el autonombrado arquitecto de la ley Arizona— se había reunido con varios representantes del lobby del American Legislative Exchange Council (ALEC) y había discutido en detalle el contenido de la ley, casi medio año antes de que tuvieran lugar las votaciones. En la reunión también había varios políticos de otros estados del país y altos representantes de diferentes empresas. Entre ellas, la Corrections Corporation of America (CCA), la empresa de cárceles más grande de Estados Unidos.

Tanto CCA como las otros dos gigantes en el ramo, Geo

Group y Management and Training Corp. desmintieron rápido que tuvieran algo que ver con la ley. Pero la investigación de NPR llevó a otras revelaciones.

Desde el 2005 a 2013, CCA y Geo Group duplicaron sus ingresos[42] con más de tres mil millones de dólares[43]. Y según una investigación que hizo la agencia de noticias AP, una suma considerable de las ganancias se canalizó para el cabildeo de grupos de presión, en concreto, al menos 45 millones de dólares. Esto es relevante, ya que es un sector que repite en sus comunicados que no tiene ninguna opinión sobre cómo debe ser la legislación migratoria.[44]

El auge de la industria de cárceles privadas empezó con la administración de George W. Bush, cuando la autoridad responsable ICE (*U.S. Immigration and Customs Enforcement*) recibió un fuerte incremento de fondos y comenzó a delegar muchas de las funciones a empresas privadas. La tendencia continuó durante el mandato de Barack Obama. Para muchas ciudades y estados de Estados Unidos, esta industria de deportación y de seguridad es un gran empleador. Diez mil personas han sido contratadas como custodios y vigilantes privados —y si se cuentan también a aquellas que producen cámaras de vigilancia, armas, aviones no tripulados, binoculares de visión nocturna y demás equipo, se multiplica la cifra.

De ahí que un tipo de relación simbiótica parece haber surgido entre las industrias de cárceles y de seguridad privadas y la legislación local en estados como Arizona. Tampoco se puede descartar que ambas partes encuentren ventajas en la captura y deportación de una base potencial de electores de la oposición.

Entre 2008 y 2013 fueron expulsadas de Estados Unidos entre 300 000 y 400 000 personas al año, al mismo

tiempo que leyes más severas hacían que los inmigrantes "ilegales" a menudo tuvieran que quedarse en la cárcel más
tiempo que antes. Había un timbre extra en la caja registra-
dora de las compañías de cárceles: en concreto, 166 dólares
por preso y por día.[45]

Durante el segundo mandato de Barack Obama tuvieron
lugar negociaciones en Washington sobre una reforma del
sistema migratorio de Estados Unidos. Pero aun con el
lenguaje solemne de que ya era hora de facilitar a los indocumentados una vía legal para obtener la ciudadanía, se aplazaron las decisiones concretas. En cambio, el Congreso
aprobó deprisa una nueva serie de inversiones en el rubro
"Securing the border".

A finales de su presidencia, Obama dio un giro radical en
su política carcelaria. En agosto de 2016, su gobierno
anunció que no firmaría nuevos contratos con la industria de
cárceles privadas, y que no se renovarían los que todavía
estaban vigentes. Esto llevó a una caída de más de 30% del
precio de las acciones de las principales empresas carcelarias,
GEO Group y CoreCivic.

Unos pocos meses después llegaba al poder Donald
Trump, quien desde los inicios de su campaña había recibido
importantes donaciones de este sector empresarial. Y un par
de semanas después de su investidura presidencial, el
entonces Procurador de la República, Jeff Sessions, revocaba
las disposiciones del gobierno de Obama.[46]

Lo que luego ocurrió no puede sino describirse como un
verdadero *jackpot*, un premio gordo para la industria carcelaria. En 2018, el gasto del gobierno federal en la detención y
encarcelamiento de migrantes llegó a 7.4 mil millones de
dólares, cifra que se puede comparar con los 5.3 mil millones, cuatro años antes. Durante este mismo período, Core-

Civic aumentó su tajada con 85 millones de dólares, y GEO Group con 121 millones de dólares, según el análisis de Bloomberg Government.[47]

Ante las elecciones de 2020, las empresas como GEO Group y CoreCivic de nuevo donaron importantes sumas a los aliados de Donald Trump en el Partido Republicano, así como a algunos Demócratas con posiciones duras en cuanto a la migración.[48]

Por su parte, el gobierno de Donald Trump intensificó la persecución de inmigrantes indocumentados. En 2019 anunció que quería incrementar la capacidad de detención de migrantes de 48 000 a 60 000 por día. Organizaciones de derechos humanos han denunciado las malas condiciones de salubridad en muchos de los centros, y la práctica sumamente controvertida de separación de padres e hijos.

En los dos primeros años de la administración de Trump murieron al menos 22 migrantes en los centros del ICE en Estados Unidos, según un recuento de NBC News. Varias de estas muertes ocurrieron en centros privados. Además, entre diciembre de 2018 y mayo de 2019 murieron cinco niños migrantes en diferentes centros de detención del país.[4950]

La reja se cierra y la guardia mete a Norma en una sección. En sus pies, unas simples sandalias de plástico. Sobre el cuerpo, un uniforme verde. Colgando del brazo, una chamarra ligera.

Ha recibido la introducción obligatoria. Uniforme amarillo: tráfico de drogas. Uniforme caqui: ladronas. Uniforme naranja: asesinas. Uniforme verde: ilegales.

—Cuídate y obedece las órdenes, así te va a ir bien.

Cuando saluda a algunas de las que están vestidas de verde, dos mujeres se sonríen burlonamente entre ellas y dicen:

—Pobre. Le tocó la rusa.

SÉPTIMA PIEZA DEL ROMPECABEZAS
LAS NUEVAS NACIONES

LAS MANOS *se sostienen temblorosas en el borde de la cubeta. El fondo negro es un remolino que lo jala profundo a la oscuridad. A su alrededor, la policía le grita:*

—¡Más vueltas, dale más vueltas!

Patadas y golpes dan en su espalda y muslos. Unos metros más lejos, su amigo gime hasta caer de rodillas. Solloza y vomita.

—¡A lo mejor ahora aprendes a no poner carteles sin permiso!

Abou sigue tambaleándose alrededor de su cubeta, vuelta tras vuelta con pies vacilantes. Las lámparas en el techo son soles diminutos que giran arriba de él, alrededor de él, abajo de él. Y la policía ríe... Ríe...

∿

DESPIERTA. El sol matinal se filtra por las cortinas y afuera de la ventana las calles de Accra parecen llenas de vida.

—*Mon frère* —murmura mientras se seca el sudor frío con la sábana— «*¿Dónde estás mi hermano? ¿Qué te han hecho?*» Ayer su mamá le contó por teléfono que lo había buscado por todas las estaciones de policía y campamentos militares posibles de Abiyán, sin ningún resultado. Es como si al hermano se lo hubiera tragado la tierra.

«*Disparu*» (*desaparecido*).

Abou se sienta en la cama. Rechina cuando se mueve. Los otros dos marfileños siguen durmiendo apaciblemente en sus camas. Está bien entrada la mañana, pero Abou los entiende, porque aquí no hay mucho que hacer mientras esperan seguir el viaje.

No es la primera vez que está en la capital de Ghana. Pero Accra ha cambiado desde la última vez, con rascacielos nuevos que se elevan hacia el cielo cada año. El dinero viene del petróleo y de las exportaciones de oro. Pero no a todos les llegan las riquezas. Se nota en especial en este hostal. Pedazos de color descarapelado penden sobre las paredes, y muchos de los cuartos se han convertido en salas de espera no oficiales, en donde ghaneses, personas de Costa de Marfil, Nigeria y otros países de África Occidental esperan impacientes poder volar a Europa. O a Estados Unidos. O tal vez a Australia.

Trasladarse aquí en carro desde Abiyán solo había tardado tres horas. Una vez ahí, Abou había llamado y acordado reunirse con la persona que sería su contacto durante el resto del viaje.

—¿A dónde quieres ir?

La mirada del hombre de mediana edad se percibía detrás de unas gafas de sol negras. Había llegado a tiempo a la cita en uno de los mercados grandes de la ciudad. Pero había algo en su forma de comportarse que lo delataba. No se podía equivocar: él era un *camorrasi,* como son llamados en *noushi* los miembros del crimen organizado.

—Prefiero ir a un país francófono. Francia, Bélgica o Suiza.

El otro había asentido y respondido en un francés vacilante y con acento anglo:

—*D'accord.* Entonces, tienes que esperar aquí uno o dos días. *Maximum for one week.*

No necesitaban decirse más. El precio ya estaba acordado. Y de todos modos, la información del viaje no se podía dar antes de que estuvieran listos todos los documentos y boletos. Así que el contrabandista llevó a Abou a este hotel, en el que ha esperado desde entonces.

Comparte cuarto con otros dos clientes del traficante. Uno de ellos ha huido del gran suburbio Abobo, a las afueras de Abiyán, donde se dio mucha de la violencia política de Costa de Marfil. Seguro podrían intercambiar algunas historias. Pero Abou se ha resuelto a no tomar ningún riesgo. Evita platicar. Mantiene el perfil bajo.

Para evitar los chirridos, se levanta con cuidado de la cama y se pone los jeans, la playera, los calcetines y los tenis. Unos segundos después sale al corredor y cierra la puerta detrás de sí sin hacer ruido. Los otros parecen no haberlo notado.

Con su bolsa deportiva colgada en el hombro, baja las escaleras a pasos rápidos. En la calle, los párpados se entrecierran por el fuerte brillo del sol. Se detiene y acomoda la bolsa –dejarla en el cuarto es impensable–. Se pone a caminar al mercado para almorzar.

≈

GHANA NO ES SOLO uno de los leones económicos de África de rápido crecimiento —lo que en la década de 2010 dependió en gran parte del boom de materias primas y de los nuevos hallazgos petroleros—, sino también un importante país de tránsito de productos más turbios, ilegales. Aquí las mafias mexicanas, colombianas y nigerianas transportan toneladas de cocaína y heroína que han sido producidas en Sudamérica y Asia central. Transita el contrabando de petróleo de Nigeria y de quinina y cigarros de Asia. A esto se suma el comercio clandestino y mundial de todo, desde piedras preciosas y armas hasta colmillos de elefantes y animales en peligro de extinción. Por no hablar del tráfico de personas que es quizá el mercado con mayor crecimiento en la actualidad.[1]

Un punto muy estratégico de este comercio ilegal es el Aeropuerto Internacional de Kotoka en Accra. Esto se puso de manifiesto en junio de 2013, cuando el jefe de seguridad del aeropuerto, Solomon Adelaquaye, fue detenido y acusado de tráfico de cocaína y heroína a gran escala. Con ayuda de contactos nigerianos y colombianos, Adelaquaye y su organización estaban planeando el transporte de hasta tres toneladas de cocaína en pequeños envíos aéreos, según la Agencia Antinarcóticos Estadounidense (DEA, por sus siglas en inglés).[2]

El gobierno de Ghana dejó de trabajar con la empresa de seguridad de Adelaquaye, Sohin. Pero pocos analistas independientes creen que hayan disminuido significativamente los flujos ilegales en el aeropuerto de Accra. Lo que mostró la operación estadounidense era que el tráfico de drogas en particular se estaba convirtiendo en un negocio más arriesgado en África Occidental. Según la UNODC, el flujo total de cocaína a través de África Occidental había disminuido algo los años siguientes (aunque había algunos indicios de un repunte en 2019). En cambio, se observó que muchos narcotraficantes locales se habían pasado al tráfico de personas, ya que era una actividad menos riesgosa, pero casi igual de lucrativa.[3]

En primera instancia, se trataba de contrabando con una gama de precios más elevados. Es decir, el que incluye vuelos, transbordos complejos y documentos falsos. Apenas sorprende que el costo sea más alto para este tipo de tráfico. Pero a pesar de eso, parece que el volumen ha incrementado a medida que otras rutas se han vuelto más difíciles de transitar.[4]

En la década de los noventa —cuando muchos países de Europa occidental endurecieron sus reglas de visado—, la ruta marítima hacia las costas del sur de España se convirtió en la ruta más importante para los migrantes de África Occidental. La corta distancia entre Marruecos y las costas españolas las hizo un destino lógico, aunque para nada libre de peligros. Sin embargo, inversiones multimillonarias en vigilancia satelital, contratos de cooperación, entre otros con los gobiernos de Marruecos y Mauritania, y amplias y nuevas facultades de la policía fronteriza europea (Frontex) para trabajar en las aguas marítimas del norte de África hicieron paulatinamente más difícil —por no decir casi imposible— cruzar el Mediterráneo con botes cerca del estrecho de Gibraltar.

Después, durante algunos años de la primera década del 2000, muchos de los traficantes de botes se trasladaron al sur de las costas de Senegal y Mauritania, desde donde miles de personas de África Occidental fueron transportadas clandestinamente a las vecinas Islas Canarias. Hasta que estas rutas marítimas también fueron cerradas por Frontex.

Por lo tanto los que querían llegar a Europa se vieron frecuentemente forzados a realizar la larga y peligrosa travesía por el desierto del Sahara. En esas rutas los migrantes pasan por territorios inhóspitos que son controlados por gobiernos autoritarios, bandas criminales y guerrillas islamistas. Cientos son atracados, violentados, encarcelados y torturados cada año y varios mueren de deshidratación o son asesinados —una realidad que entre otros el periodista Fabrizio Gatti ha descrito en su excelente libro de reportajes *Bilal: Viaggare, lavorare, morire da clandestini* (2007).[5]

De repente, se abren grietas en la valla de contención europea del Mediterráneo, como fue el caso en las aguas entre Turquía y Grecia en 2015, entre Libia e Italia en 2016 y 2017 o entre Marruecos y España en 2018 y 2019. Muchas veces acompañadas de tensas negociaciones entre gobiernos; con países de tránsito que exigen más recursos para hacer el trabajo preventivo y represivo que la Unión Europea no desea hacer.

Sin embargo, la mayor parte de las decenas de miles de personas que tratan de llegar a Europa por tierra y mar cada año no lo logra. Por eso apenas sorprende que los que pueden, busquen otras alternativas. Y la más común de ellas es de esperarse: volar.

También los traficantes prefieren traficar a las personas en avión con documentos falsos, ya que eso les da un margen de ganancias mayor y les facilita dirigir el flujo a distancia. Aparte de documentación falsa, se requiere efectivamente de un gran aparato logístico, con información actualizada sobre los riesgos en los distintos aeropuertos, instrucciones claras y pedagógicas para los viajeros, buenos contactos con organizaciones criminales en los países de recepción y, a veces, también uno que otro pago generoso a los empleados públicos corruptos. Pero el traficante que haya construido bien una organización semejante puede mantener un perfil bajo y dejar que el "producto", es decir, el migrante, se traslade solo.

El precio por este servicio varía considerablemente dependiendo de qué tan grande es la distancia que debe ser superada, la cantidad de transbordos que se requiere y la calidad de los documentos falsificados. En el caso de Abou, el traficante le ha cobrado 4 500 euros, lo que incluye tanto los documentos como los boletos del viaje, así como el traslado a la llegada. Puede parecer caro. Pero considerando la alternativa, la ruta del Sahara, cuyo viaje por el desierto en autobús o en carro puede tardar semanas, o a veces meses, y donde solo el viaje en bote por el Mediterráneo puede costarle al migrante entre 1 000 y 2 000 euros, no fue una decisión particularmente difícil.

La familia de Abou no es rica. Pero tampoco es pobre. Abou ha podido ir a la preparatoria. Y en un caso de urgencia como éste, su mamá puede tomar préstamos de amigos y conocidos. Especialmente, sus contactos entre los comerciantes de Costa de Marfil y Ghana han sido de gran valor esta vez. Por eso, el contrabando aéreo es una opción para Abou.

En su reporte anual de 2013, Frontex registraba que había indicios de que aumentaba este tipo sofisticado de contrabando de personas. En 2012, la cantidad de casos registrados de documentos falsos o manipulados que habían sido utilizados para llegar a Europa ascendió a más de 8 000; suma que Frontex describía como un incremento considerable. A la vez, se creía que en lo oscurito las cantidades eran mucho más grandes.[6]

Según Interpol (*The International Criminal Police Organization*), alrededor del mundo circulan decenas de millones de pasaportes robados o perdidos, muchos de los cuales caen en manos de los traficantes de personas.[7] Una gran parte de estos pasaportes son manipulados en fábricas clandestinas, donde un método tradicional común ha sido cambiar la fotografía por la del propio cliente. Sin embargo, este tipo de alteración se ha vuelto relativamente fácil de detectar en los modernos pasaportes, que a menudo tienen tanto imágenes holográficas como tintas ópticamente variables (OVI, por sus siglas en inglés). Así que en lugar de eso, hoy los pasaportes perdidos y robados van a parar con frecuencia a los catálogos de los traficantes de pasaportes *"look-alike"*. Con ayuda de tales pasaportes originales intactos, los contrabandistas pueden ofrecer al cliente previsto la posibilidad de viajar bajo el nombre de otra persona con un físico muy parecido. Un pasaporte *"look-alike"* cuesta entre 1 500 y 5 000 euros en el mercado negro global, dependiendo del lugar en el que se haya expedido el pasaporte.

El flujo masivo de nuevos documentos (lo que ocurre frecuentemente mediante el fraude organizado) contribuye a que a las autoridades se les dificulte mantener el mismo ritmo como el de los traficantes. Quien tiene suficiente dinero puede recurrir incluso a un experto para modificar la información biométrica en los chips RFID de los nuevos pasaportes. De esta forma, por algunos miles de euros extra, se pueden programar las propias huellas dactilares en el pasaporte.

Estos documentos falsos o manipulados no solamente se usan en viajes aéreos. Un migrante que viaja de África, Asia o Medio Oriente hacia un país del norte de Europa a veces tiene que combinar diferentes transportes como aviones, barcos, autobuses, carros. No es infrecuente que el viaje comience con un vuelo hacia algún aeropuerto "de fácil acceso" dentro de la Unión Europea (UE) —ahí donde los controles de pasaporte son considerados deficientes o que pueden ser evadidos con ayuda de sobornos— o hacia un Estado fronterizo, como Turquía, para después continuar desde ahí con otro medio de transporte.

En 2010, el ahora ex-jefe de Interpol Ronald Noble denominó este desarrollo como "la amenaza más grande que enfrenta el mundo hoy en día", y lanzó una base de datos para tratar de coordinar el registro de pasaportes de distintos países.[8]

DETENGÁMONOS AQUÍ y pensemos en lo que dijo Ronald Noble:

"La amenaza más grande que enfrenta el mundo hoy en día".

En un mundo que tiene que lidiar con el calentamiento global y un riesgo tangible de una carrera armamentista entre las grandes potencias como Estados Unidos, China y Rusia, una expresión así puede parecer un poco exagerada.

No es difícil entender por qué Interpol ve a los viajeros irregulares como un problema. A veces dificulta la captura de criminales y terroristas buscados internacionalmente. Además, los colegas del jefe de Interpol en Frontex afirman que la migración irregular puede "socavar el sistema de bienestar" y hacer que al Estado le sea difícil proteger a su "comunidad legítima".[9]

¿Pero la amenaza más grande contra *nuestro mundo*?

Posiblemente contra *el orden vigente.*

—¿PUEDES venir a mi cuarto un momento? El traficante no espera una respuesta, sino que se dirige hacia los elevadores. Abou, que justo viene llegando de almorzar, lo sigue obediente. En silencio suben juntos en el elevador y luego, con pasos sordos, siguen caminando a través del corredor hasta llegar a la puerta. Cuando se meten al cuarto, Abou ve de inmediato dos pasaportes que están tirados sobre la colcha.

—Échales una mirada. Escoge el que creas que es mejor —dice el otro y se quita las gafas de sol.

Abou se sienta en la cama tendida y hojea los dos documentos. Uno es de Costa de Marfil y tiene algún tipo de visa europea o permiso de residencia. El otro es un pasaporte francés. Este tiene el mismo color vino como todos los pasaportes de la Unión Europea.

Los dos parecen completamente originales. Es probable que los documentos hayan sido robados o comprados a los mismos dueños. Los rostros de las fotos se parecen mucho al de Abou. Aun así toma su tiempo para examinarlos. Después de todo, esto —junto con el boleto de avión— es por lo que su mamá paga.

Tras unos minutos, ha decidido.

—Me llevo éste —dice y levanta el pasaporte guinda de la UE.

—Bien. Pero acuérdate que con él no puedes volar directo a Francia. Últimamente hemos tenido problemas con las personas que van allá. Así que puede ser otro país de los que mencionaste. Si de todos modos quieres ir a Francia, la alternativa es volar a algún país vecino, y después seguir viajando desde ahí en tren o autobús. En los pases fronterizos no revisan los pasaportes con tanto cuidado como en los aeropuertos.

—Entiendo. Quiero ir a Francia, si se puede, porque tengo un tío que vive ahí.

—No hay problema. Lo arreglamos. Ahora siéntate y anota los datos más importantes. Si te preguntan cómo te llamas tienes que saber responder sin titubear y sin mirar el pasaporte. Así que memoriza el nombre completo y la fecha de nacimiento. Y aprende a hacer la firma como se ve en el pasaporte.

—Nombre completo, fecha de nacimiento y firma — repite Abou.

—La salida es mañana o pasado mañana. Así que mantente preparado.

Abou asiente con un murmullo mientras escribe los datos personales en una hoja y copia la firma con cuidado.

"Primero busca el reino político y todo lo demás vendrá por añadidura".

Estas palabras fueron pronunciadas en Londres a finales de 1940 por un joven emigrante de Ghana de nombre Kwame Nkrumah. En unos años se convertiría en el Primer Ministro de su país y en uno de los principales representantes del movimiento anticolonial de África. Todavía hoy muchos africanos ven a Nkrumah como un gran ejemplo; así fue nominado por los radio escuchas *millenials* de África en una votación que hizo la BBC. Pero en su trayectoria también hay una pista de por qué la nacionalidad se ha vuelto la categoría decisiva en el orden mundial para el control de movimiento.

Tras el fin de la Segunda Guerra Mundial, se volvió cada vez más difícil para Gran Bretaña, Francia y otras potencias europeas esconder lo moralmente insostenible del proyecto colonial moderno. Hannah Arendt fue una de tantos pensadores que señaló que el fanatismo espacial del ultranacionalismo e imperialismo había sido el hilo rojo que condujo a los horrores del fascismo y nazismo. La misma sobriedad llevó, además, a que se reconociera la Declaración de Derechos Humanos de las Naciones Unidas de 1948 que enfatizaba los derechos de los individuos en vez del de los Estados y las naciones.

A pesar de eso, en los cincuenta los derechos humanos eran un concepto relativamente periférico en el debate político– en la medida en que los había—. En su lugar, había tres proyectos políticos colectivos que competían por los sueños de las personas: el proyecto liberal republicano conducido por Estados Unidos con una economía de mercado capitalista e instituciones democráticas; el proyecto comunista mundial dirigido por la Unión Soviética; y el proyecto político anticolonial que comenzaba a echar raíces en el entonces llamado Tercer Mundo. Lo común entre ellos era que veían al Estado nación como la unidad política más importante.

Kwame Nkrumah había nacido en la colonia británica Costa de Oro en 1909, y había vivido y estudiado en Estados Unidos en los cuarenta. Cuando se mudó a Londres al final de la guerra, en seguida se volvió una figura destacada del movimiento anticolonial que ahí crecía. Nkrumah se inspiró en la lucha de independencia de la India, y se convenció de que la independencia de Costa de Oro de Gran Bretaña era una necesidad absoluta para el bienestar de la población negra. Cuando finalmente en 1957 el país se independizó —fue el primer país de África Occidental—, se le dio el nombre de Ghana y Nkrumah se volvió el Primer Ministro. Nkrumah era un fuerte partidario de la soberanía nacional, pero pronto resultó claro que no era tan fácil como se decía pasar de la colonia a la independencia del país en el mundo de los cincuenta. Cuando su gobierno trató de atraer capital para dejar de ser productor de materias primas, descubrió que el capital era mucho más rápido y libre que las personas, gracias al telégrafo, al teléfono y a la radio, pero también que sus dueños se habían aliado con los prósperos Estados nación del Norte, y en especial con Estados Unidos.

Al final de la guerra, el gobierno estadounidense había asumido el papel de garante del capitalismo mundial, lo que según muchos liberales había faltado durante los años veinte y treinta. El Plan Marshall solo era el primer paso, aunque simbólicamente importante, de esta estrategia. El Plan realizó el milagro en Europa y fortaleció los lazos a través del Atlántico. Pero algo semejante, un gran paquete de estímulos, nunca se hizo realidad en los nuevos Estados nación de África.

La Guerra Fría dificultó aún más la situación de los partidarios de la independencia de África. Estados Unidos y la Unión Soviética tomaban ahora el control militar de un territorio solo en casos excepcionales; sin embargo, las dos superpotencias utilizaban cada vez más préstamos y ayudas para presionar o atraer a los Estados a sus respectivas esferas de interés. Ocho años después de la independencia de Ghana, un frustrado Nkrumah escribía que el imperialismo parecía haber cambiado de uniforme militar por corbatas y trajes:

> [Los países ricos] dieron la independencia a sus anteriores súbditos y ofrecieron ayuda para su desarrollo. Pero detrás de tales frases, se esconden innumerables maneras para conseguir objetivos que antes se obtenían mediante el colonialismo descarnado. Es la suma total de estos intentos modernos de perpetuar el colonialismo, combinado con discursos de "libertad", lo que ha llegado a conocerse como *neocolonialismo*.[10]

Durante los cincuenta, también los servicios de inteligencia iban a tener un papel cada vez más importante en el juego de las superpotencias. Cuando el presidente iraní electo democráticamente, Mohammad Mosadeq, quiso nacionalizar el petróleo en 1953, la CIA lo detuvo para proteger los intereses británicos, o quizás eran los del capitalismo mundial. Al año siguiente, la CIA estuvo detrás de otro golpe de Estado en Guatemala, donde grandes empresas de frutas querían deshacerse del nuevo presidente de izquierda. Del otro lado del cinturón de acero, tanques soviéticos circulaban en Hungría en 1956 para reprimir una rebelión, y unos años más tarde se presionaba al régimen de Fidel Castro en Cuba para que eligiera la facción de Moscú en la Guerra Fría.

Los historiadores Sam Gindin y Leo Punitch lo han llamado "imperialismo informal".[11] Y fue como una clase de reacción en contra de esto que cada vez más activistas apoyaron el proyecto político anticolonial y las exigencias de respeto de los nuevos Estados nación.

Kwame Nkrumah era socialista y panafricano, pero en

primer lugar, nacionalista. Alimentaba el sueño de construir un Estado de bienestar en Ghana semejante al que se estaba construyendo en muchos países europeos. La visión se inspiraba en la escuela dominante dentro de la teoría de desarrollo internacional que sostenía que los países en desarrollo podían recuperar lo que habían perdido durante el siglo XX, siempre y cuando invirtieran suficiente y tuvieran acceso al capital de los países ricos.

Por lo tanto, Nkrumah tomó grandes préstamos tras la independencia en 1957. Su gobierno construyó carreteras y fábricas para el procesamiento de materias primas, planificó grandes proyectos de presas y construyó cientos de escuelas y hospitales. La consecuencia inmediata fue el aumento de los estándares de vida de muchos ghaneses pobres. Pero también una rápida urbanización cuando millones de personas se mudaron a las ciudades para evitar la pobreza extrema del campo.

Para responder a la creciente necesidad de la población urbana, se requería de un aparato estatal en funcionamiento y, obviamente, de más recursos. Sin embargo, las anteriores administraciones coloniales habían sido pequeñas, y las instituciones eran débiles y con frecuencia corruptas. Era grave la escasez de burócratas competentes. Pronto el flujo de créditos y la ayuda económica también se agotó. El componente socialista de la retórica de Kwame Nkrumah había provocado a Estados Unidos y a sus aliados. Para poder continuar con la construcción del Estado, se vio obligado a dirigirse a la Unión Soviética. Pero los precios inestables del cacao, el gran producto de exportación, la ineficacia de la administración, la inflación en aumento, la escasez de víveres en las tiendas y rumores de una extendida corrupción ocasionaron crecientes protestas. En 1964, Nkrumah prohibió todos los partidos de oposición y se autoproclamó "presidente vitalicio".

Dos años más tarde, el país fue sacudido por un golpe militar. Nkrumah estaba de visita de Estado en Vietnam cuando le llegaron las noticias. Inmediatamente culpó a la CIA de estar detrás del golpe (probablemente tenía razón, aunque los que se levantaron en armas fueron los oficiales descontentos del ejército). Junto con su familia, Nkrumah fue forzado a buscar asilo en Guyana, en donde vivió hasta su muerte en 1972. Todo mientras la Guerra Fría se volvía cada vez más caliente en África y crecía un sentimiento de desilusión entre los habitantes del continente.

—¿Solo equipaje de mano?

—Sí.

La mujer detrás del mostrador asiente y vuelve la mirada hacia la pantalla de la computadora. Unos segundos después pone el pasaporte junto con el boleto de embarque.

—Aquí ves tu número de puerta —señala en el boleto de embarque—. La puerta es hacía allá a la izquierda.

—Gracias.

Abou levanta su bolsa deportiva y trata de parecer tranquilo y relajado cuando se dirige hacia el control de seguridad. No sabe qué le espera porque nunca antes ha volado. Pero los traficantes han repasado con él las distintas etapas que tendrá que pasar para llegar al avión. Por suerte habla inglés y, por eso, puede entender las señales y la lengua del vigilante.

—Llaves, monedero y cinturón. ¿Trae alguna laptop?

—No.

El joven uniformado le hace una señal indolente.

—Pase, *sir*.

La bolsa deportiva es engullida en unos segundos por las cintas del escáner de rayos X.

JUNTO CON LAS estrategias estatales de desarrollo, en general fallidas, la Guerra Fría dio origen a una creciente frustración en muchos países de África. Guerras de guerrilla, guerras civiles y golpes de Estado se sucedieron durante los años sesenta y setenta, y en muchos países llegaron al poder militares a quienes no les importaban para nada los derechos de los habitantes. Al mismo tiempo, crecía la montaña de deuda que se volvía cada vez más difícil de pagar. Después de la crisis de petróleo parecía que toda la economía mundial iba en retroceso, e incluso los gobiernos de los países ricos batallaban con economías estancadas y una inflación creciente.

En el Sur se reflejó en programas de ajuste estructural del Fondo Monetario Internacional (FMI) y del Banco Mundial (BM), quienes desde los ochenta obligaron a los Estados pobres a recortes drásticos, desregulaciones y privatizaciones. Con frecuencia, el resultado era un crecimiento negativo y un aumento dramático de la pobreza. En este tiempo, también en Ghana la mayoría de las curvas mostraban una dirección equivocada. Más y más gente decidía votar con los pies.

La mejora en los vuelos aéreos y su abaratamiento hicieron posible volar a grandes distancias a muchas mas personas. Y no era difícil ver en dónde estaban las mejores perspectivas de futuro. El economista del Banco Mundial,

Branco Milanović, ha señalado como ya en 1960 el PIB de los países más ricos *per cápita* era diez veces mayor que el de los más pobres. Desde entonces, la brecha se ha incrementado dramáticamente. Actualmente, el PIB de los países más ricos es cincuenta veces más alto.[12] De acuerdo a Milanović, esto ha ocasionado que en la actualidad la posición de las personas en la distribución de los ingresos globales se determine hasta un 85% según el país en el que ésta ha nacido, y solo hasta el 15% según su clase económica.[13]

Teniendo en cuenta esto, no es nada extraño que la migración se haya vuelto una estrategia importante para mejorar los estándares de vida. En Europa occidental y en Estados Unidos ya no había posibilidades para los trabajadores invitados a finales de los setenta y a principios de los ochenta. Lo único que quedaba para aquellos que deseaban encontrar una vida mejor en Europa o Estados Unidos era buscar asilo.

Muchos cumplían también con los requerimientos formales para recibir asilo político, ya que por ser de la oposición se les perseguía, encarcelaba y torturaba en los países que estaban en camino de ser desgarrados por la Guerra Fría. A otros —los que solo trataban de escapar de la penuria material a la que eran sentenciados por haber nacido en el país y en una clase económica equivocada— se les negaba frecuentemente la estancia. Los que aun así se quedaban, fueron a parar a una categoría que apenas existía tras el fin de la Segunda Guerra Mundial: indocumentados.

El Muro de Berlín y el colapso de la Unión Soviética supusieron la disminución de los factores externos y desestabilizadores en África. En su lugar, creció otra fuerza interna desestabilizadora: movimientos ultranacionalistas y políticos que incitaban el odio contra las minorías. El genocidio en

Ruanda es solo el resultado más espantoso de este ultranacionalismo que todavía hoy predomina en muchos países (ver, por ejemplo, el capítulo 4 sobre Costa de Marfil).

Hasta ahora los políticos de Ghana han evitado ser arrastrados por esta ola ultranacionalista, y muchos analistas consideran esto como una causa importante que ha contribuido en los últimos años a grandes progresos, tanto políticos como económicos. Las grandes exportaciones de materias primas han dado como resultado el doble de la tasa de crecimiento, y el Banco Mundial ha clasificado al país como un país de ingreso medio bajo. En las ciudades se ha formado una pequeña pero creciente clase media.

Pero este nuevo "león económico" no está exento de problemas. La corrupción es extensa, el desempleo es alto todavía y la calidad en los sectores de servicios públicos es baja. Aquellos que tienen buena preparación y no encuentran trabajo optan frecuentemente por buscar suerte en el extranjero. Se trata especialmente de médicos y enfermeras que recién terminan sus estudios; lo que ha hecho que el gobierno responda con disposiciones legislativas.

Pero por otro lado, los envíos de los migrantes son una de las fuentes más importantes de capital extranjero de Ghana. Y no solo una parte de la clase media es la que mira hacia el norte. En un tercio de la población de Ghana, que todavía vive con menos de dos dólares al día, se siente a menudo como un paso grande llegar al centro comercial de la clase media o alta. Unos años de trabajo en Europa occidental o en Estados Unidos pueden parecer una alternativa mucho más realista para la movilidad social que quedarse en los barrios populares de Accra.

Por lo tanto, una parte opta por hacer el peligroso viaje por la ruta del Sahara. Otros que quieren evitar los peligros del desierto, pero no tienen suficiente dinero para un vuelo clandestino, escogen lo que podemos llamar "el último recurso": endeudarse con un traficante. En el mejor de los casos significa un plan de pago tradicional, como un préstamo de banco. Pero existe un riesgo importante de que esta clase de contrato lleve a una relación de dependencia destructiva, y en el peor de los casos, al llamado *trafficking* —trata de personas— o comercio de esclavos moderno. A diferencia del tráfico "común" de personas, éste se caracteriza por la estafa sistemática y la explotación de migrantes.

En África Occidental son sobre todo las mujeres jóvenes y pobres que quedan enganchadas en este comercio de esclavos transnacional. La mayor parte de ellas van a parar al comercio sexual. Una parte es engañada con promesas de matrículas de estudio o trabajos de *au-pair*. Otra parte ya está consiente desde el principio de que va a trabajar en la prostitución, pero pondera que vale la pena para evitar los peligros de los camiones en el Sahara. Sin embargo, pocas personas pueden imaginarse de antemano lo que les espera de la realidad extremamente violenta de la trata de personas en Europa y Estados Unidos.

Con bastante frecuencia, los traficantes en Europa "venden" a sus clientas más endeudadas a las "señoras" o patronas, padrotes u otros patrones cínicos. Una vez bajo el control violento de estas personas, las migrantes son forzadas a trabajar por deudas gigantescas. A menudo tardan años antes de que se les devuelva su libertad. UNODC estima que cada año, 5 700 mujeres vuelan con papeles falsos desde África Occidental para trabajar dentro del comercio sexual en la Unión Europea. En total equivale al 10% aproximado de todas las trabajadoras sexuales de la Unión.[14]

Es difícil para estas mujeres arrepentirse y huir. Se

quedan atrapadas contra su voluntad por medio de humilla-
ciones sistemáticas, violencia física y amenazas tanto falsas
como reales."La policía no te va a ayudar, solo te va a expulsar. Y después te vamos a estar esperando en tu país". [15]

Es difícil imaginar un ejemplo más flagrante de lo que
pueden conllevar las fronteras cerradas y el actual sistema de
visas.

«No llamar la atención».

«Quedarse en la cola».

En silencio, Abou se repite las instrucciones del traficante. Está parado por la puerta de embarque. El embarque
ha comenzado y la cola es larga y sinuosa. Avanza lento
porque un policía uniformado quiere inspeccionar todos los
pasaportes de los pasajeros. Un perro huele las maletas de
mano.

«No mires el pasaporte. Acuérdate de qué vas a decir».

La espera es lo más pesado que ha vivido desde que se
fue de su país.

Cuando es el turno de Abou, de repente todo va rápido.
El policía abre el pasaporte, mira la foto, dirige la mirada
hacia él y le devuelve el documento. Abou lo recibe y
continua.

Una vez que llega a la cabina, busca su lugar. Se sienta
con cuidado en el asiento y empuja la bolsa deportiva debajo
del asiento de enfrente. Pero le cuesta relajarse. No es hasta
que el embarque termina, las puertas se cierran y las azafatas
muestran cómo ponerse el cinturón, que empieza a creer que
todo va bien.

A la vez, crece otro miedo dentro de él. El avión se

desplaza lentamente hasta la pista de despegue. Gira la nariz, se detiene, y luego comienza a acelerar. Mientras el cuerpo del avión se sacude, Abou cierra los ojos y reza en silencio:

«*Dios es Grande. Dios, el Eterno, el Creador independiente del que todos dependen. No ha engendrado ni ha sido engendrado, y no hay nadie igual a Él*».

El avión despega.

OCTAVA PIEZA DEL ROMPECABEZAS

ASILO

"En las zonas noroccidentales de Pakistán, en las provincias de Baluchistán y Swat, y en grandes partes de la zona autónoma fronteriza hemos visto un retroceso completo de los derechos humanos", dijo Shetty [Salil Shetty, secretario general de Amnistía Internacional]. "Tanto la conducta de las tropas del gobierno como los ataques con drones estadounidenses se caracterizan por una falta total de transparencia e impunidad, lo cual se opone radicalmente a las normas internacionales de derechos humanos".[1]

EL SEMBRADÍO afuera del campamento de refugiados está en barbecho. En el suelo polvoriento, zapatos y sandalias se mueven rápido de aquí para allá. Se escucha el estrépito de un bate, y después estalla la alegría.

—Soy Shahid Afridi —grita el feliz tirador que parece meterse por completo en el papel del capitán de cricket pakistaní.

En uno de los largos costados del campo está parado

Jamal, siguiendo el juego de los niños. Recuerda cómo él mismo de niño solía soñar con volverse profesional de cricket. También recuerda cómo había admirado a los jugadores de críquet pakistaní, y cómo por mucho tiempo había albergado en secreto la esperanza de poder jugar en un campo de verdad. Cómo, de hecho, había jugado bien en los partidos amistosos de la escuela y más tarde en el campus universitario de Jalalabad. Y cómo todo esto se había vuelto insignificante desde hace unos meses, cuando había tenido que pensar en otras cosas más importantes.

Solo han pasado unos días desde que llegó a Kabul tras el regreso forzado desde Turquía. No se quedó en la capital afgana, sino que tomó inmediatamente un autobús hacia la frontera con Pakistán, y continuó hasta Haripur, donde el traficante le había dicho que se iban a encontrar. El *facilitador* fue el que pagó el boleto en Estambul, pero con la única condición de que Jamal tratara de llegar a Europa de nuevo. El seguro estaba incluido en el precio, ya que Jamal había pagado en anticipo 2 000 euros de los 4 500 que costaba el viaje.

—Esta vez va a salir bien, vas a ver —le había dicho el traficante el otro día, cuando se encontraron en una tienda de ropa en el centro de Haripur—. Pero tienes que esperar mientras hago los arreglos.

Jamal no tiene muchas ganas de esperar. Pero sabe que no tiene elección. Se da la vuelta y camina por los callejones estrechos y sinuosos. Ellos fueron su patio de juego y cancha durante sus primeros doce años de vida. La familia vivía en una de estas casas de adobe de un solo piso. Recuerda cómo solía gotear el techo cuando llovía. Cómo las gotas caían directo al piso de tierra y formaban pequeños charcos a lado de la chimenea. Cómo su mamá a veces ponía una olla para evitar que se inundaran.

En aquellos años, su padre había trabajado como enfermero en un hospital de la Cruz Roja en Peshawar, y cada semana había ido y venido en autobús. Jamal extrañaba a su papá y una vez había corrido en la carretera detrás del camión gritando "quédate, quédate" hasta que sus piernas no aguantaron más. Cuando en la noche su papá escuchó el relato, se quedó tan conmovido que le pidió permiso a su jefe para llevar a su hijo al hospital. Así fue como Jamal había podido encontrarse con afganos balaceados por ametralladoras que eran atendidos por los enfermeros de blanco de Peshawar —un recuerdo que hoy considera como una de sus primeras memorias.

La ocupación de la Unión Soviética terminó a principios de los noventa, pero le siguió una amarga guerra civil. Todos parecían pelear contra todos del otro lado de la frontera, en Afganistán. Ni siquiera cuando los talibanes tomaron el poder en la capital Kabul, disminuyó la violencia por completo. No fue sino hasta que Estados Unidos invadió el país y el régimen talibán cayó a finales de otoño de 2001 que parecía haber posibilidades para la paz. Entonces los papás de Jamal decidieron que era hora de dejar el campamento en Pakistán y regresar a casa.

En aquel entonces, Jamal tenía doce años. Todavía recuerda la confianza en el futuro que había en el aire cuando empacaban. Cómo sus padres habían hablado de aquella casa bonita en el pueblo y de todo lo que se necesitaba hacer ahí. Cómo unas semanas después ayudó a reparar las paredes de la casa, el techo y el piso. Cómo paulatinamente su familia se fue adaptando, y cómo él mismo también comenzó poco a poco a sentirse en casa en aquel país del que antes solo había oído hablar.

De 2002 a 2010 regresaron de Pakistán cerca de 4 millones de afganos. Una parte recibió apoyo de las Naciones Unidas, pero la mayoría lo hizo por iniciativa propia. Sin embargo, el flujo constante de personas que regresaba a casa menguó cuando se intensificó la guerra de guerrillas de los talibanes, y por consiguiente, casi dos millones tuvieron que quedarse todavía en Pakistán. Cerca de un millón no tiene permiso de residencia.

Jamal tiene aún en Haripur a sus abuelos, cuatro tíos y familiares. Muchos en la familia se han establecido aquí luego de 30 años de exilio. Y es una suerte para Jamal, ya que le dan comida y alojamiento mientras espera poder reanudar el viaje. Pero le cuesta sentirse seguro. Sabe que los partidos políticos cercanos a los talibanes han tomado mucho control de la política local en la parte noreste de Pakistán y puede haber espías por todas partes.

No, tiene que llegar a Europa, se persuade. Quizás a Suecia, Noruega o Bélgica. Deben ser buenos países. Eso es lo que le han dicho algunos conocidos. Conocidos que allá tienen parientes que han recibido asilo.

ASILO.

Pocas palabras están tan cargadas políticamente como la palabra asilo. Proviene de la palabra griega *asylos* y significa "vulnerable, protegido contra represalias o injerencias". Originalmente aludía a la santidad de los templos y a la idea de que la ira de los dioses podía despertarse si la profanaban. En la antigua Grecia era común que presuntos delincuentes buscaran protección en los templos para evitar ser víctimas de una venganza. Con el tiempo, este principio también se convirtió en ley. Las ciudades-Estado disociaron el asilo de la esfera religiosa y ofrecieron a asesinos y otros delincuentes el derecho de protección dentro de las propias murallas de la ciudad. Pero quien hubiera cometido un delito político como el de alta traición o el de incitación a la rebelión, solo podía contar con protección si él o ella había sido expulsado de su ciudad. De lo contrario, existía un enorme riesgo de ser extraditado.[2]

Un sistema parecido, las llamadas *ciudades refugio*, se desarrolló en las antiguas Israel y Judá, y con el tiempo tuvo un importante papel en el sistema legal judío. Un individuo que ahí fuera acusado de asesinato podía huir a dichas ciudades para evitar represalias, por lo menos hasta que se hubiera hecho una investigación y se pudiera realizar un juicio. De este modo, se le daban garantías al sospechoso para un juicio imparcial a la vez que la familia de la víctima lo mantenía cerca. Existía también una clase de principio de separación de poderes inherente al sistema: estas ciudades libres eran más o menos independientes unas de las otras, y eran las autoridades religiosas, y no las políticas, las que daban el asilo.[3]

Sin embargo, durante el Imperio romano, el asilo como institución se debilitó, pues se le consideraba incompatible con el derecho romano. Los gobernantes romanos reclamaron el control legítimo de la circulación de personas sobre todo su vasto imperio, lo que hizo difícil mantener esta forma de soberanía territorial fragmentada en la que se basaba el sistema de asilo de la antigua Grecia y de los judíos. Sin duda, los sacerdotes cristianos, rabinos y otras autoridades religiosas continuaron ofreciendo protección a los esclavos prófugos y criminales en sus santuarios, pero las autoridades no la respetaban siempre.[4]

No fue sino hasta la Caída del Imperio romano que en Europa el asilo recuperó su significado central, tanto teórico como práctico. Ciudades independientes en la actual Alemania ofrecieron asilo a delincuentes prófugos. Pero era ahora sobre todo dentro de la poderosa Iglesia cristiana que se institucionalizaba la protección contra el destierro y la persecución. Tanto a hombres como a mujeres se les daba la posibilidad de ir a los monasterios para escapar de castigos y venganzas. El asilo también adquirió con el tiempo una creciente dimensión política, ya que nobles fugitivos, y en ocasiones, mujeres de la nobleza, buscaron refugio en el dominio religioso.

A medida que se fortalecían los Estados nacionales europeos en el siglo XVII, el asilo iba a tratar más de protección contra persecuciones políticas y religiosas que de evitar venganzas. La palabra francesa *refugieé*, refugiado, fue acuñada en la guerra de los Treinta Años, cuando Holanda, Gran Bretaña y otros países abrieron sus puertas a creyentes desterrados. Estos refugiados católicos y protestantes eran vistos frecuentemente como aliados políticos; en una época en que las ideas sobre la identidad nacional eran débiles todavía y estaban subordinadas a lo religioso. Al mismo tiempo, se volvía mas difícil para los criminales huir al extranjero: a mediados del siglo XVII se instituyeron embajadas en muchas ciudades europeas y se acordaron pactos de extradición.[5]

De haber causado, en primera instancia, un flujo de refugiados —como cuando la Casa Real de España expulsó a cientos de miles de judíos alrededor del siglo XVI—, los Estados de Europa occidental, esta vez, iban a ser receptores de cada vez más refugiados. Este cambio no puede entenderse sin tener en cuenta los esfuerzos de las Casas Reales de mantener sus territorios unidos, implantar el monopolio legítimo de la violencia y, sobre todo, controlar la circulación de personas y de capital sobre el territorio (ver capítulo 5).

Pero pronto también los refugiados y otros migrantes llegarían a ser vistos como *extraños*; una percepción basada en una idea doble y ambivalente. El extraño era para el Estado nacional tanto un posible aliado como un potencial riesgo de seguridad. Durante los años de la revolución en Francia llegaría a acentuarse este último aspecto, cuando los jacobinos de Robespierre quisieron trazar líneas claras —por no decir, fronteras— entre amigos y enemigos. Al extraño, al migrante, al no-ciudadano, al refugiado, se le consideraba poco fiable, como un enemigo potencial. Los nacionalistas dudaban de la *lealtad nacional* de los extraños. Y la mera sospecha hacia un ser ambivalente y ambiguo (es decir, un ser humano) podía ser suficiente en aquel entonces para ser juzgado y ejecutado. Como Maximiliano Robespierre lo expresó en su discurso al Congreso en febrero de 1794:

Solo se debe protección social a los ciudadanos pacíficos. Y en la República solo los republicanos son ciudadanos. Y los realistas, los conspiradores, no son para ella más que extranjeros, o más bien, enemigos.[6]

—¡MÉTETE! —le grita el guardia y lo empuja a la celda.

Jamal se sienta con la espalda contra la pared. Unos cuarenta hombres están sentados acurrucados en un cuarto de diez metros por diez de grande. Está muy sucio. El aire está mal. El calor sofoca. Un poco de la luz del sol desciende a través de un orificio enrejado en el techo. En una de las esquinas Jamal cree ver un hoyo en el piso, lo que probablemente es una letrina. Muchas de las caras le son conocidas. Jamal las recuerda del autobús en el que los subió el traficante. Los detuvieron en un retén en las cercanías de Karachi, y el conductor tuvo que bajarse para hablar con los policías. Tal vez algo de dinero había cambiado de dueño. No había nada extraño en eso. Al contrario, es para arreglar asuntos como éstos que uno paga a los traficantes. Pero algo había ido mal esta vez. El policía se había subido al autobús y les había gritado que se bajaran.

—Nos filmaron. Tenían un equipo de televisión y tuvimos que desfilar frente a sus cámaras —dice uno de los afganos en la celda.

Jamal no recuerda ningún periodista ni cámaras. Pero había tanto caos durante el arresto que es muy posible que no los vio. Sí sabe que a veces los migrantes indocumentados aparecen en la televisión cuando el gobierno, por alguna razón, quiere dar la impresión de que efectivamente está haciendo algo contra el tráfico de personas. También el juez se había visto duro y casi teatral cuando, unas horas más tarde, los llevaron ante él.

Por supuesto, si Jamal hubiera podido alzar su voz, hubiera dicho que había nacido aquí en Pakistán, que vivió aquí los primeros doce años de su vida y que todo lo que quiere es pasar por el país para llegar a Europa, ya que está huyendo porque en Afganistán lo persiguen. Pero sabe que hubiera sido inútil y probablemente contraproducente.

Pakistán no ha firmado la Convención sobre el Estatuto de los Refugiados de la ONU de 1951, y Jamal no es ciudadano pakistaní. Los refugiados afganos y sus hijos no pueden volverse ciudadanos del país, salvo que se casen con un o una pakistaní. A lo sumo, reciben una simple tarjeta de identidad que tiene que renovarse a intervalos regulares. Los afganos no pueden ni siquiera abrir una cuenta de banco o tener una licencia de conducir. Además, en los últimos años las autoridades han presionado más a los refugiados para que se regresen. Se habla de medios coercitivos. En 2015 y 2016, policías y militares pakistaníes forzaron a decenas de miles de personas a regresar a Afganistán. Tras presiones de la ONU, los permisos de residencia de otros afganos fueron prolongados. Pero nadie sabe qué pasará cuando esta prórroga termine.

Jamal decidió quedarse callado y mirar hacia el piso mientras el juez los increpaba. Después los llevaron a la cárcel. Cuando llegaron, los obligaron a dejar sus pertenencias. Así que metió algunas de sus rupias en una botella de shampoo y escondió el resto del dinero en una grieta en el umbral de la puerta. Pero no tiene muchas esperanzas de verlos de nuevo.

Ninguna paradoja de la política contemporánea se halla penetrada de tan punzante ironía como la discrepancia entre los esfuerzos de idealistas bien intencionados que insistieron tenazmente en considerar como «inalienables» aquellos derechos humanos que eran disfrutados solamente por los ciudadanos de los países más prósperos y civilizados y la situación de quienes carecían de tales derechos.[7]

Esta era la crítica mordaz de Hannah Arendt en *Los orígenes del totalitarismo* en 1951. Tres años antes, la Declaración de los Derechos Humanos de la ONU había establecido que "en caso de persecución, toda persona tiene derecho a buscar asilo, y a disfrutar de él, en cualquier país".[8] Pero esta declaración grandilocuente —que en parte puede ser vista por lo menos como una reacción a las atrocidades que tuvieron lugar durante la Segunda Guerra Mundial— no correspondía a ningún plan concreto. En muchos aspectos, también se aplicaba a la Convención del Estatuto de los Refugiados de la ONU de 1951 que fue concebida para concretar la responsabilidad de los Estados frente al refugiado. En ella se lee que un refugiado es aquella persona que:

> debido a fundados temores de ser perseguida por motivos de raza, religión, nacionalidad, pertenencia a determinado grupo social u opiniones políticas, se encuentra fuera del país de su nacionalidad y no pueda o, a causa de dichos temores, no quiera acogerse a la protección de tal país; o que, careciendo de nacionalidad y hallándose, a consecuencia de tales acontecimientos, fuera del país donde antes tuviera su residencia habitual, no pueda o, a causa de dichos temores, no quiera regresar a él.[9]

Pero la Convención de los Refugiados se refería únicamente a las personas que se encontraban en Europa. (Por lo tanto, los muchos millones que se vieron obligados a huir, por ejemplo, cuando Pakistán se separó de la India, no contaban cabalmente como refugiados). Además, se estableció un plazo hasta 1951: solo quienes habían sido forzados a huir antes de este año podían ser considerados formalmente por la ONU como refugiados.

Por eso, durante los cincuenta y los sesenta, el que había nacido y crecido en una parte pobre del mundo y soñado con poder vivir una vida digna, pocas veces contemplaba otra alternativa que la de quedarse y tratar de tomar el control político del Estado nacional. Esto debe entenderse a la luz de las luchas anticoloniales por la soberanía nacional. Pero la visión de la independencia nacional de ningún modo era fácil de realizar. Con los años, muchos golpes de estado de la Guerra Fría y guerras civiles resultaron en un mayor escepticismo hacia la idea del Estado como trampolín para el movimiento de liberación (ver capítulo 7).

El sufrimiento al que la gente se vio expuesta en nombre de la gran política hizo que, a principios de los sesenta, un grupito de activistas creara la organización *Amnistía Internacional*. Consideraban que *todos* los Estados del mundo tenían que acatar las convenciones de derechos humanos. A raíz del exitoso movimiento civil en Estados Unidos y de la lucha cada vez más implacable contra el *apartheid* en Sudáfrica, el enfoque de Amnistía de los derechos humanos como universales, más que nacionales, tuvo impacto en la opinión internacional.

En 1967 se aprobó un protocolo suplementario en la Convención del Estatuto de los Refugiados de la ONU en el que se suprimían las limitaciones anteriores; entonces, todos los refugiados de pronto adquirieron formalmente los mismos derechos, independientemente del país de nacimiento, lugar de residencia o fecha de huida. Entre otras cosas, se estableció que los refugiados no podían ser expulsados a un país en el que su vida peligrara.

A esto les siguieron la Convención sobre la eliminación de todas las formas de discriminación contra la mujer (1979), la Convención contra la tortura y otros tratos o penas crueles

(1984), y la Convención sobre los Derechos del Niño (1989). Paulatinamente, los Estados liberales empezaron a considerar como una obligación moral el respeto de los derechos humanos y el otorgamiento de asilo a los refugiados, sin considerar su nacionalidad o su orientación ideológica.

A la vez, parecía que el mundo estaba listo para una reconsideración, o por lo menos, una flexibilización del principio de soberanía nacional, no solo como consecuencia de un amplio desencanto con el proceso de descolonización, sino también por la disminución de la influencia ideológica de las dos superpotencias. En Estados Unidos, el asesinato de John F. Kennedy, la guerra de Vietnam y el escándalo del *Watergate* habían dejado una cicatriz profunda, y en la Unión Soviética se difundieron los asesinatos en masa del estalinismo. Los movimientos de liberación nacional en el Tercer Mundo continuaron su lucha, pero pocos creían todavía que solo con el poder del Estado podían resolverse todos los problemas.[10]

Veinte años antes, Hannah Arendt había escrito que "la dignidad humana precisa de una nueva salvaguardia que solo puede ser hallada en un nuevo principio político, en una nueva ley en la Tierra, cuya validez debe alcanzar esta vez a toda la Humanidad".[11] De este modo, al enfocar los derechos humanos como un problema político y no únicamente como uno legal o filosófico, Arendt había sembrado una semilla para el movimiento de los derechos humanos de finales del siglo XX.[12]

Arendt era socia temprana de Amnistía. Pero murió en 1975 y por eso nunca pudo ver el gran movimiento de base que creció rápido y que se conformó después de que la organización recibiera el Nobel de la Paz en 1977. Durante los ochenta y los noventa, ésta y otras organizaciones presionarían a los gobiernos de todo el mundo. También en países ricos se formaron nuevas organizaciones, como SOS *Racisme*, creada en Francia en 1984 y su campaña antirracista *Touche pas à mon pote*, con una mano blanca como símbolo. Los derechos humanos iban a convertirse en el nuevo marco (o paradigma) con el que se llevarían a cabo muchos de los debates políticos —les gustara o no a las élites políticas.

Durante este período, creció significativamente la cantidad de refugiados y migrantes en el mundo. En 1910 vivían 33 millones de personas fuera de su país de nacimiento. En el año 2000, la cifra había ascendido a 175 millones. Mientras que la población mundial se había triplicado, la cantidad de migrantes había aumentado hasta seis veces. Solo entre 1965 y 2000, 75 millones de personas se establecieron en otro país que no era el suyo.[13]

Los nuevos movimientos sociales emergentes se beneficiaron de los encuentros subsecuentes a raíz de los flujos migratorios, y compartieron el respeto por la democracia y los derechos humanos universales. Se debatió intensamente qué aspecto exacto tendría esta democracia o qué derechos humanos eran más importantes, si deberían añadirse otros derechos o suprimirse algunos. Sin embargo, un debate así estaba plenamente conforme con la visión arendtiana de derechos. Porque a diferencia de las reflexiones de muchos pensadores, Arendt nunca consideró los derechos como "naturales", sino que éstos se crean y recrean en procesos políticos constantes. Para citar la interpretación de Judith Butler:

Los derechos humanos no pertenecen a los individuos, según Arendt, sino que se producen en conjunto a través de su ejercicio.[14]

El marco de los derechos dio impulso a un amplio espectro de movimientos. Desde los que se enfocaban en las desigualdades económicas mundiales hasta los que estaban en contra de la discriminación por el color de piel, sexo o preferencias sexuales. En cada vez mayor grado se obligaba también a que los viejos conflictos políticos se dirimieran de acuerdo con esta palestra de derechos (a veces incluso cuando los derechos privados se ponían en cuestión o se defendían). Los partidos políticos y organizaciones privadas de izquierda a derecha del espectro político aceptaron gradualmente trabajar conforme al marco de los derechos humanos. Al igual que el filósofo francés Jacques Rancière, creo que el fundamento de la política democrática que se estaba configurando era:

la suposición de que todos somos iguales, y el intento de verificar esta suposición.[15]

El movimiento de los derechos humanos se rehusaba a poner por encima de los derechos individuales a las iglesias, clases trabajadoras, dueños del capital o cualquier otra organización o intereses de grupo. Sus activistas sostenían que era mejor vivir en un mundo donde las personas fueran iguales políticamente que en uno en donde la desigualdad fuera la norma. Por eso pensaban que los derechos humanos tenían que ser defendidos en todas partes —sin considerar las consecuencias para la soberanía de los Estados.

Naturalmente, la declaración encontró oposición. Tanto

de los Estados como de los poderosos intereses privados y religiosos. Desde la izquierda se tachaba a los derechos humanos de ser un engaño liberal, destinados a legitimar el imperialismo de Estados Unidos y de otras potencias occidentales —una critica que a veces ha estado justificada cuando ésta se ha enfocado en cómo ciertos gobiernos han utilizado el concepto por cuenta propia.

Pero sería un error descartar la idea de los derechos humanos solo por esta razón. Porque como Arendt lo hubiera dicho: la historia está abierta y se crea a partir de nuestras palabras y acciones. Y si aceptamos la idea de Tzvetan Todorov de que la práctica racista puede conducir al desarrollo de una teoría racista, entonces, una práctica antirracista y ávida de igualdad también debería conducir a una teoría antirracista y ávida de igualdad. Quizá es así como deberíamos ver el debate de los derechos humanos: como la búsqueda de una teoría cosmopolita, inspirada en la lucha de activistas por la igualdad universal.

PEDACITOS de berenjena flotan en la sopa aguada dentro de la botella de leche. Jamal los traga en rápidos sorbos. Cuando termina, se seca la boca con el dorso de la mano y pone la botella enfrente. El estómago se siente un poquito menos vacío que antes. Se come un pedazo de pan, pero decide guardar el resto. Porque sabe que el hambre pronto volverá.

Mientras sus compañeros de celda están muy concentrados en comer, las cucarachas se deslizan de un lado al otro por el piso. Jamal tiene la espalda y las piernas rojas de rascarse por las picaduras de piojos, hormigas y otros insectos. En toda la semana no ha podido bañarse o cambiarse de ropa. A veces, cuando tiene oportunidad, se lava la cara en el grifo. Es todo. ¿Cuánto tiempo van a tener que quedarse así? El juez dijo 40 días, pero de eso no pueden fiarse ni Jamal ni los otros afganos en la celda. En el techo, los focos fluorescentes están encendidos día y noche. Cuesta dormir. Pero, sin duda, lo peor de todo es el hambre. Hambre que duele y agota. La sopa y el pan no bastan para nada para calmarla. Ya lo sabe.

LA FILÓSOFA SEYLA BENHABIB ha constatado que un régimen de derechos humanos surgió durante la última parte del siglo XX. En el libro *Dignity in adversity* (2011) escribe que este régimen se tendió como una red sobre el Estado y lo encadenó como "Gulliver en el país de Lilliput". Con esta red se refiere tanto a las convenciones de la ONU y otros acuerdos legales que un Estado tiene que respetar actualmente, como a las limitaciones que resultan de la obligación de tener en cuenta a una creciente sociedad civil mundial.[16]

Esta sociedad civil puede parecer diferente según el país o la región, pero se comunica con ayuda del internet y construye constelaciones transnacionales y redes de trabajo de activistas y expertos con el objetivo de influir en: a) la opinión pública, b) los gobiernos de sus respectivos países, y c) las organizaciones de cooperación regional y los órganos supraestatales de la ONU. Durante los noventa, según Benhabib, la sociedad civil no solo contribuyó a que los derechos humanos se convirtieran en una referencia importante como apoyo en la creación de instituciones en regiones pobres del mundo, sino también en la demanda de reformas de organismos supraestatales como el Fondo Monetario

Internacional, el Banco Mundial y la Organización Mundial de Comercio (OMC).

Las manifestaciones en Seattle (1999), Gotemburgo y Génova (2001), por ejemplo, fueron etiquetadas como "anti-globalifóbicas" o "críticas de la globalización", pero no eran ninguna reacción nacionalista. Al contrario, se trataba de una crítica al sistema político y financiero supraestatal, el cual, consideraban los activistas, había desmantelado a los países pobres y a sus habitantes. Además, una parte de los manifestantes alimentaba ideas sobre formas de gobierno justo y global. Otra cosa es que después el debate sobre el uso o no de la violencia como método fuera a parar en primer plano.

Sin embargo, a la par de estas protestas crecía otra reacción —y ésta sí de verdad nacionalista— contra la globalización. En país tras país se formaban partidos ultranacionalistas que obtenían escaños en los parlamentos. El mínimo común denominador de los nacionalistas no era la creencia en la dignidad de todos los seres humanos, sino la convicción de que la propia nación tenía un derecho fundamental a la *desigualdad*. Se proponían *consolidar, conservar y rehabilitar la peculiaridad propia de la nación*, lo que se ajustaba con el reclamo del *poder político sobre un territorio*. Es decir, la clásica búsqueda del nacionalista de un Estado nacional armonioso.

Nuevamente, la figura del extraño tomaba forma en la política. Como en los tiempos de Robespierre, el *extraño* abarcaba, a grandes rasgos, a todo aquel cuya lealtad a la nación pudiera provocar sospechas de una u otra manera. Se trataba de migrantes (que en la propaganda ultranacionalista se equiparaba frecuentemente con los musulmanes fundamentalistas o judíos usureros), de feministas y activistas gay (a quienes se les acusaba de haber minado la moral social de la nación) y de los cosmopolitas y activistas de derechos humanos (que en su anhelo por la igualdad universal eran considerados traidores a su nación).

Todavía en el cambio de milenio estos grupos ultranacionalistas eran relativamente marginales en Europa occidental y Estados Unidos. Recurrían a los argumentos nacionalistas de costumbre (ver capítulo 6). Pero les costaba atraer la atención de una mayor parte de la población. El recuerdo de los horrores de la Segunda Guerra Mundial aún estaba presente, y el ultranacionalismo y el fascismo eran vistos como despojos execrables de la primera mitad del siglo XX. Pero esto comenzaría a cambiar en el momento en que dos aviones chocaron contra el World Trade Center en Nueva York.

LA ESCOBA barre alrededor del asiento de la oficina, debajo del escritorio y por el bote de basura. Ningún centímetro del piso queda intacto. El preso al que han ordenado limpiar las oficinas parece tomar en serio la tarea. El guardia sigue el trabajo con una expresión de fastidio. Luego de un rato se va a hacer otra cosa.

Entonces, la escoba se queda erguida. Una mano se estira sobre el escritorio. La bocina del teléfono se alza. Unos dedos impacientes marcan un número memorizado desde hace mucho.

—*Salaam alaikum.*

—Salaam... Soy Jamal. Estoy en la cárcel. No puedo hablar mucho, nos detuvieron en las afueras de Karachi y después nos trajeron aquí.

—Entiendo. ¡Qué bueno que llamas! Pensaba qué es lo que te había pasado. ¿Hablo con tus papás?.

Por un momento se hace un silencio.

—Si preguntan cómo estoy, diles que todo está bien. Pero no les des ningún detalle.

—Está bien. ¿Cuándo sales?

—En un mes. Espero.

Se escuchan pasos afuera en el corredor.

—Tengo que colgar ya.

—Entonces así quedamos. Llama cuando salgas.

Cuando el guardia atraviesa la puerta, el preso afgano está en el escritorio y con la escoba sigue barriendo de aquí para allá. Polvo y grava se acumulan en un montoncito en medio del piso.

"Cada nación en cada región tiene que tomar una decisión ahora. O está con nosotros o está con los terroristas".[17]

Es bien sabido lo que sucedió después de que George W. Bush expresara estas frases en su discurso al Congreso el 20 de septiembre de 2001.

Afganistán fue invadida.

Después Irak.

La CIA tuvo luz verde para trasladar presos por todo el mundo y sacar información por los medios y lugares que fueran necesarios.

El estatus extraterritorial de la base de Guantánamo — un territorio extranjero sin ley controlado por Estados Unidos, pero fuera de sus fronteras— se volvió un símbolo de la visión global de la administración Bush.

Cuando en 2008 Barak Obama llegó al poder, prometió

cerrar la cárcel de Guantánamo, terminar con la tortura y convertir de nuevo a Estados Unidos en un garante de la cooperación internacional y de un marco regulador global. Parecía un cambio significativo. Solo por esta promesa, Obama recibió el Premio Nobel de la Paz.

Pero mientras se escribe esto, todavía hay al menos 39 personas encerradas en Guantánamo. Tal vez los centros de tortura estadounidense han disminuido en cantidad — aunque es muy difícil saber— pero ahora tenemos también escuchas digitales globales. Y en lugar de invasiones militares a gran escala, los cielos de las regiones en conflicto se han llenado de drones que expanden la muerte y la destrucción.[18]

Mucho indica que en realidad la visión extraterritorial de Estados Unidos se ha mantenido estable con las administraciones recientes. La sensación de continuidad solo se acentuó una vez que se supo como el ex empleado de la NSA (National Security Agency) Edward Snowden fue perseguido por medio mundo y obligado a esconderse en un viaje de tránsito en Moscú. El que le hayan retirado el pasaporte a este informante es un crudo recordatorio de lo importante que es la pertenencia nacional para el derecho a la libre circulación —y para casi todas las libertades y derechos—. Esto no cambió con Donald Trump en el poder. Falta ver si cambia con Joe Biden.

Por supuesto, los gobiernos de Rusia, China y otras potencias se han dado cuenta de estas señales. Ahí también se está intentando atar el capital, establecer nuevos sistemas de vigilancia, armarse militarmente, restringir el anonimato en la red y el derecho a la libre circulación. Las intervenciones militares rusas en Georgia y Ucrania son algunos ejemplos del riesgo que conlleva esta lógica nacionalista. Las máquinas de guerra que siempre han sido los Estados parecen querer de nuevo anteponer su propio derecho al de las personas individuales, y esta vez sin considerar en dónde se encuentren.

Los garabatos en las paredes hablan por sí solos. Jamal pasa la mano cuidadosamente sobre los nombres de Mohammad, Gulham, Ehsan... Sabían que no serían los últimos en estar ahí. Así que dejaron un saludo mediante su nombre. Como si quisieran decir: Somos humanos. Tenemos nombre.

Jamal desliza la pluma que le han prestado. Con cuidado comienza a escribir: "J...A...M...A..."

—¡Eh, tú! ¿Qué estás haciendo?

Es uno de los guardias. El hombre uniformado acaba de llegar a la celda y ha visto a Jamal justo en el momento. Todos los demás en el cuarto miran al suelo con la cabeza agachada. Jamal trata de decir algo para tranquilizar al vigilante, pero ya es demasiado tarde —llama a sus compañeros.

—¡Bájate los pantalones y voltéate!

—Pero...

—¿No oyes? ¡Las manos contra la pared!

Jamal hace lo que le dice. De reojo mira cómo el guardia toma una fusta larga. Unos segundos después, los muslos le queman horrible. Las piernas se doblan. Pero los otros guardias lo levantan de nuevo.

—¡Perdón, no lo volveré a hacer!

—¡Cállate!

La fusta se alza de nuevo.

De noche.

La botellita de leche tiene solo la mitad de sopa. Siempre la misma sopa, la misma sopa de berenjenas oscura y aguada. Mientras los demás comen, Jamal mira cansado el líquido a través de la botella. Está sentado de lado para atenuar la presión en la espalda y en las nalgas ensangrentadas. Pero ni siquiera el dolor puede aminorar el hambre que le corroe.

—¡Dame el pan! ¡Ladrón!

Es uno de los afganos que fue detenido junto con Jamal. Se para y señala a uno de los recién llegados de Baluchistán. El otro solo se ríe socarronamente y toma un pedazo del pan.

Jamal sabe que no debería meterse. Pero la ira comienza a hervir dentro de él. De repente, se escucha a sí mismo gritando:

—¡Devuélvele el pan, ladrón! ¡Devuélvelo!

—¡No te metas! —responde el hombre de Baluchistán— ¿Con qué derecho me llamas ladrón?

Los dos se levantan y comienzan a gritarse insultos. Unos segundos después los guardias llegan corriendo a la celda y preguntan qué es lo que está pasando.

—¡Él me dijo ladrón… y muchas cosas más!

Jamal trata de explicar que el otro le ha robado el pan a un compañero, pero el vigilante no está de humor para escuchar.

—¿Tú otra vez?.

—Él le quitó el pan a…

—Voltéate y bájate los pantalones.

Hay un silencio en el cuarto. Los demás han dejado de comer.

—¡Órale! ¡Las manos en la pared!

Quema con el roce de la tela cuando se baja los pantalones. La respiración se vuelve más agitada. Algo silba en el aire.

LA GUERRA contra el terrorismo no solo ha aumentado el movimiento de los Estados dramáticamente. También ha disminuido la libre circulación para millones de personas. En el libro *Liberal States and the Freedom of Movement: Selective Borders*, los investigadores alemanes Steffen Mau, Heike Brabant, Lena Laube y Cristof Roos enlistan los diferentes métodos extraterritoriales que en la actualidad los países ricos del mundo utilizan sistemáticamente para controlar y disminuir las opciones de migrar.[19] No se trata necesariamente de nuevos métodos, pero desde principios del siglo XXI se ha tejido algo que se asemeja a un sistema:

a) Requisito de visa. Cuando se exige que una solicitud sea hecha en una oficina diplomática en el extranjero, las posibilidades de viajar disminuyen considerablemente. Los requisitos para tener una visa de turista, de negocio o de parentesco pueden ser muchos. A esto se suma que la solicitud de asilo normalmente tenga que solicitarse en el territorio del país de acogida, no en la embajada. Esto contribuye a que los refugiados a menudo recurran a un traficante.

b) Multas cuantiosas para las aerolíneas que transporten pasajeros sin documentos legales. Dentro de la Unión Europea puede costarle a la aerolínea hasta 5 000 euros. En Estados Unidos, desde hace tiempo, se ha aceptado que la empresa tenga que presentar el boleto de regreso. Esto explica por qué las aerolíneas actúan frecuentemente como si fueran autoridades migratorias.

c) *"Airline liason officers"* (Oficial de enlace con la aerolínea en aeropuertos extranjeros). Un empleado del país de acogida es puesto en los aeropuertos de los países frecuentes de origen y de tránsito para ayudar a la empresa con el control de pasaportes.

d) Registros internacionales e intercambio de información. Una serie de bases de datos y registros con información biométrica se ha establecido en los últimos años; no solo dentro de la Unión Europea. En ciertos casos, el objetivo expreso es detener a los posibles solicitantes de asilo antes de que tengan tiempo de llegar. El mismo sistema se utiliza también, además, para impedir el desplazamiento dentro de la Unión Europea (más en el capítulo 10).

e) Países de contención o zonas barrera. Durante las dos primeras décadas del siglo XXI, la Unión Europea ha llegado a una serie de acuerdos bilaterales con países, entre otros, del norte de África, cuyos gobiernos prometen parar el flujo migratorio a cambio de, entre otras cosas, contratos comerciales. Un acuerdo similar, pero más implícito existe entre Estados Unidos y México y otros lugares en el mundo. Con frecuencia, a los países receptores no les interesa qué métodos se utilizan. A veces, también se pactan acuerdos que permiten al país de destino regresar a los migrantes al país de tránsito.

f) Controles móviles de migración. En el Mediterráneo y a lo largo de las costas de África Occidental, la policía migratoria de la Unión Europea, Frontex, recibe cada vez más recursos para detener botes de refugiados que abandonan las aguas marítimas de otros países. Esto sucede casi siempre con la aprobación de los países emisores o de tránsito, y significa que los migrantes puedan ser devueltos al lugar de salida. En Estados Unidos se niega regularmente la entrada a los barcos con refugiados de Cuba y Haití, siempre que éstos sean sorprendidos por un guardia costero antes de que lleguen al país. La oficina de la ONU, ACNUR ha protestado contra esta práctica, ya que es considerada como una violación de la Convención de los Refugiados de 1951.

En resumen: en los últimos 20 años, los Estados occidentales han adoptado una serie de medidas extraterritoriales para mantener lejos a los migrantes. En la mayoría de los casos, la intención es no tener que tomar ninguna decisión sobre las peticiones de asilo de los refugiados y, de esta manera, esconder el antagonismo entre los derechos humanos y la política de tintes nacionalistas.

Si no fuera así, probablemente los Estados hubieran aceptado más de la llamada cuota de refugiados a través de la ACNUR —algo que no ha pasado—. Al contrario, a la oficina de la ONU se le dificulta cada vez más convencer a sus miembros de que reciban más refugiados de los distintos campos de la organización.

Con este trasfondo, no sorprende que hoy los principales receptores de refugiados en el mundo sean países que tienen fronteras con zonas en conflicto como son Turquía, Pakistán, Irán, Jordania, Líbano, Kenia, Sudán, Etiopía y Bangladesh (Alemania es el único país occidental que entra en la lista de los "top ten" de países receptores). Muchos de estos países no han firmado la Convención de los Refugiados de la ONU. Varios son conocidos por su corrupción, su abuso de poder y su falta de respeto de los derechos humanos. Muchos también son auténticos centros de la industria clandestina de traficantes.

A pesar de las exigencias incansables de activistas de derechos humanos para crear más vías legales a Estados Unidos y Europa occidental (se han presentado propuestas para que los países liberales puedan ofrecer asilo diplomático en sus embajadas de todo el mundo), la tendencia dominante en el mundo es tal que, más bien, el nacionalismo va ganando terreno. En la década de 2010, los muros se han vuelto más altos, los partidos de extrema derecha reciben cada vez más votos en las elecciones de Europa y los refugiados siguen siendo retratados como riesgos potenciales —no como oportunidades.

A los partidos estatales tradicionales se les ha dificultado hacerle frente a los cambios de viento. A diferencia de hace 20 años, cuando la mayoría de los políticos pragmáticos de Europa y Estados Unidos querían evitar ser vistos como enemigos de los derechos humanos, parece que hoy su mayor temor es ser etiquetados como desleales a su propia nación.

EL CAMIÓN se sacude de aquí para allá en la deteriorada carretera de grava. Codos y rodillas lo golpean por todos lados; el polvo se mete en la boca. Van de camino a Kandahar en Afganistán. Jamal casi se marea de estar afuera al aire libre.

Ha estado 42 días en la cárcel. Al final los guardias les exigieron que les dieran los billetes y monedas que tenían escondidas —y además, unas cuantas rupias que algunos parientes les habían enviado—. Todo para que pudieran dejar la cárcel.

Mientras se agarra a los otros cuerpos en la plataforma atiborrada, Jamal piensa :

«*En cuanto me dejen ir, busco un nuevo transporte para regresar a Quetta*».

NOVENA PIEZA DEL ROMPECABEZAS

LEGALIZACIÓN

"*GUATEMALA FELIZ... que tus aras... no profane jamás el verdugo...*"

El himno nacional resuena por las altavoces del hangar. Unas cien personas están paradas entre las hileras de sillas de plástico. La mayoría solo escucha sin cantar.

En cada silla hay una bolsa de plástico con un paquete de bienvenida. Un sándwich plastificado, un paquetito de jugo y una playera con la frase *Amo Guatemala*.

Norma hubiera preferido que le dieran algunos quetzales. No tiene para el taxi para regresar a casa. Ni un teléfono. O zapatos.

Cuando el himno acaba, toma su bolsa y camina descalza por la sala de llegadas. Los empleados del aeropuerto y vigilantes uniformados le muestran el camino y la llevan por la terminal, directo a las puertas automáticas. Afuera se detiene en la banqueta a lado de un taxi. Se inclina en la ventana y le dice al conductor:

—¡Hola! No tengo dinero. Me deportaron. ¿Me puedes

llevar a *La línea* en la colonia Arinera y allí te pago cuando lleguemos? Ahí vivo.

El conductor la mira sorprendido, pero asiente lentamente con la cabeza una vez que menguan las palabras.

—Está bien, vamos.

Norma le da las gracias y se sienta en el asiento trasero. Las fachadas y los letreros publicitarios desfilan por la ventana del carro. La mirada reposa en la multitud variopinta de la ciudad mientras trata de ordenar los pensamientos después del vuelo de regreso desde Arizona. Da un poco de vértigo pensar que en tan solo unas horas ha recorrido la misma distancia que le tomó dos meses viajar por tierra en la dirección opuesta.

Además, ha estado detenida 58 días. Pero ahora está de vuelta en la Ciudad de Guatemala. Oscar llegó aquí hace poco más de un mes. Su solicitud de asilo fue rechazada de inmediato. Pero por alguna razón las autoridades estadounidenses tardaron más tiempo con la solicitud de asilo de Norma por razones humanitarias.

Después de cinco semanas, un abogado le notificó que le habían dado la libertad bajo fianza mientras que el juez seguía analizando el caso. Era una respuesta positiva y una entrada a Estados Unidos. Pero para ser liberada bajo fianza necesitaba una dirección postal en el país y 1 500 dólares al contado. Algo que Norma no tenía.

La hermana de Oscar en Los Ángeles les había prometido antes que los ayudaría con un préstamo. Pero ya no quería. Le dejó en claro que eso quedó descartado desde el momento en que Oscar se fue del país. Y aunque Oscar le llamó a su hermana desde Guatemala intentando convencerla, ella dijo que no.

Norma esperó un par de semanas para darle tiempo a su

cuñada para que pensara mejor las cosas. Pero al final aceptó de mala gana su situación. Unos días después la llevaron en autobús al avión chárter que la trasladaría a ella y otros cien centroamericanos al sur. Cuando estaban aterrizando en la Ciudad de Guatemala, pudo distinguir su viejo barrio, en donde los hijos esperaban la respuesta de cómo le había ido.

«¿*Qué les voy a decir a los niños?*».

La pregunta suena en su cabeza mientras se reclina en el asiento del taxi. Trata de persuadirse de que no tiene nada de que avergonzarse, que hizo todo lo que había sido posible hacer. Y que no es su culpa que las cosas salieron así.

No funciona muy bien.

Cuando hablaba con sus hijos por teléfono de camino al Norte y en la cárcel, siempre querían cosas materiales. Juguetes.

Una muñeca.

Una pelota de futbol.

Una patineta.

Se siente tan triste de que ahora no tiene nada que darles. Nada. Ni siquiera un recuerdito de Estados Unidos. De 10 000 quetzales que ella y Oscar se habían llevado para el viaje, no queda nada desde hace rato.

—¿Es aquí?

—Sí. Ahí adelante, por el puente peatonal está bien.

Mientras el taxi se detiene, Norma abre la puerta trasera y se baja al asfalto.

—Espera un poco, allí adelante veo un vecino.

Corre descalza por la superficie dura y alcanza al hombre antes de que desaparezca por el callejón. El vecino voltea con cara de sorpresa, y luego deja salir una sonrisa evocadora.

～

DOS MESES DESPUÉS, me bajo de otro taxi por el mismo puente peatonal.

—Ten cuidado. Aquí hay muchos *maras* —dice el conductor por la ventana antes de que doble y se vaya.

En una esquina observo a unos chicos que fruncen el ceño desconfiados. Bien podrían ser *maras*, miembros de las temidas bandas criminales centroamericanas. Pero no hacen ningún intento de acercarse, así que disimuladamente saco el teléfono del bolsillo de mi pantalón y le llamo a Norma.

—Ya estoy en el puente peatonal. ¿Vienen por mí?

—Claro. Pronto estamos por allí.

He seguido con atención las indicaciones de cómo llegar. La zona queda en las afueras de la Ciudad de Guatemala y es conocida por haberse poblada mediante invasiones de tierra. Casas de lámina y de cemento se elevan por la pendiente junto a la carretera. Los camiones y autobuses pasan tronando mientras espero.

Luego de unos minutos veo a Norma que viene del otro lado de la calle. Parece que acaba de bañarse. Lleva puesta una blusa verde con rayas blancas, jeans azules y sandalias. Me doy cuenta de que no la había visto tan aseada y arreglada antes. Era difícil para los migrantes encontrar un lugar donde bañarse y lavar la ropa durante el paso por México.

Nos saludamos con un beso en la mejilla. Norma dice que hay que regresar por el mismo camino y meternos en una calle contigua. Avanza primero. Cuando hemos caminado un par de cuadras, doblamos a la izquierda en un pequeño callejón que serpentea y en el que seguimos unos metros. Después llegamos a una vieja vía de tren. Ahí Norma dobla a la derecha y se pone a caminar entre los rieles. La zona donde vive es llamada "La línea". Empiezo a entender por qué.

Muy pegada a los rieles hay una hilera de casas de lámina en apariencia interminable. La gente que vive por aquí ha invadido las vías. Todas las casas forman un estrecho "callejón" en el que corren las vías. Las paredes están hechas de lámina corrugada y varían entre gris, rojo oxidado y negro. No veo ni una ventana en esta manta de metal plisado. Solo se puede imaginar la vida que transcurre detrás de la lámina.

—¿Aquí pasan los trenes?

—No, ya no. Cuando nos mudamos aquí hace casi veinte años, pasaban trenes de carga con plátanos y a veces también había trenes de pasajeros. Pero iban lento y no eran tan grandes como los de México. La verdad me dio mucho miedo cuando vi que tan altos son los trenes allá.

Una de las puertas de lámina está abierta y un delgado velo de humo se filtra hacia afuera. Norma saluda de paso a algunas mujeres indígenas que están allí adentro, volteando tortillas en un anafre. Al mismo tiempo, un grupo de niños curiosos han comenzado a seguirnos.

—¿Oscar está en la casa? —le pregunto.

—No, está trabajando. Consiguió un trabajo en una cocina grande en donde preparan ensaladas y otras comidas. Así es como tenemos un poco de dinero.

—Y tú, ¿tienes trabajo?

—No, todavía no...

Caminamos unos minutos más. Después escuchamos la voz de una niña: "¡Mamá!, ¡mamá!".

Es la hija menor de Norma de 4 años, April, que viene corriendo hacia nosotros. Es bajita para su edad y tiene las piernas y los brazos muy delgados, pero los ojos son vivos y ríe mucho y a menudo.

—Ahora estás mucho mejor, ¿verdad? Mucho mejor, ¡es maravilloso! —dice Norma y me guiña el ojo mientras levanta a la niña y la lleva en sus brazos.

La niña me mira parpadeando con curiosidad. Norma indica con la cabeza una puerta que está entreabierta en una lámina un poco más adelante.

—¡Bienvenido!

Empujo la puerta y entro a un patio. Una lavadora está en una esquina. Una cuerda para la ropa cuelga sobre tierra húmeda. En la puerta de la pequeña vivienda está parado Norman de 5 años, y estira el brazo tímidamente. También el hijo mayor de Norma, Abél, de 19 años, viene y saluda.

—Abél ha sido increíble. Cuidó a los niños mientras yo no estaba. ¡Él es mi roca! —dice Norma y pone el brazo en la espalda de su hijo.

Me piden que entre debajo del techo de lámina. Nos sentamos alrededor de una mesa en el cuarto que es cocina y sala a la vez. April se baja y se pone a jugar en el piso.

En una pared pequeña está una estufa y un fregadero con una alacena sencilla por encima. En la esquina reina un refrigerador y un horno de microondas y, en la otra pared, un buró y un banquito con una televisión chica. Detrás de la improvisada pared interior de lámina corrugada, entreveo algunas camas sencillas de madera.

Abro mi bolsa de reportero y pongo algunos ejemplares de la revista sueca *DN Världen* sobre el mantel de hule con rayas rojas. Norman se abalanza hacia la revista y enseguida la hojea hasta llegar al reportaje sobre su mamá. Ni él ni los otros de la familia entienden el texto, pero se quedan viendo asombrados las fotos.

—¿Se acuerdan que les conté de ese tren? En ese

viajamos arriba en el techo... —dice Norma, señalando con el dedo.

Un rato después, cuando los niños se han puesto a jugar de nuevo, Norma cuenta sobre su tiempo en la cárcel de Arizona.

—No conocía a nadie cuando llegué ahí. Pero me hice muy buena amiga de algunas de las que allí conocí. Especialmente de una rusa que se llama Elena. Muchos le tenían miedo. "Pobre, le tocó la rusa", dijeron cuando oyeron que iba a compartir cuarto con Elena. Pero de hecho, ella me trató muy bien. Es doctora y la detuvieron por evasión de impuestos. Fue ella quien me animó cuando les dije que pensaba pedir asilo.

Norma trae algunas cartas.

—¿Ves? Me han mandado cartas después de que llegué a casa. Ésta es de Elena... Y ésta de mi amiga brasileña...

Por unos segundos se queda inmersa en la carta.

—¿Cómo te trataron en la cárcel?

—¿Te refieres a las guardias? Bastante bien, aunque había unas que nos regañaban porque no hablábamos inglés. "¿Qué van a hacer en Estados Unidos si no hablan inglés?", dijo una vez una guardia. Miller se llama, creo. Pero entonces mi amiga brasileña se puso furiosa. Habló con la jefa de las guardias; pues como ella decía: "es que todos somos hijos de Dios". Y al final la guardia tuvo que pedir disculpas. Con un regaño se salvó, ya que la brasileña decidió no hacer una queja formal.

—Por lo demás, nos trataron bien. Cada media hora había alguien que se asomaba en la celda. Y si alguien se enfermaba la llevaban a la enfermería.

—Lo peor era la comida. Sabía horrible y parecía que solo estaba hecha de comida enlatada. Y papas, papas y más papas. La lechuga estaba congelada y las verduras que nos servían no estaban bien lavadas. Todo el tiempo extrañaba la comida de aquí de Guatemala.

Pero estar de vuelta le despierta sentimientos encontrados. Norma explica que está contenta de estar con su familia, pero no ha abandonado la idea de viajar al norte.

—Volvería a tratar si hubiera una posibilidad. Aunque esta vez en camión, porque el tren es demasiado peligroso. Y pues claro, me dijeron que estaba deportada por cinco años, así que si trato antes puedo tener problemas.

—¿Por qué no te quieres quedar aquí?

—Aquí casi no hay trabajo. Y los que hay están muy mal pagados. Oscar tiene suerte de haber encontrado trabajo en una cocina grande. Prepara comida para la cadena San Martín. A lo mejor la conoces. Pero solo gana el salario mínimo. No alcanza ni siquiera para la comida. Por eso ni he tenido para solicitar la carta de antecedentes penales, pagar las impresiones de las cartas de recomendación de los jefes anteriores y arreglar los demás papeles que piden para solicitar trabajo.

Mueve la cabeza.

—Claro que una se preocupa. Cuando tienes más de 30 años, ya no te quieren muchos empleadores. Parece que solo buscan muchachas y muchachos jóvenes. Y en el restaurante donde trabajaba antes, Club Alemán, a una la trataban mal. Además, pagaban mal. Así que no tengo ganas de volver ahí.

Norma se voltea y les dice a los niños que se calmen. Están jugando en el piso de cemento y ríen fuerte. En la tele pequeña bromea Bob Esponja.

—Suelo decirles a los niños que cuando era pequeña, mis hermanos y yo nunca tuvimos una televisión. Nunca ningún juguete. Ni siquiera una muñeca. Solo había trabajo, todo el tiempo, todo el día... Mi papá tenia una radio chiquita que funcionaba con pilas, pero la escondía para que no la fuéramos a descomponer.

—Cuenta más sobre tu infancia.

Norma se concentra. Después empieza a contar.

—Nací aquí en la Ciudad de Guatemala, soy la más chica de doce hijos. Mis papás lo habían dejado todo y abandonado el campo para buscar un futuro mejor en la capital. Entonces vivíamos en las afueras, rumbo a Antigua. La región se llamaba Santo Tomás Milpas Altas y, en ese tiempo, todavía había campo. Mi papá había conseguido un trabajo como vigilante de un terreno. Pero de todos modos siempre faltaba el dinero. Mi primer recuerdo es cuando tenía 5 años y mi mamá quería ir y visitar a su hermano en la costa. Pero al final no pudo ir porque no teníamos dinero.

—En aquella época no había tiempo para otra cosa que no fuera trabajar. Cortar leña, cargarla, lavar la ropa. Así era nuestra vida.

—¿Cómo era la relación con tus papás? —pregunto con cautela.

—Mi mamá siempre se desesperaba y se enojaba fácilmente. Nos pegaba mucho. Y le teníamos mucho, mucho miedo. Mi papá era una persona seria y reservada. Se encargaba de que tuviéramos comida en la mesa, pero nunca nos abrazó. Ni un solo abrazo —dice Norma y continúa:

—Cuando tenía 8 años, tuve que dejar la escuela y empezar a trabajar de tiempo completo en un campo de verduras. Era muy duro, de siete de la mañana a las cuatro de la tarde. Solo los domingos estaban libres. Y en las noches estábamos todos amontonados en cinco camas: mis papás, mis once hermanos y yo.

Norma acaricia pensativamente el mantel de hule y dice:

—Pero se volvió peor cuando nos fuimos al campo de nuevo.

—¿Otra vez al campo?

—Sí, cuando tenía doce años, mi papá perdió su trabajo, así que mis papás tuvieron que volver a El Zapote, al este de Guatemala. En el pueblo solo había como unas cincuenta casas y para mí fue un gran cambio. Ahora tenía que levantarme a la una de la mañana y empezar a moler maíz para hacer la masa de las tortillas. A eso de las cuatro ya teníamos las tortillas en la mesa, y luego había que ir a acarrear agua.

—¿Tenían una casa ahí?

—Un primo le dio permiso a mi papá para que sembrara un poco de tierra que estaba en una barranca, así que ahí construimos una casa sencilla de hoja de palma y tablas. Pero no teníamos agua de grifo ni baño ni electricidad. Y por ese tiempo mi hermana mayor, Sara, ya tenía 5 niños, así que éramos diecinueve en la casa.

Pero un día Sara desapareció sin dejar rastros, cuenta Norma. La hermana se fue a la capital y jamás regresó.

—Cuando me di cuenta que no iba a regresar, me puse triste. La quería mucho, y su hijo más chiquito tenía solo nueve meses cuando ella nos dejó. Más tarde supimos que había logrado llegar a Washington, donde un conocido la reconoció. Pero nunca mandó ninguna carta o dinero. Todavía hoy no sabemos bien qué le ha pasado.

—¿Y qué pasó con sus hijos?

—Mis papas se encargaron de ellos. El más pequeño tenía que cuidar a los puercos y las gallinas, mientras que los otros trabajaban en el campo con mi papá. Cultivábamos maíz, arroz y frijol. Si alguna vez queríamos comprar carne, teníamos que salir de la casa antes de que amaneciera —a las tres o cuatro de la mañana— para estar en el pueblo antes de las ocho. No teníamos ni carro ni caballo, así que la única opción era irnos a pie.

Norma toma un respiro y mueve la cabeza.

—Y pues yo era la más chica, así que muchas veces mi mamá me culpaba cuando se enojaba por algo. Pasaba seguido. "¿Por qué olvidaste esto? ¿Por qué no has hecho esto?", solía gritar. No, solo era trabajo y más trabajo. Mi papá nunca me pegó, pero mi mamá sí. Éramos tantos niños que supongo que se sentía presionada...

—¿Qué era lo más difícil?

—El período más duro del año era la cosecha. Como mi papá no tenía caballos, teníamos que cargar sacos grandes de elote en la espalda y con correas estiradas alrededor de la cabeza cuando íbamos a venderlos al pueblo...

Norma toma una pausa para ir por un poco de café. April y Norman juegan en el patio. Abél plancha una camisa.

—¿Puedes echarles un ojo? —le dice Norma—. No quiero que corran en el callejón. Allá es peligroso.

Abél asiente con la cabeza.

Mientras sirve café, le pregunto sobre la deuda por la que tuvo que irse de casa. La que contrajo cuando pagó por los cuidados médicos de April.

—La deuda no se ha ido, eso es seguro. Pero no me atrevo a ir al banco para preguntar qué tan grande se ha vuelto. No me atrevo, porque pues no tenemos con qué pagar.

Anoto y trato de volver a la conversación sobre la

infancia de Norma. Me acuerdo de la biblia que llevaba en su viaje por México.

—¿En el Zapote ibas mucho a la iglesia?

—Sí, lo más que podía. Era mi único tiempo libre. Pero teníamos que salir de la casa a las cinco y media de la mañana para llegar a tiempo a la misa. Tomaba como cuatro horas llegar allá. Aun así siempre quería ir a la iglesia, porque era la única vez que veía gente. Una vez también me dieron un curso y me enseñaron a dar primeros auxilios. Mi papá decía que había una guerra civil en el país, aunque no se notaba en el pueblo. Hizo el servicio militar cuando era joven y hablaba mucho de eso.

—¿Así que no fue la guerra civil la que hizo que dejaran el pueblo?

—No. Cuando yo tenía 21 años, a mi papá le empezaron a salir granos y llagas feas en la espalda. El sol y el trabajo duro en el campo le habían deteriorado su salud y se estaba haciendo mayor. El doctor dijo que los granos podían desarrollar cáncer y que no debería trabajar bajo los fuertes rayos del sol. Fue entonces que decidimos venirnos de nuevo aquí a la Ciudad de Guatemala.

NORMA MIRA ALREDEDOR de la casita de lámina gris. Explica que es aquí donde se mudó la familia. Con los años pudieron comprar en pagos productos de línea blanca, la tele y la mesa en donde estamos sentados. Unas pequeñas, pero importantes mejoras comparadas con la miseria del campo. El traslado a la ciudad —la urbanización, para utilizar el término académico para este tipo de desplazamiento de personas— la ha sacado a ella, y a muchos otros campesinos, de la pobreza extrema. Al menos en términos monetarios. Porque mientras un campesino puede saciar el hambre con las verduras y los cereales que cultiva, quien vive en una economía capitalista en la ciudad debe tener dinero para comprar los medios de subsistencia, y para eso se necesita un empleo.

—Cuando nos cambiamos aquí, trabajé primero unos meses en una fábrica de textiles. Después conseguí un trabajo como mesera en un restaurante chino. Estaba mal pagado; unos pocos quetzales, más la propina. Pero de todos modos era un trabajo —dice Norma.

Otros no tuvieron la misma suerte. Muchos de los que dejaron el campo en las décadas de los ochenta y los noventa encontraron dificultades para conseguir trabajo en las grandes ciudades. Como los padres de Norma, una parte trató entonces de regresarse al campo; solo para descubrir que las tierras habían sido compradas o erosionadas por el uso de demasiados fertilizantes. El intenso crecimiento de la población y el llamado *aparcamiento de tierras* (*"land grabbing"* en inglés, es decir, la especulación económica de tierras de cultivo), junto con el incremento de la mecanización y el cultivo a gran escala, llevaron paulatinamente a más personas a los barrios pobres de las ciudades.

En 2008, por primera vez más de la mitad de la población del planeta vivía en ciudades. Se espera que la cifra sea de 60% en el año 2030. El aumento va tan rápido que es difícil tener un panorama completo de las consecuencias. Es claro que la pobreza más extrema ha disminuido, pero al mismo tiempo, también ha incrementado significativamente la cantidad de zonas marginales como en la que vive Norma. La población de la Ciudad de Guatemala se ha sextuplicado entre los años que van de 1964 a 2014, y muchos de los recién llegados viven en lotes que han sido invadidos en las periferias. Según el organismo oficial de las Naciones Unidas, UN Habitat, mil millones de personas en todo el mundo vivían en 2007 en tales asentamientos irregulares. Se estimaba que la cantidad se duplicaría en 2030.[1]

En el libro *Planet of Slums*, Mike Davis explica esto como una consecuencia directa de las prescripciones neoliberales de las últimas décadas a los países pobres, y firmadas por gobiernos occidentales, el Fondo Monetario Internacional (FMI) y el Banco Mundial (BM). Davis considera que el gran sector informal que se ha formado a raíz de los llamados programas de reestructuración, no solo se caracteriza por "la falta de contratos formales, derechos, regulaciones y negociaciones salariales", sino también por una extensa explotación a un nivel micro, que posibilita la separación sistemática de guetos, favelas y barrios marginales de las zonas de clase media de las ciudades.[2]

Otros pensadores más liberales, como el sueco Hans Rosling, han señalado que en realidad la pobreza ha disminuido mucho en los últimos 50 años. Con cuánto exactamente, es algo discutible (las mediciones de la pobreza extrema del Banco Mundial han recibido críticas). Pero aun así, existen varias señales concretas de que las cosas van por buen camino. La vida promedio se ha incrementado de 53 a 70 años, la mortalidad infantil se ha reducido a más de la mitad, las habilidades para escribir y leer han aumentado dramáticamente y mucho más gente hoy tiene acceso a agua limpia, electricidad y alcantarillado. Esto depende, en gran parte, de que es más fácil proveer servicios de salud, educación e infraestructura cuando se vive concentrado en áreas delimitadas de las ciudades que si se vive disperso en el campo. La urbanización también ha contribuido en muchos

países a fortalecer los derechos de las mujeres y de los homosexuales, ya que los nuevos residentes de las ciudades
tienden a cuestionar las normas religiosas y culturales tradicionales. Entre los progresos más importantes de la última
mitad del siglo XX se encuentran el que las mujeres hayan
alcanzado a los hombres en el número de años de formación,
hayan dado pasos significativos en el mercado laboral y
tenido acceso a anticonceptivos. Norma es un ejemplo:
estudió la primaria y la secundaria en diferentes cursos
nocturnos tras su retorno del campo a la Ciudad de
Guatemala.

Pero independientemente de si se opta por ver el incremento mundial de los asentamientos humanos como un
"infierno hobbesiano" (para utilizar las palabras de Davis) o
como un trampolín para un desarrollo futuro, queda un
problema central que resolver: ¿en qué van a trabajar todos
los nuevos residentes de las ciudades? En las megaciudades
como la Ciudad de Guatemala hay una falta crónica de oportunidades de trabajo, pese a los años de desregulación y
programas de reestructuración. Al capital global se le ofrecen
tanto zonas libres de impuestos como una inexistencia casi
oficial de sindicatos; sin embargo, las inversiones se demoran.
La industria en Guatemala sigue siendo pequeña, y entre el
60 y 70% de la población en edad de trabajo se ve forzada a
buscar sus ingresos en el sector informal como comerciantes
en las calles, payasos, músicos de cuadra y, a veces, hasta
limosneros.

La mayoría de los economistas coinciden en que los
recursos se reparten mejor si la mano de obra sigue al movimiento de capitales. En otras palabras, si el capital se
concentra en las ciudades, es razonable que también las
personas se muden a las ciudades. Los intentos que se han

hecho para dirigir a la población en dirección contraria horrorizan sin duda: 1.7 millones de muertos durante los Jemeres Rojos en Camboya es quizá el ejemplo más reprobable. Sin embargo, al mismo tiempo que la migración del campo a la ciudad es vista como una fuerza natural casi imparable, paradójicamente se sigue obstaculizando a la mayoría para que migre *entre países*.

—La próxima vez que trate de irme de nuevo al Norte, preferiría llevarme a April. Con que lleguemos a la frontera con Estados Unidos, estoy dispuesta a caminar con ella en el desierto. Si luego nos detiene la migra, trataré de pedir asilo de nuevo —dice Norma cuando le pregunto sobre sus planes para el futuro.

Ella y Oscar pertenecen a los cientos de millones de personas a las que hoy en día se les impide circular libremente entre países en su búsqueda de trabajo, a pesar de que el capital se mueve con mayor libertad desde hace mucho tiempo. No todos tienen la determinación, la tenacidad y la suerte que se necesita para poder emigrar "ilegalmente" a un país rico en el norte, como parece haber hecho Sandra, la hermana de Norma.

Es sorprendente el contraste con el desarrollo de Europa occidental durante la segunda mitad del siglo XIX y la primera mitad del siglo XX. También entonces estaba en proceso una urbanización espectacular. Pero cuando el capital se desplazó hacia Norte y Sudamérica, donde las ganancias eran mayores, gran parte de la mano de obra europea pudo seguirlo. El enorme flujo migratorio de países como Irlanda y Suecia a finales de siglo XIX alivió poco a poco la demanda de mano de obra en Estados Unidos, y disminuyó el excedente de mano de obra en los países de origen. Esto contribuyó al aumento de la productividad en ambos lados del Atlántico, al desarrollo del crecimiento económico y al equilibrio paulatino en los niveles salariales entre Estados Unidos y Europa. Alrededor del cambio de siglo, el aumento real de los sueldos en Europa estableció las bases para el mercado de masas de bienes de consumo y para el posterior crecimiento económico del siglo XX.

Pero las exigencias de pasaportes y de visas que se introdujeron en los países ricos después de 1914 frenaron a muchos de los que querían buscar suerte en otro país. Después de la Segunda Guerra Mundial y la descolonización, la "solución" a la pobreza mundial iba a ser, en cambio, asistencia y préstamos de los países occidentales a los gobiernos de los países en desarrollo y a la sociedad civil. Hay ejemplos en los que parece haber funcionado —en especial cuando la ayuda iba para fortalecer las instituciones—, pero también incontables ejemplos de lo contrario. Aun cuando los países de ingresos medios como India y Brasil han tenido un papel cada vez más importante en la política internacional en los últimos años, también existen opiniones divididas de si el auge económico de estos Estados ha sido consecuencia del apoyo económico de los países ricos —o a pesar de éste.

Ni la política de desarrollo estatalmente dirigida (en la forma de la así llamada sustitución de importaciones) ni los programas de reestructuración de inspiración neoliberal del Banco Mundial y FMI pueden mostrar resultados positivos claros. Estos dos enfoques también han tenido algo en común: se han centrado casi exclusivamente en el papel de los Estados y del capital en países particulares, y no han tenido un interés tangible en la circulación de los trabajadores más allá de las fronteras estatales. Ni siquiera los economistas neoliberales se han interesado mucho por el

desplazamiento humano —tal vez porque su principal prio-
ridad ha sido por mucho tiempo abrirle el mundo al capital.
Esto ha comenzando a cambiar recientemente. Desde
hace dos décadas, cada vez más economistas del desarrollo se
preguntan si la migración internacional no puede ser una
palanca más fuerte para los países pobres que la ayuda tradicional. Las cifras hablan por si mismas: en 2018, los
migrantes enviaron 529 mil millones de dólares a sus familiares o amigos de países de ingreso bajo y mediano.[3] Era más
que el total de la asistencia para el desarrollo, según la
OCDE (Organización para la Cooperación y Desarrollo
Económico).[4] Además, el incremento ha sido sorprendentemente rápido: en 1990, las remesas, como este tipo de envió
es conocido en lenguaje especializado, solo eran una décima
parte comparada con las de hoy.

El dinero proviene frecuentemente de los migrantes
indocumentados que desafían la prohibición de viajar a los
países ricos. Estos "ilegales", para decirlo en términos de los
partidos xenófobos, son en general individuos respetuosos de
la ley y trabajadores tenaces. Es difícil exagerar su importancia económica para la economía de sus países de origen.

De los 15 millones de ciudadanos guatemaltecos, 1.6
millones viven actualmente afuera de su país. La mayoría se
encuentra en Estados Unidos, y el 80% tiene un sueldo inferior a 25 000 dólares al año, de acuerdo al economista
Manuel Orozco.[5] Sin embargo, ganan tres a cuatro veces más
de lo que ganarían si se hubieran quedado en su país desem-
peñando el mismo trabajo. Estos inmigrantes —muchos de
los cuales son indocumentados— envían a casa unos cinco
mil millones de dólares al año; más del total de las exportaciones y de los ingresos de la industria del turismo en
Guatemala. Con sus envíos apoyan a 4.5 millones de perso-

nas; casi uno de cada tres guatemaltecos.[6] Los destinatarios son en gran medida familias pobres que reciben una contribución oportuna al bolsillo familiar.

Independientemente de que después el dinero sea utilizado para consumo en el mercado local o para construir una casa propia, se crea así el llamado efecto multiplicador que fortalece la economía local. El Estado tampoco se queda con las manos vacías: su moneda se fortalece por el influjo del dólar.

Así que, ¿qué pasaría si la migración de países pobres como Guatemala se volviera una alternativa realista para muchas más personas que en la actualidad? Los economistas que hasta ahora han tratado de calcular esto, con frecuencia presentan un argumento que recuerda al que aboga por más libre comercio: si el individuo puede circular libremente, se vuelve más fácil para éste especializarse en eso en lo que es mejor, lo que favorece la productividad individual. A medida que se liberaliza el mercado de trabajo también crecen las posibilidades de los individuos de tener encuentros creativos con otras personas, lo que no pocas veces lleva a nuevas innovaciones y estimula el crecimiento.[7]

Contemplando toda la economía mundial, significaría que existe un enorme potencial depositado en las personas que hoy no pueden viajar libremente; y una liberalización de oportunidades para emigrar implicaría un estimulo mucho mayor para la economía mundial que los acuerdos "comunes" de libre comercio. Así lo considera entre otros el economista John Kennan de la Universidad de Wisconsin-Madison. Kennan ha estimado que el salario promedio de los trabajadores de fábricas de un país en desarrollo aumentaría 10 000 dólares al año si las fronteras se abrieran y se desregulara la migración laboral. Sobre todo, porque muchos (aunque para nada todos) elegirían mudarse a un país en donde acrecentarían su productividad y sueldo.[8] Desde luego, tal ganancia de eficiencia se reflejaría también en el PIB del mundo. Si la mitad de la mano de obra de los países en vías de desarrollo emigrara a países ricos, el PIB global ascendería por lo menos a 30% —o a la casi incomprensible cantidad de veintiún billones de dólares— según Sharun Mukand de la Universidad de Warwick.[9] Esta clase de migración masiva es altamente improbable ahora, mientras el transporte y el costo de las comunicaciones no disminuyan más. En el mundo actual, el costo de viajar a Europa o a Estados Unidos y establecerse ahí durante un período en el que se busca trabajo, todavía es considerablemente más elevado que lo que muchos pueden costear. La mayoría de las personas tienden a querer vivir cerca de su familia y amigos de infancia.[10]

Pero incluso un crecimiento de la migración más cercano a la realidad, por ejemplo un 3% más comparado con el que existe hoy, daría un estímulo mayor al crecimiento global que si se suprimieran todos los restantes obstáculos comerciales al capital, mercancías y servicios del mundo, según el economista Lant Pritchett de la universidad de Oxford.[11] Las sumas estimadas varían, pero la mayoría de los economistas que estudian el tema están de acuerdo en que un incremento de la migración traería consigo una expansión de la economía mundial en su totalidad, especialmente en los países pobres.

Entre los que tienen especial interés en hacer campaña en favor de un incremento de la migración, se encuentran Facebook, Google y otras empresas más de IT (*Information Technology*, por sus siglas en inglés). En una economía mundial basada en el conocimiento, es decisivo para estas empresas tener acceso a los principales talentos para la programación, diseño de sistemas, etc.; de lo contrario, existe el riesgo de que la competencia se les adelante o que se dispare el costo por una destreza equivalente. Hay quienes hasta sostienen que la desigualdad en Estados Unidos disminuiría si más migrantes altamente calificados recibieran residencia de trabajo, porque se frenaría la evolución salarial en una cantidad de profesiones en demanda y altamente calificadas.

En Latinoamérica, África y Asia se sigue con interés este debate. En tiempos en que millones de migrantes se topan en el norte con nacionalistas militantes y se configura una creciente industria de deportación, los economistas del desarrollo liberales que difunden ideas de más migración son unos insólitos e importantes aliados. La mayoría de los gobiernos del Sur están, además, muy conscientes del significado de las remesas en sus países.

Sin embargo, al mismo tiempo se observa un cierto escepticismo. Durante toda la década de los ochenta y los noventa, economistas del FMI y del BM prescribieron remedios milagro de libre mercado, pero a menudo sin que se presentaran los efectos prometidos. En parte, debido a que los países ricos no abrieron sus mercados al capital y productos extranjeros en la misma medida en que lo hicieron los países en vías de desarrollo. Al contrario, Estados Unidos y Europa siguieron subvencionando y protegiendo su agricultura, lo que condujo a una competencia desleal que golpeó duramente al campo de los países pobres.

Mientras solo se garantice el derecho a salir de un país y no el de ingresar a otro, un abismo se abre entre las fronteras geográfico-políticas. Es evidente el riesgo de que países más ricos se beneficien de las llamadas ventajas relativas, escojan entre los migrantes y traten de dejar afuera a aquellos que consideren indeseables, como de hecho ocurre hoy. Una objeción común al discurso de los economistas del desarrollo sobre las bendiciones de la migración es la de que solo se trata de una justificación elaborada de lo que se conoce como "fuga de cerebros".

Actualmente, a muchos países en desarrollo se les dificulta retener a sus profesionistas, quienes son tentados por la oportunidad de trabajar en países ricos. En especial, es grande la falta de personal médico. En África, el SIDA todavía cobra la vida de miles de personas anualmente, y puede parecer una falta de ética y un desperdicio de recursos el que doctores y enfermeras africanas se muden a Europa occidental o a Estados Unidos, en vez de quedarse en su país de origen.

Pero prohibir la emigración de médicos y enfermeras pocas veces es una receta exitosa. A saber, se corre el riesgo de ocultar las razones por las que muchos emigran: la falta de trabajo y las pésimas condiciones de trabajo en su país de origen. Los países que están más expuestos a la fuga de cerebros, por lo general, tienen un elevado desempleo entre los profesionistas altamente calificados, una burocracia engorrosa y corrupta y un incompetente manejo de recursos. Otras razones que los emigrantes suelen mencionar son los altos índices de criminalidad y persecuciones ultranacionalistas de minorías.[12]

Aun así, la prohibición de migrar frecuentemente lleva a que emigren médicos y enfermeras, aunque "ilegalmente". A menudo tienen que trabajar como taxistas y niñeras en lugar de ejercer su profesión. Así se transforma el *"brain drain"* (la "fuga de cerebros") en *"brain waste"* ("desperdicio de cerebros"). Si en vez de eso, los gobiernos de sus países de origen adoptaran una actitud más liberal, permitiendo la emigración y un aumento gradual en los sueldos y mejoras de las condiciones de trabajo, existirían grandes posibilidades de que los emigrantes regresaran. Ellos traerían consigo experiencias de gran valor que podrían favorecer al sistema de salud del país – y así se convertiría la "fuga de cerebros" en eso que los investigadores llaman "circulación de cerebros" (*brain circulation*).[13]

Paradójicamente, una tasa alta de migración dentro de un cierto grupo de profesionistas también puede conducir a un aumento en la cantidad de profesionistas en el país de origen. Filipinas es un ejemplo. Ahí, en los últimos años se han formado miles de enfermeras, muchas de las cuales "se han exportado" a países ricos como Estados Unidos. La posibilidad de emigrar ha llevado a la vez a que muchas jóvenes elijan invertir en su formación de enfermeras, lo que ha hecho que Filipinas tenga actualmente más enfermeras per cápita dentro del país que Estados más ricos como Tailandia, Malasia y Gran Bretaña.[14]

Además de la "fuga de cerebros", la objeción más común —en los países de origen— al aumento de la migración es la del riesgo de abusos a los migrantes. En un tiempo en el que los derechos humanos están lejos de ser indiscutibles y las fuerzas ultranacionalistas ganan terreno, es difícil no tomar en serio dicha preocupación. A veces, los economistas liberales tienen una tendencia a tomar los derechos a la ligera: todo va a solucionarse de modo automático, parecen creer, si tan solo el capital, las mercancías y la mano de obra pueden moverse libremente.

Pero mientras en los países receptores no haya garantías confiables para un recibimiento digno y justo hacia todas las personas —lo que Arendt ha llamado "el derecho a tener derechos"—, aquel que no sea considerado como "rentable" corre el riesgo no solo de ser rechazado, sino también de ser etiquetado como ilegal/criminal/indeseado. Entonces, solo hay un paso para la explotación económica o hasta otros abusos peores.

Ni siquiera si se garantizarán las entradas legales –lo que naturalmente es preferible– estarían asegurados los derechos de los migrantes. Un ejemplo elocuente es el trato a los ciudadanos rumanos dentro de la Unión Europea en los últimos años. Tras la entrada de Rumania a la Unión Europea en 2007, han emigrado al menos 10 000 médicos y enfermeras rumanos, según la asociación de médicos del país. Han sido bienvenidos en muchos países donde hay una evidente falta de médicos.[15] Pero cuando los romaníes pobres y discriminados utilizan el mismo derecho a viajar libremente dentro de la Unión Europea, y aparecen en las calles y plazas en ciudades como París o Estocolmo, se encuentran, en cambio, con indignación y odio. Son arrojados de sus campers y tiendas de campaña y, a lo mucho, se les ofrece el boleto de vuelta a Rumania, donde una miseria todavía peor los espera. Si se quedan, se arriesgan a quedar expuestos a ataques de odio y a la explotación económica por parte de empleadores desvergonzados.

Para proteger los derechos de los migrantes, la Organización Internacional del Trabajo (OIT), la Organización Internacional para las Migraciones (OIM) y una lista de otros organismos oficiales de la ONU, han tratado por años de lograr un acuerdo sobre estos temas. Finalmente, en diciembre de 2018 en la Asamblea General de la ONU, 152 países votaron a favor del *Pacto Mundial para una Migración Segura, Ordenada y Regular* en Marrakech (o Pacto Mundial para la Migración). El Pacto contiene 23 objetivos y compromisos entre los que se incluyen asegurar el acceso a los servicios básicos de los migrantes, otorgar a todo migrante una constancia de identidad, establecer normas para la inclusión y fomentar la cohesión social. No se hace distinción alguna entre migrantes regulares e irregulares. Entre los países firmantes están México, Guatemala, Gran Bretaña, Alemania, Francia y Bélgica. Sin embargo, el gobierno de Donald Trump, presidente en ese entonces de Estados Unidos, votó en contra, junto con Israel, Hungría, Polonia y la República Checa.

Si bien el pacto no es formalmente vinculante en virtud del derecho internacional, se le considera un compromiso político vinculante y un logro simbólico e importante. Sin embargo, hasta finales de 2021 no ha habido resultados contundentes en las políticas de migración de los países firmantes. Si hay algo que los Estados nacionales del mundo parecen valorar más que casi cualquier otra cosa, es justo el control absoluto de su política migratoria.

Con todo, organizaciones no gubernamentales siguen reclamando una política migratoria efectiva "basada en derechos", que no solo incluya el derecho de asilo o libre circulación, sino también derechos sindicales y humanos. Sin duda, todavía queda mucho por hacer antes de que el derecho a tener derechos sea una realidad.

EL RELOJ HA AVANZADO hasta casi la una de la tarde. Hacemos una pausa de la intensa entrevista para ir a recoger a la escuela al hijo de Norma de ocho años, Francisco. La acompaño por el callejón e intento no tropezarme en los rieles.

—Esta invasión de tierras ya estaba cuando nos

cambiamos aquí. Compramos el lote al anterior dueño; claro, sin papeles oficiales. Entonces, no había mucho, solo algunas tablas y láminas; ahora es como una ciudad pequeña, ¿no? Unos años después de que llegamos aquí, se murió mi papá y poco después, también mi mamá —dice Norma.

—¿Ha cambiado la vida desde que llegaste?

—Hay más delincuentes. Ya sabes, los maras, las pandillas... No dejo que mis hijos salgan. Ni siquiera a Abél. ¿Ves esa esquina? Ahí balacearon a un hombre la semana pasada. Y por allá hace un rato hubo una balacera.

En el breve camino a la escuela, Norma va señalando casa tras casa en las que gente ha sido asesinada recientemente.

—Los vecinos de nuestro callejón se juntan. A veces los hombres tratan de expulsar a los miembros de la pandilla. Pero no es tan fácil.

Cuando cruzamos la calle en donde me bajé del taxi, unos chicos que están en la esquina nos fruncen el ceño con recelo. Pero no hacen nada. Unos minutos después estamos parados afuera de la primaria. Acaba de sonar el timbre. Niños uniformados salen de las aulas.

—No me gusta que Francisco tenga que venir aquí a la escuela. Hay demasiada violencia de pandillas en la zona. Preferiría cambiarme. Pero como siempre, no hay dinero.

Un rato más tarde, Francisco viene bajando las escaleras lentamente y sin dirección. Se ve despreocupado, pero de todos modos le pregunto si ha habido problemas últimamente. Asiente tímido.

—Aquí hubo disparos la semana pasada. Entonces corrí a los baños y me escondí. Me quedé ahí casi una hora antes de salir. Me daba miedo.

> Nuestra propuesta como gobierno de Guatemala es abandonar cualquier posición ideológica (sea la de prohibición o la de liberalización) y fomentar un diálogo mundial entre gobiernos basado en un acercamiento realista a la regulación de las drogas. El consumo de drogas, la producción y el tráfico deberían estar sujetos a regulaciones globales...[16]

Así escribía Otto Pérez Molina, el entonces recién elegido presidente de Guatemala, en un artículo de debate el 7 de abril de 2012 en el periódico *The Guardian*. Era la primera vez en varias décadas —y por si fuera poco, en un periódico de habla inglesa— que un presidente latinoamericano hablaba en serio de "regular", es decir, legalizar las drogas.

Le daba un peso extra que fuera Pérez Molina quien firmara esto. Éste, quien fuera antes general (y cuyo pasado dista mucho de ser intachable), daba la impresión de cansancio —sí, casi de resignación— tras décadas de servicio en la guerra contra el narcotráfico financiada por Estados Unidos. La lucha contra los narcotraficantes parecía solo volver más fuertes a sus adversarios, escribía Pérez Molina, mientras que el Estado se quebrantaba y corrompía por las enormes cantidades de dinero que ganaba la industria del narcotráfico.

Proponía un enfoque pragmático: legalizar la droga y reglamentarla como si se tratara de alcohol o tabaco. El artículo de debate conmocionó a todo el continente americano. Unos meses después, los estados de Colorado y Washington en Estados Unidos votaban por legalizar el *cannabis*. Y en diciembre de 2013, Uruguay se convertía en el primer país del mundo en legalizar por completo la marihuana.

Quien examine los argumentos que han dado viento a favor a los adeptos de la legalización, pronto se dará cuenta de que se trata de una combinación de argumentos de ideología liberal y de una serie de consideraciones pragmáticas. En síntesis así se ven:

1) El individuo tiene derecho a su cuerpo y a ingerir cualquier sustancia que él o ella quiera. Esto es más importante que el temor por daños a la salud pública o por presuntos "daños" culturales o espirituales.

2) La prohibición proporciona ingresos al crimen organizado —que socava la democracia y los derechos humanos—, un costo considerablemente mayor que el problema social que ocasionan las drogas.

3) Los problemas que puedan surgir —independientemente de si se trata del abuso o de la falta de calidad del producto— pueden abordarse mejor si las drogas son legales y reguladas.

4) La regulación puede otorgar grandes ingresos a la industria privada y al Estado. Los impuestos se pueden invertir en la prevención del abuso y en fortalecer la salud pública.

Las pandillas que mantiene aterrorizada la zona donde vive Norma, sin duda, reciben una parte de sus ingresos de la venta de drogas. Pero el hecho de que opten trabajar para la economía ilegal también suele depender de que hay una falta de empleos. Y si quieren ir a Estados Unidos o algún otro país rico, necesitan una inversión de varios miles de dólares, suma que enriquecería todavía más al crimen organizado. Como comprobé en el capítulo 3, los traficantes de personas de Norte y Centroamérica tienen ingresos de alrededor de seis mil millones de dólares al año. Hagamos un experimento mental y en vez del argumento a favor de la legalización de la droga, cambiémoslo por la propuesta a favor de la circulación legal de personas:

1) El individuo tiene derecho a su cuerpo y a moverse libremente. Esto es más importante que el temor por daños a la salud pública o presuntos "daños" culturales o espirituales.

2) La prohibición proporciona ingresos al crimen organizado —que socava la democracia y los derechos humanos—, un costo considerablemente mayor que el problema social que ocasiona la migración.

3) Los problemas que puedan surgir —independientemente de si se trata de explotación o un exceso de oferta en ciertos sectores— pueden abordarse mejor si la migración es legal y regulada.

4) La regulación puede otorgar grandes ingresos a la industria privada y al Estado. Los impuestos se pueden invertir en medidas preventivas y en remediar los problemas sociales que la inmigración pueda generar localmente y dentro de algunos sectores.

No hay nada que diga que la regulación de la venta de ciertas drogas y la legalización de la migración sean incompatibles. Pero hay que notar que el argumento en contra de la legalización de drogas que tiene más peso —el riesgo de daño a la salud pública— solamente se puede aplicar en el caso de la circulación de personas en situaciones muy extremas, como lo ha sido la pandemia de Covid-19. Al menos si se quiere evitar caer en meros razonamientos ultranacionalistas o racistas. En otras palabras, el argumento a favor de la legalización —o "regulación"— de la circulación de personas parece ser más fuerte que el de la marihuana; pero también es más tabú.

~

—Voy al trabajo pronto. ¿Quieres venir?

Es Abél quien pregunta. Norma empieza a verse cansada después de haber narrado y respondido preguntas por varias horas, así que acepto.

Abél es un chico joven de buena presencia, con una seña de nacimiento en la frente. Es él quien esporádicamente me ponía al tanto por teléfono de lo que le había pasado a Norma desde que me despedí de ella en Lechería. Trabaja como barman en la cadena de restaurantes Friday's, en la zona donde queda mi hotel. Y toma su trabajo con mucha seriedad. Antes, durante el día, me enseñó dos botellas de plástico con pesas con las que hacía malabares como si fuera Tom Cruise en su viejo papel en la película de los ochenta, *Cocktail*.

—Se tiene que practicar mucho para llegar a ser bueno. Pero cuando mi mamá se fue, apenas tenía tiempo para dormir —dice luego de que nos hemos subido al camión amarillo que nos llevará al centro.

—La lavadora se descompuso después de un par de semanas, y no teníamos dinero para arreglarla. Cuando regresaba del trabajo a media noche, tenía que ponerme a lavar a mano. A veces no iba a dormirme hasta que el sol salía, y pues ya era hora de preparar el desayuno de mis hermanitos. Y después tenía que preparar la comida antes de que fuera hora de irme al trabajo otra vez.

Con el trabajo de barman solo gana 1 700 quetzales de sueldo al mes. Pero aun así, se considera afortunado.

—De mi generación, solo una tercera parte estamos vivos todavía. A muchos de mis viejos amigos los han matado en los últimos cinco años. Así que entiendo que mi mamá no me deje salir en la noche. Solo quiere protegerme.

Cuando llegamos al restaurante, me siento en el bar mientras Abél desaparece en la cocina para cambiarse.

—Mi sueño es poder viajar a Estados Unidos y trabajar como barman —me dijo cuando caminábamos entre las casitas de lámina y a lo largo de los rieles del tren.

Ahora estoy aquí sentado con jóvenes de clase media y clase alta a mi alrededor, y pago lo equivalente a casi ocho dólares por una hamburguesa y unas papas. Es lo que gana Abél en una día de trabajo.

Salarios diferentes para el mismo tipo de trabajo. Pocas cosas pueden provocar a simpatizantes de la izquierda tanto como esta simple constatación. Pero el que haya estudiado cadenas globales de restaurantes o cafés como Friday's y Starbucks deduce pronto que los salarios diferentes para el mismo tipo de trabajo son un elemento fundamental en su modelo de negocios. Los precios del café o de la comida pueden variar algo entre los diferentes países, pero no tanto como el salario de los empleados.

Por eso, el margen de ganancias aumenta dramáticamente en países con bajos salarios como Guatemala. Sin embargo, lo que muchos no reflexionan es que la diferencia salarial se basa, en gran parte, en las restricciones de viajar. Si un barman talentoso como Abél hubiera podido viajar a, digamos, Miami, y trabajar ahí legalmente, tendría —así como otros empleados ambiciosos— una posición mucho mejor para negociar que en su lugar de origen. Que esto no sea posible lleva a que una parte trate de irse de todos modos; aunque sin permiso. Desde una perspectiva de izquierda podría verse como un *movimiento obrero subterráneo* que lucha por tener un salario igual para el mismo tipo de trabajo.

Pero entonces se necesita un cambio de perspectiva. Por largo tiempo solo los grupos anarquistas y anarcosindicalistas del ala más extrema de la izquierda han exigido la libre circulación de personas. Segmentos de los partidos de izquierda han tenido buenas relaciones con el movimiento de asilo, pero han descartado toda propuesta de migración de mano de obra. Una fracción de los partidos socialdemócratas de Europa occidental —cuyos fundadores a principios del siglo XX se consideraban a menudo representantes de un "buen nacionalismo"— se han opuesto incluso a la migración de refugiados. La razón: la inmigración siempre ha sido vista como un juego de suma cero en el que automáticamente un inmigrante provoca el desempleo de un trabajador nacional.

Pero como hemos visto, la mayoría de los estudios científicos no sostienen esta suposición. Un paralelismo interesante es el de la entrada de las mujeres al mercado laboral en Europa occidental después de la Segunda Guerra Mundial. También entonces existía la inquietud de que tomarían los trabajos de los hombres, lo que en gran parte no ocurrió. Al contrario, los efectos dinámicos que provocó el incremento de la mano de obra parecen haber estimulado las economías de países como Suecia o Estados Unidos, a la vez que surgían nuevos grupos de profesionistas. Por supuesto, siempre hay un riesgo de que los sueldos se estanquen o que ciertos sectores puedan ser afectados por el desempleo. Pero los estudios que existen indican más bien que un incremento de la migración produce ganancias en la economía de la sociedad. Incluso hay estudios que muestran que la migración beneficia a las exportaciones de un país, con lo que se suministran ingresos al Estado en forma de impuestos que posteriormente se pueden distribuir.[17]

Tampoco la migración es necesariamente una carga para el Estado de bienestar. Al contrario, de acuerdo a un citado y, por cierto, muy debatido reporte de la OCDE, la migración ha representado un beneficio económico para la mayoría de los 37 Estados miembros de la organización.[18]

"El anuncio más importante que tenemos hoy es que los migrantes tienen sobre todo efectos positivos en la economía, y en el peor de los casos, efectos neutrales", dijo Ángel Gurría, Secretario General de la OCDE cuando se presentó el reporte.[19]

Los críticos del ala izquierda señalan que el mercado rara vez funciona de un modo perfecto como creen los economistas. Esta crítica parece tener sustento en investigaciones, entre otras de México, que muestran que las remesas que llegan a familias particulares pueden tener un efecto limitado en la sociedad si éstas no son canalizados de alguna manera por el Estado. Pero también hay un error en creer que más migración significaría la capitulación del Estado.

No hay ninguna duda de que la conquista del poder estatal ha sido con mucho el éxito más importante del movimiento obrero durante el siglo XX. Esto posibilitó que el Estado tomara el mando de la economía y dirigiera y distribuyera el capital, al menos hasta que las oportunidades de los dueños de capital incrementaron su movilidad mundial de modo dramático a finales del siglo pasado.

Algunos críticos de la globalización argumentan que el capital y los migrantes viajan en los mismos barcos, camiones y trenes, como si se tratara de dos caras de un mismo desarrollo amenazador. Pero nada puede estar más equivocado. Mientras que el capital se traslada en unos y ceros por cables de fibra óptica buscando lugares en los que pueda maximizar las ganancias, la circulación de migrantes es, en primer lugar, un intento de disminuir el poder del capital y de redistribuir a los trabajadores la plusvalía de la producción. Organizarse en sindicatos es una forma. Tomar el poder del Estado por vía democrática es otra. Emigrar es una tercera forma. Una izquierda del siglo XXI debería comprender que estas estrategias no se oponen necesariamente entre sí.

Pero entonces se necesita un Estado fuerte en los países de acogida que invierta en educación, vivienda y apoyos para migrantes recién llegados, y que les ofrezca una base para integrarse a su nueva sociedad. Esto podría considerarse como una política neo-keynesiana (inspirada en el economista John Maynard Keynes), ya que estimularía la economía nacional. Crearía trabajos no solo para los recién llegados, sino también para todos los que trabajaran en la recepción de migrantes y centros de acogida, escuelas, cursos de lengua y educación profesional, agencias de trabajo y comercios en las ciudades donde el consumo incrementaría.

De hecho, durante la llamada *crisis de refugiados* de 2015 a 2017, el PIB de Suecia –uno de los países de Europa que recibió más refugiados per cápita– creció más de lo esperado, en gran parte gracias a las inversiones del Estado para recibir migrantes (y evitar un aumento de la pobreza y la explotación). Estas inversiones produjeron un efecto dinámico en la economía, argumenta el profesor de ciencias políticas Peo Hansen: dio un empuje enorme al consumo de servicios y mercancías, y aumentó así los ingresos de los municipios y del Estado; lo que, a su vez, generó un incremento generalizado del bienestar económico, sobre todo en pequeños municipios donde se había vivido una despoblación gradual durante años.[20]

Algunos movimientos de izquierda ven oportunidades al respecto, y apoyan una política migratoria basada en derechos, alianzas transnacionales y un mundo más abierto e igualitario en el que todas las personas puedan viajar libremente. Llamémosla izquierda cosmopolita. Una izquierda que se opone a todo nacionalismo étnico —donde sea que aparezca—, que busca unirse entorno a exigencias globales, traza estrategias políticas transnacionales, pero al mismo tiempo, cree en el Estado y en la idea de democracia directa local. Sobre todo es una izquierda que tiene los derechos humanos —y el sueño de Arendt: el derecho a tener derechos— como uno de sus principios guías. Sin embargo, todavía es demasiado prematuro decir si podrá prevalecer frente a las corrientes más o menos autoritarias y nacionalistas que también pretenden llamarse de "izquierdas".

CUANDO REGRESO a La Línea la siguiente mañana, es un gran día para Norman y Francisco. Norma acaba de darles permiso para acompañar a su hermano mayor, Heesler de 13 años, en su excursión diaria a la barranca del barrio. Allí van a recolectar plástico reciclable, explican orgullosos. Parece ser una aventura más que un trabajo.

Norma se muestra un poco incómoda cuando le pregunto si puedo ir con ellos.

—Claro... Aunque sabes, todos tienen que poner su

granito de arena —dice y se encoge de brazos un poco avergonzada.

Junto con Heesler, Francisco y el pequeño Norman, camino por el callejón y zigzagueo hacia la barranca. En el brazo, cada uno de los chicos lleva una bolsa de basura, la que esperan llenar con botellas de PET y otros plásticos. Riendo, se deslizan por la pendiente empinada y me dicen que me agarre bien.

—Vamos, tú puedes —me grita Francisco.

Estamos a solo poca distancia del barrio, pero la pendiente está tupida de vegetación. Hay muchas raíces de árboles y de arbustos, y me araño los brazos con malezas afiladas cuando me deslizo. Finalmente, llegamos al fondo de la barranca. Un riachuelo corre bajo las copas de los árboles. Pero no es un riachuelo común. Es marrón y maloliente. El hedor es casi nauseabundo.

Pronto me doy cuenta que es el desagüe improvisado del barrio. El excremento de diez mil personas flota aquí, completamente a la intemperie con árboles frondosos como un deficiente bastidor. Por instinto, me llevo la mano a la boca. No solo yo estoy sorprendido.

—No pensaba que iba a ser así. Creía que iba a ser más como un lago o algo así —dice Francisco.

Pero los niños tratan de mantener el ánimo. El lugar, a pesar de todo, parece estar hecho para recolectar botellas de plástico. La basura de la pendiente se ha enjuagado por la lluvia y se ha concentrado en piscinas naturales en la parte baja de la barranca. Francisco se pone en una esquina de una de las piscinas y recoge botellas pegajosas color marrón. Hace muecas de desagrado por el olor y la vista de todo el excremento, pero seca la botella de plástico con un trapo y la aplasta resuelto. Después la mete en su bolsa.

—¡Mira! —se escucha una voz en otra piscina.

Es Heesler, el hermano mayor, que ha encontrado dos pelotas de futbol.

—¡Están casi nuevas!

Lentamente las bolsas se van llenando de plásticos. Al cabo de una hora están casi llenas. Entonces los niños comienzan a subir por la pendiente. Francisco se resbala y se cae unos metros. Le pregunto si necesita ayuda, pero solo mueve la cabeza en silencio y se levanta de nuevo. A él y a los otros les esperan unos quetzales por sus esfuerzos. Antes de que cobren su sueldo en la tienda local, deciden probar sus pelotas de futbol en una cancha de grava del barrio. Heesler hace un finta de apoyo, una pared conmigo y luego lanza un fuerte tiro hacia la portería. En aquel momento, se escucha un ruido enorme y un helicóptero pasa a una altura baja sobre nosotros. Es uno de los habitantes acomodados de la ciudad que regresa a casa del trabajo.

Es fácil resignarse —o llenarse de rabia— cuando uno se confronta con la extrema pobreza de las crecientes zonas marginales del mundo. En mis años como corresponsal en Latinoamérica visité muchas zonas como La Línea, desde Río de Janeiro al este hasta Ciudad Juárez al oeste. Algunas han sido más pobres y peligrosas que el barrio marginal donde vive Norma. Y si de algo estoy convencido es de que los políticos del futuro —sean liberales, conservadores, ultra-nacionalistas o de izquierdas— tendrán que lidiar con las consecuencias de la miseria de estos asentamientos irregulares.

Una parte de la culpa por el crecimiento de zonas marginales la tienen indudablemente los políticos corruptos y la administración estatal incompetente. Las élites en países como Guatemala tienen una responsabilidad considerable de que la situación sea como es. En la medida en que los países son democráticos, los ciudadanos también tienen una parte de culpa.

Pero al mismo tiempo, parece haber una dimensión estructural. En 1870, el PIB per cápita de los países más ricos era 8.7 veces más alto que el de los países más pobres. En 1960, la brecha había crecido 38.5 veces. Y en 1990, el PIB de los países más ricos era 45.2 veces más alto que el de los países más pobres.[21] Quien no se haya convencido del argumento liberal del derecho del individuo a la libre circulación, pero, no obstante, quiera solucionar la pobreza, debe entonces, por lo menos, sopesar el aumento de la migración como una vía hacia un incremento de la igualdad.

—Por allá a veces la mafia tira los cuerpos.

Norma señala un callejón oscuro a un lado de donde pasamos, y la familia acelera el paso mientras los carros y camiones pasan pitando con faroles encendidos. Oscar lleva cargando a April en sus brazos. Norma le dice a Heesler que vigile a Francisco y a Norman que se ven muy expuestos caminando allí con los demás en la orilla de la carretera. Solo falta Abél, que tuvo que ir a trabajar a Friday's un par de horas antes.

Norma y Oscar no tienen dinero para el camión, así que tienen que caminar bastante para llegar a la iglesia. Van callados. Pero Norma está estresada. No quiere llegar tarde.

—¿Cómo se vería si llegamos así de sucios a la iglesia? —dice en un tono seco.

Después de la ida a la barranca, mandó a los niños a bañarse y arreglarse, mientras ella hacía la comida: arroz con frijoles y un pedazo de salchicha para cada quien.

—A veces solo tenemos dinero para tortillas. Así que después de todo, esto es buena comida —me dijo en aquel momento, como un dato más.

Ahora voy a su lado y me pregunto si debería pagar el camión o no. Al final decido abstenerme. El principio que trato de seguir es ayudar solo en situaciones extremas, cuando la vida de alguien o su dignidad esta amenazada seriamente.

Lo que sea que eso signifique.

La capilla está repleta. El servicio religioso ha comenzado y enfrente en el altar está una mujer que predica que las mujeres deben ser valoradas más. Explica que, de hecho, las mujeres también son herramientas de Dios.

La gran mayoría de los miembros de esta Iglesia evangélica son precisamente mujeres. Muchos de sus hombres están en Estados Unidos. Otras se han quedado solas con los hijos tras matrimonios frustrados. Juntas tratan de encontrar con su fe fuerza y apoyo mutuo.

A mi lado están sentados Norma, Oscar y los niños. El altar está todo de rosa. Mientras escucho las palabras de la pastora pienso en lo importante que es la perspectiva de género para los que desean entender la migración. Porque, efectivamente, es verdad lo que un investigador dice en su árido lenguaje, que las prohibiciones para viajar golpean más duro a las mujeres que a los hombres. Las mujeres están más expuestas a abusos a lo largo del camino. Además, los viajes de las mujeres no son aceptados socialmente de la misma manera. Con frecuencia, la mujer es dejada como una especie de ancla en el país de origen, y con dos funciones que cumplir: ser madre y padre a la vez. Todo mientras los hijos hablan constantemente de un padre ausente.

Mientras estoy sentado allí, dejando que mis pensamientos divaguen, escucho de repente la voz de Norma.

—Señor, protégenos, protege a mis hijos... Dame fuerza...

Toda la sala prorrumpe en rezos. Las mujeres y los hombres a mi alrededor hablan con un Dios que a veces, quizás, quisieran que estuviera más cerca. Le piden que los cuide, que esté con ellos. Al final se abrazan mutuamente, se dan la mano e intercambian una mirada fugaz, pero cálida.

Norma me ha contado que aquí tiene a muchas de sus amigas más cercanas. Que venir aquí le da tranquilidad. Y fuerza para seguir.

DECIMA PIEZA DEL ROMPECABEZAS
EL NACIONALISMO NORMALIZADO

No amo mi patria.
    Su fulgor abstracto
    es inasible.
Pero (aunque suene mal)
    daría la vida
por diez lugares suyos,
    cierta gente,
puertos, bosques de pinos,
    fortalezas,
una ciudad deshecha,
    gris, monstruosa,
varias figuras de su historia,
    montañas
-y tres o cuatro ríos.[1]

Jose Emilio Pacheco

EL BOTE inflable se mece sobre el torrente de arriba a abajo. Avanza como un improvisado transbordador de cable: a sacudidas y en zigzag, unos metros a la vez. Los diez hombres abordo jalan agitados la cuerda que yace en la superficie alborotada del río. El agua moja sus pantalones y zapatos cuando alguna ola pequeña rompe en el borde. Arriba, el cielo estrellado es un negro lienzo resplandeciente que se refleja en la espuma de las pequeñas crestas de las olas.

Jamal busca con la vista una orilla del otro lado. No sabe nadar y tiene miedo de perder el equilibrio y caerse al agua. Pero sabe que hay prisa. La policía fronteriza Frontex puede llegar en cualquier momento. O lo que sería peor: la policía fronteriza griega.

Una y otra vez jalan el bote de hule para cruzar el río. La cuerda raspa las manos, y codos y rodillas chocan en la oscuridad. El tiempo pasa rápido mientras avanzan. ¿Tardan un cuarto de hora? ¿Veinte minutos? No sabe. Al final, se deslizan en silencio por las sombras de las copas de los árboles. El hule choca con la orilla. Se ponen de pie.

Antes de que se bajen, el traficante los detiene. Les dice en voz baja:

—Ahora están en Grecia.

Después señala entre los árboles.

—Si caminan por ahí van a encontrar una carretera que pueden seguir hasta el pueblo más cercano. Ahí hay una estación de policía. Regístrense ahí. Así les van a dar un papel con el que pueden viajar por el país. Pero recuerden: no pidan asilo aquí.

Jamal se baja junto con los demás. Seca su mochila y mira con ojos grandes a su alrededor. La orilla está cubierta de pinos. Un aroma de coníferas reposa en el aire.

Soy libre.

Detrás de él, el traficante y el bote han desaparecido en la oscuridad.

EL RÍO fronterizo Evros o Maritsa, en el noreste de Grecia, es uno de los frentes de la política migratoria de la Unión Europea. La cantidad de migrantes que pasaba por aquí era entre 15 000 y 55 000 por año durante la década de 2010. Una valla de varios kilómetros de largo y la ampliación del trabajo conjunto con Frontex han contribuido a que se haya vuelto cada vez más difícil atravesar el río. Pero a pesar de esto, muchos siguen tratando.

Para ver esta realidad con mis propios ojos, viajamos a la ciudad de Soufli, con alrededor de 15 000 habitantes, a unos kilómetros del río Evros. Con el calor matinal de junio, la localidad da una sensación de letargo. Unos pocos turistas deambulan por el centro. En los restaurantes los primeros comensales apenas van llegando. Por ningún lado vemos personas con las señas típicas del migrante: rostro cansado y bronceado, con mochila al hombro, ropa desgastada y tenis.

Parado afuera de un restaurante que vende giros, un hombre uniformado y con cabello rapado está esperando su pedido. Le pregunto si sabe dónde queda la estación de policía, pues he oído que los migrantes acostumbran llegar ahí para registrar su ingreso a Grecia.

—Sí, trabajo ahí —responde—. Está por la vías del tren.

—Soy periodista. ¿Puedo hacerle unas preguntas?

—¿Sobre qué?

—Me imagino que no siempre es tan fácil trabajar ahí. Ha de suponer bastante estrés.

Me examina pensativo unos segundos. Después viene la respuesta:

—¡Odio mi trabajo! ¿Oyes? ¡Odio a los migrantes! ¡Hay varios millones! Y solo llegan más todo el tiempo.

El arrebato es tan violento y estridente que, por instinto, retrocedo.

—Pero ¿tienen problemas en el centro de detención? ¿Peleas o algo por el estilo?

—¡¿Peleas?!

El hombre de pelo rapado pone los ojos en blanco, se da media vuelta y entra al restaurante de giros. Su pedido está casi listo. Y rechaza cualquier intento de seguir la conversación. Cuando se va, me increpa:

—Puedes olvidarte de entrar. Se necesita permiso y no te lo van a dar.

Seguimos caminando por la ciudad y hablamos con otros habitantes de Soufli. Sin embargo, todos se niegan a hablar del periplo de los migrantes en la ciudad. Me da la impresión de que es un tema sensible y enardecido. Pero después de un rato encuentro la estación de policía: un edificio amarillo de una sola planta, justo a lado de las vías del tren.

El patio está cercado con rejas. A unos veinte metros hay una pequeña ventana enrejada en el que alguien ha colgado ropa a secar. También hay algunos tenis que se están secando. ¿Habrá migrantes detenidos ahí adentro? Decido echar un vistazo.

—No, no, aquí no puedes estar... ¿Tienes algún permiso oficial?

Apenas he tenido tiempo para entrar a la estación cuando un guardia que está sentado en un modesto escritorio se levanta y grita la orden irritado. De nuevo explico que soy periodista y que solo quiero hablar con algún responsable. Pero el guardia se dirige hacia mí con paso amenazante.

—Sin permiso no puedes estar aquí —dice.

Atrás de él entreveo a otro guardia. Es el hombre del restaurante de giros. Sonríe socarronamente y me dice:

—¿Qué es lo que te dije?

De pronto, siento unas manos robustas que me toman de los hombros y me empujan a la puerta:

—¡Fuera! ¡Fuera! —vocifera el guardia en inglés.

La comida ha llegado.

Jamal se levanta junto con los otros. Miran con expresiones hambrientas hacia la puerta. El cuarto en el que están detenidos es pequeño y sucio. Unos cuarenta hombres duermen en cartones alisados sobre el piso de cemento. La única ventana es un pequeño hueco enrejado cerca del techo, en donde algunos prisioneros han colgado su ropa para secar.

—¿Por qué no comparten? —pregunta uno de los afganos.

—Quieren que les paguen —se escucha una voz.

Parece que los guardias le han dado la comida a algunos de los migrantes que llevan rato en la prisión. Al principio, Jamal no entiende qué está pasando, pero en seguida se da cuenta de que esto no es un reparto de comida normal.

La irritación crece entre los recién llegados. Muchos de ellos no han comido en más de 24 horas —y se les ha acabado el dinero—. Algunos se ponen a gritar y a jalar las bolsas de comida. Jamal no forma parte del tumulto, pero siente como la ira crece dentro de él.

Unos segundos más tarde, los guardias llegan embistiendo. Patean y golpean a los prisioneros con porras.

—¡Siéntense! ¡Cállense! —ruge uno de ellos mientras los migrantes retroceden.

Jamal toma un poco de agua de una botella de plástico. Después ya no puede contenerse:

—¡Es que ellos no comparten la comida!

Uno de los guardias da unos pasos hacia Jamal y le da una patada alta en el hombro. La botella rueda por el piso.

—No eres nada para mí. ¿Escuchas lo que digo? *Nothing*.

Los otros se han sentado en el piso. Jamal se queda callado. Aprieta su brazo adolorido y mira hacia otro lado.

—Es DIFÍCIL, por no decir imposible, conseguir permiso para fotografiar o filmar dentro de las estaciones de policía. Hasta donde sé, no han dejado a ningún periodista. Nadie. Y no es casualidad —dice Ioanna Pertsinidou, abogada de Médicos sin Fronteras en Grecia.

—Las condiciones son muy, pero muy malas. Está terriblemente sucio y la ventilación es mala. Rara vez hay camas para todos. A veces, el desagüe se descompone y las celdas no tienen buena calefacción en invierno —prosigue Pertsinidou, quien ha sido de las pocas en tener la oportunidad de visitar a los migrantes recluidos en los "centros de detención" de la policía.

Mientras nos cuenta sobre los "cientos de prisioneros" y de los nuevos que llegan cada semana, traza un mapa de los centros de detención que ha visto con sus propios ojos. En mi libreta escribe los nombres de las ciudades: "Soufli", "Fylakio", "Feres", "Tychero", ...

—Muchas veces el estado de ánimo se pone tenso, ya que es muy estrecho. A lo máximo, un preso puede salir como veinte minutos al día. A veces, no los dejan salir por semanas. Además, los guardias le dan un tratamiento mejor a algunos migrantes a cambio de euros —dice.

—Antes, los que pedían asilo no recibían ninguna ayuda jurídica. Sin embargo, ahora algunas organizaciones no gubernamentales hemos tenido la oportunidad de darles asesoramiento, pero con recursos muy limitados. Y no hemos visto mejoras significativas en cuanto a higiene y trato. Existen demasiados casos de solicitantes de asilo que se han quedado detenidos por más de un año o año y medio.

En abril de 2014, Médicos Sin Fronteras (MSF) publicó un reporte sobre la situación de unos cincuenta centros de detención en Grecia. Según la organización, en ese entonces la higiene y las condiciones de vida eran muy malas, y también las principales causas de que se transmitieran enfermedades en estos centros. Por eso, al igual que organizaciones de derechos humanos como Human Rights Watch y Amnistía Internacional, Medico Sin Fronteras criticó duramente el trato que recibían los migrantes en Grecia.[2]

La insuficiente gestión de asilo en Grecia (solo el 0.9% de los solicitantes recibían una respuesta positiva[3]) contribuyó a que muchos Estados miembro de la Unión Europea —durante algunos años— excluyeran al país del llamado Convenio de Dublín. El principio guía de esta regulación, que todos los países de la Unión Europea, junto con Noruega, Islandia y Suiza, se habían vinculado a seguir, era que los refugiados debían buscar asilo en el país miembro al que llegaran primero. De este modo, argumentaron los defensores de la regulación, se garantizaría la legitimidad del derecho a la libre circulación *dentro* de la UE. Sin embargo, durante la década de 2010 este sistema recibió cada vez más críticas duras por provocar condiciones humanitarias deplorables en los países fronterizos de la UE, como Grecia, Italia o España.

Ya en 2014, MSF señaló que eran los fondos de la UE los que de hecho mantenían a flote la gestión criticada. El dinero de la UE financió gran parte de la valla alambrada cerca del río Evros. Y era el dinero de la UE —que también financiaba las actividades de Frontex en la región— el que, según MSF, había permitido la construcción de los controvertidos centros de detención en Evros y en otras partes del país.[4]

Durante la llamada crisis de refugiados en 2015, decenas de miles de migrantes lograron entrar a Grecia usando otro y más peligroso trayecto; aquél que pasa por el mar, sale de las costas de Turquía y llega a Lesbos y a otras islas en el archipiélago griego. Este trayecto es más largo. Hubo muchos muertos. Pero durante unos cuantos meses, se abrió una grieta en el muro de la UE para los refugiados que habían huido de las guerras de Siria y Afganistán.

En marzo de 2016, la UE firmó un acuerdo multimillonaria con Turquía —para que nuevamente se volviera un "país barrera". Las autoridades turcas empezaron a perseguir más activamente a los traficantes de personas, y pronto aceptaron que fueran devueltos los migrantes que habían logrado llegar a las costas griegas. El cruce por el mar empezó a volverse más complicado.

Cuatro años más tarde, en 2020, hubo una escalada de tensiones entre Grecia y Turquía. Durante esta crisis, Grecia usó la práctica controversial de *pushbacks* en el Mediterráneo —regresando a los migrantes al país vecino sin debido proceso—, según varios organizaciones de derechos humanos (aunque las autoridades griegas lo negaron).[5]

Todo esto llevó a un nuevo auge en la ruta del río Evros, donde el paso es más rápido y los sistemas de vigilancia tienen más dificultad para detectar a los migrantes. Sin embargo, a mediados de 2021 Amnestía Internacional alertó de que también en esta región las autoridades griegas ya usaban *pushbacks* ilegales, y que esta práctica ilegal parecía ser casi sistemática.[6]

DURANTE DOS DÍAS hemos hablado con representantes de organizaciones. Hemos estado afuera de los centros de detención sin poder entrar. La gran presencia de la policía en la zona hace que la mayoría de los migrantes traten de alejarse de aquí lo más rápido posible. Pero una mañana, de repente, están unos cientos de migrantes en el andén del tren de la capital Alexandroupolis.

Saludamos a unas mujeres congoleñas y a un pequeño grupo de hombres desconfiados que vienen de Bangladesh. Hablo con hombres de Siria e Irak y, al final, me siento de cuclillas a lado de unos afganos que están sentados en un banco.

Un chico de jeans y suéter de manga larga beige está sentado acurrucado sobre el respaldo del banco de madera. Lleva un paliacate de la bandera británica que le cubre la nariz y la boca. Estira la mano y me saluda:

—Mi nombre es Jamal —dice.

A juzgar por la expresión de sus ojos, sonríe detrás del paliacate.

—Me llamo Erik, soy un periodista de Suecia.

Jamal traduce al *pashto*. Los otros extienden sus manos para saludar. Tras solo un momento, resulta evidente que no han tenido un comienzo muy agradable de su estancia en la Unión Europea.

—Pensábamos que aquí en Europa existían los derechos humanos. Pero nos encerraron por dos días en un cuarto oscuro y nos trataron como animales. A mí me patearon en el hombro —dice Jamal y se baja la sudadera con una mano para que pueda ver su moretón.

Se quita el paliacate y habla rápido y concentrado, pero sigue siendo alegre y amable. Aún no sé cuánto ha tenido que pasar para llegar aquí. Les digo que no parece un recibimiento digno y que no tengo nada que ver con las autoridades; pero con mucho gusto a todos les doy la bienvenida a Europa.

Algunos de ellos prorrumpen en risas.

—Pensé que era policía —dice uno de los afganos y me señala con la cabeza.

—¿Estás seguro de que no eres policía? —pregunta otro, medio en serio.

Jamal responde en mi lugar.

—No es su culpa. Él solo está aquí para explicar a otros lo que está pasando.

Allí se rompe el hielo. Comienzan a contar más sobre su viaje. Pero, de pronto, son interrumpidos por un hombre que viene corriendo con un mensaje urgente: un traficante ha encontrado un par de autobuses en los que pueden viajar todos.

—Es mucho más barato que en tren.

Los afganos se levantan y se ponen a seguir al hombre hacia la salida. Antes de que se vaya Jamal, le pregunto si nos podemos reunir en Atenas.

—Está bien —responde.

Le entrego un teléfono celular sencillo para que estemos en contacto y le pido que me llame cuando haya llegado a la capital griega. Jamal asiente y me dice con una sonrisa:

—*Wa-lina?*

Me explica que en pastún significa "¿por qué no?".

AL DÍA SIGUIENTE, Atenas es una olla hirviendo de descontento. El más reciente paquete de ahorro del gobierno ha hecho que salgan miles de personas a las calles y plazas para protestar contra lo que muchos experimentan como un dictado injusto de la llamada *troika*: el FMI, la Comisión Europea (CE) y el Banco Central Europeo (BCE). En las zonas céntricas de la ciudad, la policía antidisturbios arremete con gases lacrimógenos contra la plaza Syntagma. Ruidos de disparos resuenan entre los edificios, y policías en motocicletas van girando sus porras contra todos los que encuentran en su camino.

Hombres y mujeres jóvenes, enmascarados y con sudaderas encapuchadas, se enfrentan a los policías con garrotes y cócteles molotov. Rompen ventanas de los bancos y de cadenas de comida rápida. Todo mientras muchos manifestantes pacíficos se agachan en los parques o se esconden en los cafés o restaurantes.

A veces, la niebla del gas lacrimógeno se vuelve insoportable en Syntagma. Entonces, me resguardo en el metro que queda a lado. Ahí me encuentro con Vassia Vouzinikou de 17 años. Su mamá Asimina luchó contra la Junta Militar de Grecia a principios de los setenta, y ahora está a lado de su hija. Se han manifestado pacíficamente por la libertad y la justicia, pero tuvieron que buscar refugio aquí cuando comenzaron las confrontaciones.

—Esto es fascismo. Queremos tener justicia y democracia. ¿No fue aquí en Grecia donde nació la democracia? ¿Y ahora dónde está? —pregunta Vassia Vouzonikou entre abscesos de tos y con lágrimas corriendo por sus mejillas.

~

—¿Una manzana, tal vez?

Las cocineras del comedor social de Cáritas en la calle Kapodistriou en Atenas no son conocidas por su tacañería. Soufiane Oukzaz asiente y toma una manzana de la canasta, la pone junto al plato en la charola y va y se sienta a la mesa.

—La comida aquí está decente —dice Soufiane y empieza a comer.

—Al menos mucho mejor que la de la iglesia de la plaza Omania —completa su amigo Abd Allah Oib.

Los dos son de Marruecos. Un conocido, Abdelkader Kaila de Algeria, está sentado enfrente y mira apático mientras comen.

Yo, por mi parte, estoy aquí para saber más sobre la situación de los migrantes en Atenas, a la vez que espero que me llame Jamal. Lo último que supe de él fue que el traficante griego quería una notificación desde Pakistán de que el pago se había efectuado antes de dejar ir a su cliente.

Pero ¿qué le espera a Jamal cuando salga? Abdelkader mueve sombrío la cabeza.

—Dormimos en las calles y todos los días venimos aquí para que nos den comida. Hay que estar aquí a tiempo porque solo dejan entrar a unos cien por día. Ya desde la madrugada la cola dobla la cuadra.

Tiene un brazo golpeado que lleva un cabestrillo. Cuando le pregunto qué es lo que le ha pasado, responde a secas: "Racistas".

—Aquí es peligroso de noche, ¿sabes? Los racistas andan en motocicletas buscando gente como yo. Están vestidos todo de negro y llevan capuchas. Sé de muchos otros a los que les ha ido peor —dice Abdelkader.

Soufiane hace a un lado la bandeja y dice:

—Estoy cansado de esto. La siguiente semana me regreso a Marruecos. Ya he pagado mi boleto. Allá de todos modos puedo trabajar de guía de turistas, aunque la policía se lleve la mitad en sobornos. Y es que aquí no se puede. No quiero morir. Hace unos días vi cómo unos racistas perseguían a un chico pakistaní en el centro. Oí cómo gritaba por ayuda desesperado. Pero no sé si lo agarraron porque corrí para otro lado lo más rápido que pude.

Abdelkader añade:

—Nadie quiere estar aquí. Y no solo por los racistas. No hay trabajo. Sobre todo no para los migrantes. El problema es que cuesta mucho irse a otro país de la Unión Europea. He estado en el puerto de Patras y tratado de subirme a los barcos que van a Italia, pero sin lograrlo. Ahora estoy viendo con un traficante que dice que puede arreglarme un viaje a través de los Balcanes por unos 600, 700 euros. ¿Estás seguro de que no vas a ir, Soufiane?

El marroquí evita responder, y muerde un pedazo de manzana.

～

ENTRE 2010 Y 2013 los migrantes en Grecia estuvieron expuestos a unos 900 ataques, de acuerdo con organizaciones locales.[7] Human Rights Watch documentó unos 60 casos en detalle y comprobó que seguían un patrón:

> La mayoría de los ataques ocurren de noche, en o cerca de las plazas de la ciudad. Los agresores actúan en grupo y, con frecuencia, están vestidos con ropa oscura, con las caras cubiertas con máscaras o cascos. Algunos llegan y huyen en motocicletas. No es raro que ataquen con los puños, pero muchas veces, también usan como armas garrotes y botellas de cerveza. La mayoría de los ataques vienen acompañados de insultos y advertencias para que dejen Gracia, y en algunos casos, los agresores también les roban a las víctimas.[8]

Los agresores usaron incluso cuchillos y otras armas punzocortantes. Las víctimas seguido tenían miedo de ir a la policía, ya que la mayoría no tenía papeles y se arriesgaba a ser expulsada. En los casos en que alguien de todos modos hacía una denuncia, la policía casi nunca investigaba los hechos. También se reportó que la policía cobraba, en general, 100 euros de tarifa por recibir una denuncia de los indocumentados.

De ahí que no hubiera una investigación sólida de la policía en la que basarse. Sin embargo, Human Rights Watch comprobó que activistas del partido ultranacionalista Amanecer Dorado estaban detrás de al menos algunos de los ataques. Amanecer Dorado obtuvo el 7% de los votos en las elecciones de 2012 y más del 9% en las elecciones de la Unión Europea en Grecia en 2014. En ese entonces, el partido era probablemente la fuerza nacionalista más radical en toda la UE. Sus métodos violentos y su retórica antidemocrática permitían llamarles, casi indiscutiblemente, fascistas.

"Nuestra tarea es limpiar. A veces algunos de nuestros camaradas van quizá demasiado lejos. Pero en el fondo, no se trata sino de autodefensa", declaró el vicepresidente del partido Ilias Panagiotaros en relación con los ataques contra los migrantes en mayo de 2012.[9]

No es ninguna casualidad que Amanecer Dorado cosechara éxitos justo cuando la economía estaba en una crisis profunda. El severo programa de reestructuración llevó al país a una espiral negativa que duró varios años. El salario real promedio se hundió en casi una cuarta parte, y el desempleo llegó a más del 25% en 2014. Pero el auge del ultranacionalismo dependía igualmente de una crisis de confianza en la democracia representativa, dado que los políticos elegidos por los ciudadanos habían ocultado la verdad de la situación financiera del país a comienzos de la crisis.

El encubrimiento se realizó con ayuda de la banca de inversión Goldman & Sachs; lo que hizo sospechar a muchos griegos de que la clase política estaba postrada ante el capital financiero global. El mismo capital financiero que, además, especuló activamente contra los esfuerzos de Grecia y de la eurozona para poner en orden la situación durante los primeros años de la década de 2010.

Los ultranacionalistas de Aurora Dorada prometían un renacimiento de la nación griega, finanzas fuertes y un capital controlado, militares poderosos y fronteras sólidas y seguras que mantendrían afuera a los migrantes. Cuando señalaban chivos expiatorios, los políticos, los directores de banco, los homosexuales y las mujeres se encontraban con frecuencia muy arriba en su lista. Aunque como ha advertido la periodista Alexandra Pascalidou:

"El desprecio del fascismo sigue su propia jerarquía de odio, y los más odiados son los extranjeros. Los refugiados. Los inmigrantes. Personas que durante los buenos y radiantes días del 2000 trabajaban como esclavas por sueldos de miseria sin llamar la atención. Las que contribuyeron al movimiento de liberación de las mujeres griegas de clase media, desempolvando sus estantes, planchando las camisas de sus esposos, preparando la comida de la familia. Mujeres de la antigua Europa del Este que habían dejado a sus propios hijos para cuidar a los niños griegos, de suerte que sus madres finalmente tuvieran tiempo para trabajar, tomar café, ir al salón de belleza o comprar a plazos en tiendas de marca. Extranjeros que recogían manzanas, aceitunas, uvas, con la mirada fija en el piso. Los noticieros se llenaban de noticias alarmantes que clasificaban la criminalidad sobre una base étnica. Reportajes sobre rumanos que trepaban como arañas por los techos de las casas para robar; albanos que mataban viejitas por diez euros; afganos que vendían heroína en el centro de la ciudad; nigerianos que se mantenían con artículos piratas. Cuando una vez le pregunté a un colega periodista por qué siempre ponían etiquetas étnicas a todos los delitos, solo movió la cabeza. No hay ningún debate ético sobre la responsabilidad periodística por el resurgimiento del racismo. Cuando en la televisión griega traté de voltear la perspectiva y aclarar que los inmigrantes griegos también cometen delitos en otros países, pero que no era ético cargarle la culpa a todo un grupo de personas, muchos objetaron que los griegos nunca cometerían tales delitos. Porque de acuerdo con la mitología xenófoba: "los otros" son siempre moralmente inferiores a nosotros."[10]

Así se sembró la semilla de la normalización del ultranacionalismo y de las ideas xenófobas. No cambió ni cuando el máximo líder de Amanecer Dorado fue encarcelado en 2013 ni cuando una corte en Atenas en 2020 finalmente dictaminó que el partido debía considerarse una organización criminal. Al contrario, los partidos tradicionales ya habían asumido gran parte de la línea política del partido en contra de los indocumentados.

En 2012 tuvo lugar una cacería de migrantes bajo el nombre "Operación Escoba". El objetivo de las redadas policiacas era vaciar de indocumentados las ciudades de Grecia y, mientras ocurría, los posicionamientos políticos en contra de la violencia racista eran casi inexistentes.

Escoba. Saborea la palabra.

La deshumanización y la incapacidad del país de manejar el flujo de migrantes prosigue de modo patente. Por muchos años esto quedó reflejado en las pésimas condiciones humanitarias en el campo de refugiados de Moria en la isla de Lesbos, hasta el incendio que lo destruyó casi por completo en septiembre de 2020.

En Grecia —y en Europa en general— el nacionalismo ya es un elemento integrado en el arsenal político; se trate de liberales, conservadores o socialdemócratas. Por supuesto, a este nacionalismo se le describe como "bueno" y "diferente" en comparación con el ultranacionalismo, pero también es excluyente y se expresa en una política migratoria sumamente restrictiva, con represión policiaca y centros de internamiento.

Ni siquiera en países como Suecia, que hasta mediados de la década de 2010 se destacó como uno de los países más liberales de la UE en cuestión de acogida de refugiados y en legislación en materia migratoria, los partidos tradicionales

están exentos de la tensión entre derechos humanos y nacionalismo. Un ejemplo elocuente es el de los Socialdemócratas
que han estado en el poder en Suecia gran parte del siglo
pasado. Ya en 1903, su líder y futuro primer ministro Hjalmar
Branting estipulaba:

> "La socialdemocracia tiene la intención de llevar adelante
> las ideas internacionales, pero en su forma tiene que ser
> nacional".[11]

Había una dimensión estratégica: se pensaba que la
lucha por el derecho al voto universal, es decir, la igualdad
política, aseguraría el poder en el parlamento nacional por
vía democrática. Pero a diferencia de los pensadores más
radicales de izquierda que veían el nacionalismo como un
enemigo (si bien una parte estaba lista para aceptarlo como
una necesidad táctica), el movimiento sindicalista reformista
y la socialdemocracia en Suecia parecían haberse identifi-
cado tempranamente con el romanticismo nacional del siglo
XIX y lo habían incorporado a su ideología.

Esto se reflejaba, entre otras cosas, en ideas sobre un
"buen" patriotismo y sentimiento nacional, en oposición al
nacionalismo de la derecha conservadora y del fascismo. El
nacionalismo "bueno" no dependía de las decisiones de las
élites económicas, y no era una herramienta para oprimir a
las masas. Tampoco se oponía a la solidaridad internacional,
aludía en 1904 un escritor en la revista *Fram* de la asociación
sueca de jóvenes de socialdemócratas, "porque estos dos son
gemelos", pues el internacionalismo era "la precondición
para el desarrollo cabal de aquel nacionalismo singular".[12]

Sin embargo, el desarrollo del "nacionalismo singular"

presuponía fronteras claras entre naciones, una estricta política migratoria y la idea de que el trabajador (a quien a veces se le concebía como el verdadero representante de la nación o la etnia) tenía que ser leal y sostener la lucha en el propio terruño, es decir, en la patria. En la práctica, se manifestó en un fuerte escepticismo contra los trabajadores extranjeros, a quienes se les acusó de ser "unos inmorales esquiroles".[13] También se les dirigieron juicios despectivos a los millones de escandinavos que dejaban la penuria de sus países y viajaban a Norteamérica a finales del siglo XIX y principios del XX. "Soy de la opinión de que aquel que emigra es un egoísta, que su único pensamiento es su ganancia personal", juzgaba, por ejemplo, un escritor en *Fram* en 1903.[14]

Cuando el nazismo llegó a su auge en los años treinta, la socialdemocracia se distanció del nacionalismo más radical, pero para entonces ya se habían acuñado varios conceptos centrales en la ideología de partido, como por ejemplo "folk-hemmet" (casa del pueblo). Y en los últimos años se ha puesto bajo la lupa el papel del partido en las esterilizaciones forzadas durante los años treinta en Suecia. Sin embargo, después del período de guerra, la solidaridad mundial entre personas —más que entre naciones— iba a desempeñar un papel cada vez más importante en la política exterior del partido. Por ejemplo, durante los setenta y los ochenta, la socialdemocracia sueca dio un considerable apoyo político y económico a la lucha contra el *apartheid* en Sudáfrica; una solidaridad que infundió en el movimiento obrero sueco una fuerte pasión por los derechos humanos. Tras el golpe militar en Chile en 1973, la socialdemocracia sueca también abrió sus puertas a miles de activistas de izquierda que eran perseguidos, lo que dio lugar a una política de asilo relativamente generosa.

A pesar de eso, la socialdemocracia en Suecia —del mismo modo que el partido de derecha, los Moderados (*Moderaterna*), y casi todos los otros grandes partidos en Europa occidental— lleva, a saber, un bagaje nacionalista. En el momento en que las crisis afligen al propio país y disminuye la posibilidad del Estado de controlar el movimiento del capital, puede resultar atractivo empezar a hurgar en esta herencia nacionalista. Grecia, de ningún modo, es el único país en el que los medios masivos de comunicación tienen una tendencia a usar la carta nacionalista cuando quieren aumentar su tirada o audiencia (ciertos tabloides británicos son un ejemplo extremo de esto).

Quizás no es tan extraño que con tal historia y con un tono así en el debate, el incremento de pequeños partidos ultranacionalistas haya hecho que los políticos, temerosos, desempolven los ropajes nacionalistas. Más nacionalismo para el pueblo parece ser la consigna en las sedes de los gobiernos de Europa.

Se podría pensar que ya debería ser suficiente. Pero casi todos los europeos llevan consigo un nacionalismo más o menos latente, incluso si en muchos casos es inconsciente e implícito. Después de más de cien años de adoctrinamiento por parte de escuelas y otras instituciones en el proceso de construcción de nación, son pocos los que cuestionan en general que las fronteras nacionales deban ser sinónimo de fronteras estatales. La mayoría también rechaza como anarquista e irreal la idea de quitarle al Estado nación el monopolio del control de la circulación.

Entretanto, crece la cantidad de expulsiones y de centros de detención en las fronteras de la Unión Europea.

Alexandra Pascalidou expone bien la situación:

La verdadera amenaza a la democracia no es Amanecer Dorado. Es el poder, la clase dirigente y los medios que, en una alianza profana, le dan a Amanecer Dorado luz verde para amenazar la democracia. Convalidan y dan su apoyo a la descripción de la realidad de Amanecer Dorado al no mostrar la forma inhumana en la que viven cientos de miles de personas en Grecia, bajo la amenaza constante de violencia por motivos racistas.[15]

PASAN un par de días antes de que Jamal llame. Finalmente, le han dado permiso de dejar el departamento. Quedamos de vernos en una plaza por la zona en donde vive. Le invito una taza de té verde en uno de los muchos cafés.

—¡Es muy difícil llegar a Europa! No creo que la gente lo entiende. Es mi tercer intento —dice Jamal y sorbe su té.

Cuenta sobre su primer viaje, de cómo lo detuvieron en Turquía. Y de su segundo intento que terminó inesperadamente en Pakistán.

—Pero la tercera vez fue mejor, ¿no?

—Sí. Además, la caminata en la montaña fue un poco más fácil, porque es casi verano y no hay tanta nieve. Tuvimos suerte, y en Turquía logramos evitar los controles de la policía. Los traficantes nos pasaron en un bote.

Le pregunto cuál es la razón por la que ha huido. Se mueve un poco inquieto antes de que comience a contarme. Se nota que es un tema sensible.

—Los talibanes son fuertes en mi pueblo. Y después de la oración del viernes mis amigos y yo solíamos reunirnos, y a veces yo criticaba a los talibanes. También por un tiempo trabajé como extra en una empresa afgana que construía cosas para los estadounidenses, y entonces a veces entrábamos a sus bases. Así que los talibanes me acusaron de ser colaborador. Pusieron un papel en la mezquita con mi nombre. Fue entonces que entendí que tenía que irme, porque ya han matado a muchas personas en mi pueblo.

Primero se fue a la universidad de Jalalabad, en donde se quedó a vivir con algunos de sus antiguos compañeros de clase. Hubiera preferido quedarse ahí y terminar sus estudios de ingeniería. Pero solo un par de meses después le llamó su papá y le contó que los talibanes ya sabían en dónde estaba. El papá le dijo que tenía que prepararse para irse del país, y que debía comenzar cruzando la frontera con Pakistán, en donde tenían parientes.

—Pareces tener una familia grande.

—Sí, soy el segundo de once hermanos. Mi hermano mayor tiene una discapacidad intelectual. Así que tengo una fuerte responsabilidad. Luego también tengo muchos parientes en Pakistán.

—¿Dónde se conocieron tus papás?

—Es una historia un poco especial. Cuando mi familia huyó a Pakistán, no todos se fueron. Un tío, hermano de mi papá, se quedó y participó en la guerra contra los rusos. Hay muchas historias de él en la familia. Era *muyahidín* (combatiente musulmán) y ganó cierto respeto por su valor en los combates. En sus últimos minutos de vida se quedó solo y herido en un hoyo, rodeado por una bandada grande de pájaros negros. Pero un perro lo defendió y espantó a los pájaros. Eso me ha contado mi mamá.

Y la mamá de Jamal debe saber, porque ella estaba casada con el tío cuando éste se volvió un mártir.

—Cuando llegó la noticia de su muerte, mi papá se ofreció a casarse con mi mamá para que no se quedara sin sustento. Es una solución común en el campo de Afganistán. Y se han llevado bien. Unos años después de que se casaran, nací yo.

UNOS DÍAS más tarde voy con Jamal a Acrópolis, en lo alto de Atenas. Mientras caminamos y admiramos las ruinas, le pregunto qué piensa hacer ahora.

—Al menos, no quedarme aquí. No hay trabajo y no se puede buscar asilo. Creo que voy a tratar de ir al puerto de Patras, porque dicen que uno se puede meter a escondidas en los barcos que van a Italia desde ahí. Y pues con un traficante cuesta unos cientos o hasta mil euros llegar al norte de Europa. Y no tengo más dinero ahora. Uno hace lo que puede.

Acrópolis esta lleno de mujeres y hombres blancos en shorts, playeras y lentes de sol. Uno que otro grupo de asiáticos con guías nos adelanta. Los únicos que aquí no son turistas son los hombres de Bangladesh que venden recuerdos.

Le pregunto a Jamal qué piensa cuando ve a todos estos turistas. Cómo se siente.

Primero le sorprende la pregunta. Después se queda pensando y responde con tono sincero:

—Me alegro por ellos. Sería estupendo poder viajar así.

ONCEAVA PIEZA DEL ROMPECABEZAS

EL CIUDADANO Y EL OTRO

LAS TERRAZAS de los restaurantes han abierto en el viejo malecón del puerto de Patras al oeste de Grecia. Se brinda con el vino de la región y se sirven especialidades locales, como el platillo de pescado Bourjeto. Una tibia brisa agita las camisas y faldas de los turistas. Allá afuera en la oscuridad, el mar jónico es un ondulante, pero casi imperceptible espejo de estrellas.

A tiro de piedra de los restaurantes se encuentra la gran zona portuaria de Patras. Está cercada con rejas altas y vallas de púas, y ya entrada la tarde ha disminuido la actividad entre los contenedores y los camiones. Pero el que aguza la mirada pronto advierte grupitos de siluetas en cuclillas que se mueven en las sombras.

—Tiene que haber una manera de subir a bordo. Porque sé de varios que lo han logrado.

Mohamad Nabi va de un lado a otro frente de uno de los portones. Lleva pants, sudadera y tenis oscuros. La mirada se dirige hacia el ferri rojo y blanco —grande como un crucero—

que se alza majestuoso a unos 200 metros en el borde del muelle.

—Un par de nuestros muchachos están ahí adentro ahora mismo —dice Mohamad, señalando con la cabeza hacia el ferri.

—Vi cuando un grupo se subió a un camión. Los guardias sacaron a algunos, pero después dejaron que el camión entrara a la cubierta de coches.

Los últimos vehículos están abordando por la boca abierta de la plataforma. El ferri partirá en una media hora. Ya se han iluminado algunas de las ventanitas de los camarotes.

Los trayectos Bari-Bríndisi-Venecia son transitados continuamente desde Patras. Cada mañana, colas de campers y de camiones serpentean afuera de los ferris. Pero para abordar no basta solo con un boleto válido. Hay que tener un pasaporte o visa que da derecho a viajar dentro del Espacio Schengen.[1]

—Normalmente, los guardias tienen mucho cuidado cuando revisan la carga. Encienden sus lámparas por las llantas, abren las cajas y alzan las cortinas. Por eso compré esta ropa —dice Mohamad, pasando su mano sobre su sudadera color café oscuro.

Deja de ver hacia el ferri y dirige su atención a los contenedores amontonados en el muelle y los camiones que están parados detrás de las rejas. Junto con los otros afganos, Mohamed se acerca a una pequeña abertura de la valla metálica trenzada. Por un momento parece que piensa escabullirse por la valla y correr hacia uno de los camiones. Pero apenas si ha tenido tiempo de pensarlo, un guardia vestido de verde en una motocicleta se detiene del otro lado de la valla con una luz amarilla intermitente.

Mohamad retrocede. Los demás también. Los guardias trabajan las 24 horas, y usan carros, motocicletas y cámaras de vigilancia.

—Honestamente me estoy empezando a cansar. Ya he estado aquí varias semanas. Pero se me acabó el dinero y no sé qué otra cosa podría hacer. Cualquier país es mejor que Grecia. En Italia creo que todos recibiríamos al menos algo de comer. Aquí todo lo que recibimos es tortura y sufrimiento —dice Mohamad con mirada sombría.

La mañana siguiente, Jamal baja del autobús en Patras. Unas horas antes me ha enviado un SMS, y nos encontramos en la estación de autobuses, un poco más de una cuadra de la zona portuaria. Se ve esperanzado. Decidido.

—Sé que muchos han fracasado. Pero tengo que creer que puede ser diferente para mí.

En Atenas, Jamal ha platicado con varios afganos que le han advertido sobre lo que le espera en Patras. Sabe que es difícil subirse a los ferris. Que el trayecto a Italia puede durar entre 18 y 36 horas, y que debe tener cuidado de no colapsar de deshidratación. Que después, cuando llegue, tiene que evitar que lo descubran, porque, de lo contrario, los italianos le van a tomar sus huellas y, entonces, las autoridades de otros países de Schengen inevitablemente lo enviaran allí de regreso (ver parte sobre el reglamento de Dublín en el capítulo 10).

Sabe todo esto, aclara, mientras caminamos en la calle Politechniou que se extiende a lo largo de la zona portuaria. Pero su meta todavía es llegar a un país escandinavo o quizás a Bélgica.

Se calla en medio de la frase. Un hombre viene tamba-

leándose de la zona cercada y cruza la calle con sangre escurriéndole en la cara. Los ojos están rojos de llorar.

—¿Qué te pasó? —le pregunta Jamal en *dari*, porque se
da cuenta de que se trata de un afgano.

Nombre: Mobariz

Edad: 23 años.

Jamal escucha y traduce:

"Se metió en un autobús... La idea era llegar al ferri....
Pero uno de los turistas lo vio... Y entonces comenzó a
pegarle y patearle... Después vinieron los guardias... Le
pegaron todavía más ... Al final, lo echaron".

Por las rejas que conducen a la zona portuaria, ya no se
ve ningún guardia. Se han ido a la caza de la siguiente
víctima. Los turistas que maltrataron a Mobariz tampoco
tienen que responder por lo que hicieron.

Mientras subimos por las escaleras de la calle Politechniou, veo cómo Jamal, un poco preocupado, mira de reojo a
su conmovido paisano. Subimos a un parquecito que tiene
una buena vista al puerto. Entorno a un pabellón, unos
veinte jóvenes están sentados descansando. La mayoría tiene
entre 15 y 30 años. Colchones y alfombras viejas están
esparcidas en el piso. Unos cartones aplanados están parados
como divisiones entre los diferentes "cuartos". Aquí y allá
cuelga ropa mojada para que se seque.

Mohamad está sentado en una de las colchas.

—Ahorita casi no tiene sentido tratar de subirse porque
hay un buen de migrantes allá abajo —dice cuando lo
saludamos.

Habla bien inglés. En Afganistán, Mohamed trabajó
como intérprete de la Organización del Tratado Atlántico
Norte (OTAN). Los soldados de su unidad eran alemanes —
cuenta—, así que también ha aprendido algo de alemán.

Durante varios años fue sus ojos y oídos en la zona circundante de la ciudad de Qundûz. Les ayudó a comunicarse con la gente local y el ejército afgano.

—Tenía un buen sueldo. Unos 500, 600 euros al mes. Eso es mucho dinero en Afganistán. Pude comprarme un coche bonito. Pero todo eso se acabó hace unos meses —dice Mohamad.

Da a entender que está frustrado y decepcionado por estar aquí.

—Es la primera vez que estoy así de pobre. Sin nada.

Cuando le pregunto si nos puede enseñar los alrededores, se levanta enseguida. Parece casi aliviado de poder entrar en un papel que le es conocido, aunque sea por un ratito.

Bajamos juntos por unas escaleras y pasamos por un grifo con el que los migrantes toman agua. Cruzamos la calle Norman, y luego pasamos por una reja que conduce a un viejo patio de ferrocarril. El suelo del patio está cubierto de maleza y pasto crecido, y un poco más allá, un grupo de afganos ha hecho una fogata. Uno de ellos está en cuclillas y rebana jitomate y cebolla en una cacerola, mientras hierve agua. En una barda están sentados algunos indigentes locales, siguiendo los preparativos de la comida con mirada curiosa.

El lugar me resulta conocido. El municipio mandó aquí a desmantelar un asentamiento irregular en 2009. He visto algunos videos en internet. Ahora no queda ninguna de las casas de lámina. Pero reconozco los rieles, la barda, los arbustos. Todos los migrantes que aquí vivían fueron detenidos y trasladados en autobuses a Atenas. Después llegaron nuevos migrantes.

—Solo hemos oído historias de ese asentamiento, pues fue hace mucho tiempo. Pero la policía todavía hace redadas de vez en cuando. Me imagino que no quieren que nos vayamos a poner a construir de nuevo —dice Mohamad.

Mientras caminamos de vuelta al parquecito, les pregunto cómo es que los dejan dormir ahí y no en el terreno de la estación. Uno de los afganos que nos acompaña dice que ha de ser porque el parque tiene un dueño privado. No sabe el nombre del propietario, y cuando les pregunto a los demás si de verdad es así, surge una cierta confusión. Jamal se sienta a un lado y escucha tranquilo la discusión. Parece que conscientemente mantiene un perfil bajo. Aquí hay hombres que han estado en Patras varias semanas, y se ha creado una jerarquía interna. Así que no se mete. Les pregunto si a veces no hay conflictos en el grupo.

—Sí, por supuesto que puede haber molestias. Pero tratamos de llevarnos bien y solucionar los conflictos pacíficamente. Porque nos encontramos en una situación difícil. Los árabes vienen aquí y nos roban. Y peor con los albanos. Hace unas semanas vinieron corriendo por las escaleras y trataron de tomar toda la plaza. Así que tenemos que mantenernos unidos —dice Mohamad, extendiendo los brazos hacia los otros afganos.

No todos en el grupo parecen estar convencidos de su gesto solidario.

Las fronteras no solo se construyen con obstáculos físicos, como vallas y guardias de seguridad. O con palabras como "unidad nacional" o "raza".

También se construyen con leyes.

Leyes de ciudadanía.

Ya Aristóteles, conocido por haber afirmado que el

hombre es "un animal político", pensaba que un régimen democrático requería de una delimitación entre los miembros de la comunidad política y otras personas. Algún tipo de condición formal y legal que garantizara al individuo cierta medida de autonomía, igualdad y participación política en la ciudad. Derechos, es decir, los que normalmente se otorgan a cambio de ciertas obligaciones.

Definida de esta manera, la ciudadanía parece haber surgido por primera vez en el 800 a. C. a unos 200 kilómetros al sur del puerto de Patras, en la antigua ciudad-Estado de Esparta.

En aquel tiempo, Esparta estaba constituida por cuatro pueblos pequeños a lo largo del rio Eurotas. Juntos constituían una *polis*, que en griego clásico significa tanto "ciudad-Estado" como "comunidad política". Los habitantes de esos pueblos no estaban muy interesados por las posesiones físicas (de ahí el adjetivo "espartano"), pero estaban casi obsesionados con la excelencia militar, algo que contribuyó a hacer de Esparta la ciudad-Estado quizás mas poderosa de Grecia junto con Atenas.

En sus muchas expediciones militares apresaron esclavos, los llamados *ilotas*, quienes después fueron forzados a trabajar en el campo o en tareas domésticas en Esparta. Pero los esclavos tenían una molesta tendencia a rebelarse. Y para disciplinarlos, se estableció una fuerza militar permanente con unos 9 000 hombres, a quienes el rey Licurgo les dio un estatus civil. El antiguo historiador griego Jenofonte ha señalado que las leyes de Licurgo otorgaban "la misma participación en el Estado a todos los ciudadanos respetuosos de la ley, sin tener en cuenta sus carencias físicas o financieras".[2]

Según parece, los ciudadanos eran pares políticos. Pero lo eran en una sociedad en extremo desigual. A las mujeres se les negaba la participación política, igual que a una parte de los hombres libres, y desde luego, los más afectados eran los *ilotas*, que no solo estaban esclavizados, sino también expuestos a constantes abusos. Por ejemplo, durante su formación militar, a los hombres jóvenes se le daban dagas y la orden de ir al campo para apuñalar hasta matar a *Ilotas* desarmados. La idea era endurecer a los jóvenes y convertirlos en buenos soldados, a la vez que se deshacían de potenciales líderes de rebeliones en las filas *Ilotas*.

Cuando la ciudadanía se incorporó a Atenas, se debilitaron las prácticas violentas vinculadas con el Estado. El servicio militar todavía contaba entre las obligaciones civiles, como lo era también pagar impuestos. Pero en Atenas no se consideraba necesario que todos dedicaran sus vidas preparándose ante una invasión futura o manteniendo la ley de manera violenta. Se valoraban otras cualidades más que las militares, entre ellas las aptitudes retóricas e intelectuales. En general, la vida civil tenía mayor preponderancia en Atenas. Pero subsistía la exclusión, rasgo central en la idea de ciudadanía; mujeres, esclavos y migrantes eran sistemáticamente excluidos de la vida política.

Durante el tiempo axial crecieron el comercio y los contactos de Grecia con el mundo circundante. En las ciudades entorno al Mediterráneo se establecieron lazos con reinos tan apartados como el de China; las migraciones aumentaron y diásporas locales se formaron con tradiciones religiosas y políticas que con frecuencia contrastaban mucho con las de los habitantes locales. Con el tiempo, el Imperio romano adquirió más y más poder a expensas de las ciudades-Estado griegas. Todo esto estimuló a los filósofos estoicos a cuestionar el papel central que la *polis* había tenido en el pensamiento antiguo. Consideraban que el hombre no solo pertenencia al mundo local en donde había nacido, sino también a otro "mundo en verdad grande y común" (Séneca), donde la razón constituía el denominador común. Y a esta comunidad humana más grande la nombraron *cosmopolis*. Hay una serie de problemas teóricos que hoy en día se asocia con este cosmopolitismo clásico. Entre otros su visión de una naturaleza predeterminada (o teleológica). Pero a pesar de esto, y como el filósofo Bryan Barry ha señalado, los estoicos propusieron una idea fundamentalmente importante y revolucionaria: "que en primer lugar eran seres humanos, que vivían en un mundo con otros seres humanos; y en segundo lugar, eran miembros de diferentes comunidades políticas".[3]

EL CIELO ES de un profundo azul oscuro. Dentro de unos minutos, la noche va a convertirse en el alba. Jamal sigue debajo de la cobija, mirando el mar y la bóveda celeste que imperceptiblemente se enlazan en el horizonte. Respiraciones pesadas llenan el aire nocturno, junto con el ruido de motores de carros aislados cerca del puerto. Los otros están cansados después de muchos intentos nocturnos de subirse a los ferris, y Jamal empieza a entender que va a estar solo en la oración de la mañana. Pero para él es importante mantener contacto con Dios.

La manecilla del reloj de mano señala las cuatro. Hace a un lado la cobija y se sienta en un pedacito de pasto quemado. Pasan unos segundos mientras se acostumbra al aire fresco del amanecer. Llena sus pulmones y se arrodilla en el tapete desgastado en donde ha dormido. Se incorpora. Cierra los ojos. Y se pone a rezar.

LAS GRANDES RELIGIONES y sus sabios llegaron a tener un papel importante en la preservación de la filosofía griega tras la caída del Imperio romano en el año 476 d. C. Pensadores musulmanes como Averroes y Avicena conservaron las obras filosóficas de Aristóteles, y la tradición judeo-cristiana mantuvo con vida las ideas estoicas a través de San Agustín y Tomás de Aquino, quienes escribieron sobre una comunidad humana universal.

Incluso el fraile español Bartolomé de las Casas tomó como punto de partida las ideas estoicas cuando criticó el colonialismo en América a principios del siglo XVI. A la vez, el significado de la ciudadanía política empezaba a rehabilitarse en ciudades-Estado como Florencia, en Italia, en donde Leonardo Bruni y Nicolás Maquiavelo escribían detalladamente sobre sus virtudes.

Pero no fue sino con la Ilustración y, en particular, con la Revolución francesa y americana, que la ciudadanía y su hermana incómoda, la ciudadanía mundial, tendrían un avance decisivo en la política moderna. En la Declaración de Independencia de Estados Unidos de 1776 se puede leer lo siguiente sobre la relación de los hombres con el Estado:

> Sostenemos como evidentes estas verdades: que todos los hombres son creados iguales; que son dotados por su Creador de ciertos derechos inalienables; que entre éstos están la vida, la libertad y la búsqueda de la felicidad; que para garantizar estos derechos se instituyen entre los hombres los gobiernos, que derivan sus poderes legítimos del consentimiento de los gobernados; que cuando quiera que una forma de gobierno se haga destructora de estos

principios, el pueblo tiene el derecho a reformarla o
abolirla e instituir un nuevo gobierno que se funde en
dichos principios, y a organizar sus poderes en la forma
que a su juicio ofrecerá las mayores probabilidades de
alcanzar su seguridad y felicidad.[4]

No es ninguna exageración decir que Thomas Jefferson,
quien de nuevo sostenía la pluma, revolucionó la relación del
individuo con el Estado nacional delimitado territorialmente
cuando obtuvo el respaldo de los Padres Fundadores por esas
formulaciones. Las palabras no salían de la nada. Estaban
basadas en una sólida experiencia de participación ciuda-
dana de las primeras reuniones constituidas a escondidas del
gobierno británico. Todavía hoy infunden un sentimiento de
orgullo y veneración a muchos nuevos ciudadanos
americanos.

En las constituciones que se estaban configurando en ese
momento en Estados Unidos y Francia existía, sin embargo,
una tensión inherente entre el ideal de igualdad universal
entre todos los seres humanos y la necesidad de cada Estado
de delimitar qué individuos iban a poder disfrutar de sus
derechos civiles y políticos. La instauración del pasaporte en
Francia poco después de la Revolución es un ejemplo
elocuente de este problema de delimitación (ver capítulo 5),
que pronto llevaría también a censos de población, ampliación de la policía y otras formas directas de dirigencia estatal.

En Estados Unidos, los inmigrantes eran recibidos con
los brazos abiertos debido a la enorme necesidad de mano de
obra. Pero la esclavitud era un claro dilema moral. La ley que
otorgó a todos los hombres negros el derecho al voto en 1864
fue, junto con la inmigración de países no anglosajones, un
paso decisivo hacia una deconstrucción de la concepción de

una nación esencialmente blanca y anglosajona. Pero la tensión entre el universalismo y la ciudadanía excluyente permaneció y continúa hasta nuestra época. Durante años esta tensión ha surgido en los debates sobre los derechos de los indocumentados en Estados Unidos.

Del otro lado del Atlántico, en Europa, crecía otra auto-imagen nacional durante la última parte del siglo XIX. Se basaba frecuentemente en los lazos de sangre y en el uso ancestral de la tierra (o *Blut und Boden* —sangre y suelo— como más tarde lo expresarían los nazis). Estas ideas fueron moldeadas por el romanticismo nacional, el darwinismo social, las experiencias de la colonización de África y las ideas de eugenesia de la época. Tuvieron un amplio impacto en Europa, en donde, con el tiempo, a las personas que no tenían antepasados lo suficientemente "alemanes", "italia-nos" o "suecos" se les hizo cada vez más difícil volverse ciudadanos. En cambio, muchos se vieron forzados a vivir como apátridas.

Desde una perspectiva legal se puede decir que durante el siglo XIX se instituyeron dos principios diferentes para delimitar la comunidad política: *jus soli* (derecho de suelo o principio territorial) y *jus sanguinis* (derecho de sangre o principio de filiación).

En Norte y Sudamérica, en donde en gran medida la población se formó por la migración, el *jus soli* llegó a ser el principio dominante. Esto significaba que todos los que hubieran nacido en el territorio se volvían ciudadanos auto-máticamente. Por lo regular, también había una regla de cuántos años la o el inmigrante tenía que vivir en el país antes de que pudiera solicitar la ciudadanía (a condición de que esta persona estuviera ahí legalmente, lo que casi siempre era el caso antes de 1914). No obstante, se podía exigir cierta asimilación cultural para obtener la ciudadanía. Hoy, por ejemplo, al o a la solicitante en Estados Unidos se le exige conocimiento de inglés y haber aprobado un examen sobre cómo funciona el sistema político del país.

El segundo principio, *jus sanguinis* o derecho de sangre, llegó a ser predominante en aquellos países en los que el nacionalismo étnico tuvo mayor impacto. Alemania es el ejemplo típico, pero también en Suecia y muchos otros países de Europa se volvió regla principal el así llamado principio de filiación. Esto significa que un niño que ha nacido en el territorio solo puede volverse ciudadano si al menos uno de los padres es ciudadano del país. En algunos casos puede bastar solo con que uno de los abuelos —materno o paterno— sea ciudadano, pero entonces no es infrecuente que se necesite poder comprobar fuertes "lazos culturales".

El que muchos países a finales del siglo XIX eligieran el *jus sanguinis* como principio no solo tenía que ver con el auge del ultranacionalismo. Muchos Estados del este y sur de Europa eran "países emisores" de la gran ola de migración hacia América que tuvo lugar desde 1850. Por eso había un interés en garantizar a los compatriotas emigrados y a sus futuros hijos que siempre podían regresar, y que el Estado velaría por sus intereses. La historia de cada país es única, pero en general, el patrón de la migración y, sobre todo, del nacionalismo étnico son las principales explicaciones de que el *jus sanguinis* sea el principio predominante de las leyes de ciudadanía de Europa, África, Asia y Oceanía.

Desde los setenta se ha producido un cierto relajamiento en estas leyes. Una conciencia creciente sobre los riesgos de ser apátrida ha contribuido a que en la actualidad muchos países tengan una combinación de *jus sanguinis* y *jus soli*. Muchos Estados que antes eran países emisores se han convertido también en receptores de migrantes. Por ejemplo, en Alemania se introdujo en el año 2000 una ley de ciudadanía con más componentes del *jus soli.*

Incluso los requisitos para los inmigrantes de adecuarse a la cultura del país anfitrión ha disminuido algo en los últimos cuarenta años. A las subculturas en Estados Unidos se les ha permitido proliferar desde hace mucho —a pesar del mito extendido del "crisol de razas" o *"melting pot"*—, con la condición de que los individuos respeten la constitución y las demás leyes. En los ochenta, en Canadá, Suecia y otros países se dio un paso más y se comenzó a dar apoyo estatal a las organizaciones de las minorías para incentivar las posibilidades de conservar sus respectivas peculiaridades culturales. A esta política se le ha llamado multiculturalismo, ya que se basa en la idea de que una comunidad política puede contener más de una comunidad étnica.[5] Una idea que no es necesariamente irrealista, pero que tiene una tendencia a provocar a los nacionalistas que aspiran a una homogeneidad cultural en el territorio del Estado nación.

Tras los atentados terroristas en Estados Unidos en 2001, el multiculturalismo también cayó en desgracia entre los políticos más moderados. La diferencia y el pluralismo volvieron a representarse como una amenaza en vez de una apertura a la creatividad, al intercambio de conocimiento y a la solidaridad. Las tres formas de amenaza del ultranacionalismo tuvieron eco en muchos medios masivos, y la xenofobia se normalizó en varios países. Los políticos que exigían que los inmigrantes se adecuaran a la cultura del país anfitrión recibieron un apoyo creciente de la opinión pública y cosecharon buenos resultados en las elecciones durante casi toda la década de 2010.

~

—Acostumbro escuchar a Sonu Nigam, un artista indio. Pero escuchar música en mi pueblo puede ser peligroso. Si un talibán se entera, entonces tienes problemas —dice Jamal, y se sienta en el jardincito de pasto quemado que ha hecho suyo.

Es más de mediodía. Jamal ha estado en la zona portuaria toda la mañana sin éxito. La pregunta sobre la música la hago para aligerar el estado de ánimo, pero se vuelve un recordatorio involuntario de por qué está aquí. Y yo me quedo pensando en que hay diferencias, pero también muchas similitudes entre los ultranacionalistas y los fanáticos religiosos que buscan el poder del Estado.

Jamal se limpia el sudor de la frente. Hoy lleva unos jeans azules y una sudadera beige de manga larga. El tono es amable, pero ese humor travieso del que suele dar muestras y que a veces se expresa con una sonrisa y con la expresión *wali-na*, "por qué no", se ha esfumado. Está cansado y parece impresionado por lo que ha visto.

—En la madrugada fui al puerto con un chico que se llama Gulab. Eran las ocho cuando empezamos a tratar de meternos. Después de unas horas me dijo que no me esforzaba lo suficiente. No entiendo bien lo que quiere decir. ¡Si hoy he tratado cuatro veces! ¿Qué quiere que haga? ¿Arriesgar mi vida y correr cuando la policía está a la vista?

Ha entendido las reglas del juego. La valla está rota en algunas partes, pero ahí los guardias vigilan escrupulosamente. El que consigue pasar las vallas por algún otro lugar puede ganar algunos minutos valiosos. Pero no es fácil encontrar un buen escondite.

—Los guardias revisan los camiones con mucho cuidado antes de que puedan subir. Se trata de encontrar un lugar para esconderse y después tener mucha suerte —dice Jamal, sacando un cuadernito que ha encontrado a lado de un colchón. Dentro de la libreta hay una fotografía pequeña de una mujer. Está sonriendo.

—Alguien debe haber olvidado esta libreta aquí. Quizás el dueño consiguió subirse en uno de los barcos. Quizás lo sorprendió la policía. No sé. Pero estos colchones, mantas y demás que ves son cosas que han dejado otras personas que han estado aquí antes de nosotros.

A Jamal todavía le quedan algunos días más de los treinta de permiso que le dieron cuando llegó a Grecia. Aunque en el documento está escrito explícitamente que no puede ir a Patras o al otro puerto grande de Igoumenitsa. O sea que su estancia aquí es ilegal oficialmente; como la de los otros migrantes. Así se vuelve más fácil para los policías y guardias de seguridad.

Un grupo de afganos se ha reunido a nuestro alrededor. Muchos de ellos quieren contar los abusos a los que han sido expuestos. Algunos dicen que sueñan con ir a Suecia. O tal vez Noruega. O cualquier otro país al norte de Europa. De vez en cuando la desesperación se refleja en los rostros serenos.

—Los griegos me han hecho viejo —dice Alí Ahmad, sonriendo con una mueca torcida, casi resignada.

Tiene 25 años, pero su cabello ya se ha vuelto gris. Hace unos días, uno de los guardias de seguridad le atropelló una pierna. La huella rayada de la llanta puede verse todavía en la pantorrilla rojiza.

Y no es el único que ha sido lastimado.

Un chico de 17 años que se llama Akbaar muestra un brazo fracturado sujetado con una venda.

—He estado aquí tres meses. Esto me pasó cuando los guardias me encontraron en la zona portuaria —dice con timidez.

Los riesgos que conllevan los intentos de subirse a uno de los barcos evidentemente son grandes. La noche anterior vi cómo algunos migrantes abrieron la puerta trasera de un camión que estaba parado afuera de una tienda en la calle Politechniou. Algunos trataron de meterse y ocultarse mientras un amigo les cerraba la puerta. Medio minuto más tarde, el conductor regresaba con sus cigarros recién comprados. Para entonces, la puerta estaba bien cerrada, como si no hubiera pasado nada.

—Sí, algunos se ayudan de ese modo. Un chico se queda afuera y cierra bien. Pero entonces tienen que conocerse muy bien entre ellos. Confiar entre ellos. O poder pagarle a alguien. Y claro, yo apenas acabo de llegar —dice Jamal y se levanta para ir por unas papas batidas que alguno de los migrantes ha cocinado cerca de los rieles.

Es la primera comida que prueba en el día.

—Todo es tan caro aquí. En Afganistán un pan cuesta 10 afgani. Aquí cuesta un euro, cinco veces más —dice antes de que se vaya.

En ese momento veo a Mohamad que viene jadeando mientras sube las escaleras. Se ve malhumorado y se sienta en el colchón un poco lejos. Tengo la impresión de que él y Jamal no se llevan muy bien.

—¡Hoy estuve tan cerca! Me pude meter en un camper y esconderme debajo de una cama. Entonces llegó otro chico. Lo vi y le dije que solo había lugar para uno ahí adentro, pero el chico no se fue. Si solo hubiera sido yo seguro que hubiera podido hablar con los turistas. Porque eran alemanes. Pero ya no se pudo. Se asustaron, claro. Y tuve que irme.

Se quita la sudadera de manga larga y se arremanga los pants. Los antebrazos y piernas pálidas contrastan con la cara morena. Como muchos de los otros, está marcado por semanas a la intemperie bajo el sol griego.

—Treinta migrantes se subieron a los barcos. Así que no es imposible. Alguna vez tiene que ser mi turno —dice y saca de una bolsa de Lidl un *muffin* y una botella de jugo de naranja.

Mientras come, le pregunto qué fue lo que le hizo dejar Afganistán.

—Obvio, porque me amenazaron de vida. De hecho, al principio no hice caso. Pero cuando los talibanes supieron dónde vivía, se volvió serio. Unos hombres armados se metieron en mi casa y amenazaron a mi hermano, a mi mamá, a toda mi familia —dice Mohamad.

—Ahí fue cuando entendí que tenía que irme del país.

No había ninguna posibilidad real de buscar asilo en la embajada alemana de Kabul. Mientras los soldados alemanes eran llevados a casa en aviones especiales, dejaron a Mohamad —junto con otros miles de intérpretes y empleados locales de las tropas alemanas de ISAF—.[6] Su comandante inmediato, el coronel Stöckman, le dio un par de cartas de recomendación.

Una de esas cartas dice:

Esto es para testificar que
   Mohamad Nabi
   hizo un trabajo maravilloso como intérprete de CSM
Mentor de la Garrison Support Unit (GSU), 209th ANA
Corps en Qundûz.

Con su buena disposición constante y su apoyo inque-
brantable, fue un compañero inestimable en la mejora de
la cooperación entre ANA y OMLT.
Fue un gran placer trabajar con él.
Stöckman, LTC (Coronel)
Mentor Superior - GSU

Mohamad está orgulloso por la valoración. Y aún está
convencido de que va a recibir asilo en Alemania, solo tiene
que conseguir llegar ahí. La cuestión es cómo va a lograrlo.
Hasta ahora ha viajado con ayuda de traficantes. Pero
como para muchos otros migrantes, solamente le alcanzó el
dinero para Grecia. Y ahora está atrapado en Patras.

—Un pasaporte falso cuesta a lo mejor unos 200 euros,
con suerte. Pero no se puede usarlo aquí en el puerto, porque
revisan muy bien. Tal vez sería mejor en un aeropuerto. Pero
si te detienen pierdes todo tu dinero. Dicen que también hay
traficantes que por unos cientos de euros ofrecen viajes en
carro por los Balcanes. A través de Macedonia, Serbia, y
después Hungría y Austria. Podría llegar a Alemania sin ser
detenido en ningún lado y sin que tomen mis huellas. Pero
no sé si mi familia pueda mandarme tanto dinero —dice
Mohamad.

Pasa otra noche más. La rutina se repite. Jamal y
Mohamad tratan de subirse a los barcos, cada uno por su
cuenta. Tampoco consiguen burlar a los guardias esta vez.

Nuestro tiempo aquí se acaba. Jamal se queda con el
teléfono. También le prestamos 50 euros, al menos para que
tenga algo de dinero para la comida. A Mohamad le doy una
tarjeta de teléfono. Así podemos estar en contacto.

—Pasaporte, por favor —dice el guardia de seguridad cuando abordo el ferri.

Transcurren unos segundos mientras examina el documento color vino.

—Bienvenido.

Subo las escaleras impactado de que una libretita roja pueda significar mucho. Busco mi camarote. Dejo la maleta en la cama. Y salgo a la plataforma.

Abajo en la zona portuaria continúa de lleno el juego del gato y el ratón.

Desde lo alto tengo una curiosa perspectiva de pájaro. Una y otra vez, los migrantes corren por la zona, buscan lugares donde ocultarse debajo de los camiones, los guardias los descubren y los persiguen. De lejos, parece casi cómico. Como una película muda vieja de Charlie Chaplin o de algún otro comediante famoso.

Pero aquellas macanas no están hechas de goma suave.

Los golpes no son golpes al aire.

Las patadas son de verdad.

Y todo pasa a la luz del día. Ante los ojos de todos nosotros. Lo ven los turistas sentados en sus campers. Lo ven los conductores de los camiones mientras esperan poder abordar. Nadie de nosotros puede decir que no sabía.

Y ahora, tú también lo sabes.

EL CELULAR se enciende por un nuevo mensaje. Estoy sentado en el tren de Bríndisi que va a Catania, en Sicilia. Han pasado tres días desde que dejé Patras. El paisaje italiano del sur pasa afuera de la ventana. Colinas de color verde oscuro, campos de un rojo tostado y ruinas romanas aisladas. Es bello. Pero no me puedo desprender del texto de la pequeña pantalla.

["La policía me ha detenido. Me han llevado a Atenas."]

Más tarde sabré más. Me va a ser contado como Jamal consiguió meterse en la zona portuaria y esconderse en un rinconcito al lado de una llanta de un camión. Como estuvo ahí acurrucado toda la noche y un buen rato del día siguiente. Como el conductor, al final, después de todas esas horas, se sentó en la cabina y dio vuelta a la llave. Como avanzó el camión mientras Jamal, desesperado, se agarraba fuerte para no caer al pavimento y ser arrollado por las llantas. Como el camión no se trasladó hacia el ferri, sino que se salió de la zona portuaria. Como pasaron veinte largos minutos insoportables antes de que el camión frenara en un semáforo, en donde Jamal, por un pelito, pudo bajarse al asfalto y salir arrastrándose antes de que las llantas comenzaran a girar de nuevo. Como caminó lento de regreso al parque, con la cara negra por el aceite del motor, adolorido y con la mirada vacía, absorta. Como solo tuvo tiempo de sentarse en el colchón en el parque antes de que sonaran los silbatos y los afganos a su alrededor gritaran "*razzia, razzia*" y corrieran. Como los siguió, con las piernas cansadas, y logró que no lo detuvieran. Como las redadas se repitieron dos noches consecutivas. Como se cansó al final. Como se sentó y esperó. Como fue escoltado al camión de policías sin oponer resistencia y dejó que lo llevaran a Atenas. Como, a pesar de todo, tuvo suerte de que no lo llevaran a un centro de expulsión.

Cuando manda el SMS, está en un departamento con unos diez afganos más. Sin ninguna intención de volver a Patras.

Miro a través de la ventana.

El mismo paisaje de antes.

El mismo idilio sobre el que dominaba el emperador romano Marco Aurelio cuando escribía alrededor del siglo II a. C. :

> Si el ser inteligente nos es común, también la razón, según la cual somos racionales, nos es común. Admitido eso, la razón que ordena lo que debe hacerse o evitarse, también es común. Concedido eso, también la ley es común. Convenido eso, somos ciudadanos. Aceptado eso, participamos de una ciudadanía. Si eso es así, el mundo es como una ciudad. Pues, ¿de qué otra común ciudadanía se podría afirmar que participa todo el género humano? De allí, de esta común ciudad, proceden tanto la inteligencia misma como la razón y la ley. O ¿de dónde?[7]

(Pero no liberaría a sus esclavos que, por aquel tiempo, constituían una tercera parte de todos los habitantes de Roma).

Emmanuel Kant albergaba el mismo sueño sobre el ser humano pensante y racional cuando en 1795 argumentaba a favor de un derecho de huésped —o derecho de visita— para todas las personas, parecido a un derecho de acceso común mundial para quien quisiera viajar por el mundo. Kant, quien no podía saber que tras su muerte las fronteras geográficas y políticas iban a atravesar el mundo como si hubieran sido trazadas por una navaja, escribía convencido:

> Como se ha avanzado tanto en el establecimiento de una comunidad entre los pueblos de la tierra que la violación del derecho en un punto de la tierra repercute en todos los demás, la idea de un derecho cosmopolita no resulta

una representación fantástica ni extravagante, sino que completa el código no escrito del derecho político y del derecho de gentes en un derecho público de la humanidad.[8]

Hoy hay quienes piensan que el tiempo de Kant ha llegado finalmente. Cosmopolitas entusiastas y simpatizantes de la globalización consideran que el mundo se ha vuelto tan conectado por una red económica, política y cultural que para un Estado en particular ya no le es posible quedarse afuera. La actual globalización liberal ha hecho tan fácil viajar y trabajar en diferentes lugares, opina por ejemplo, el periodista Thomas Friedman, que se puede exclamar: "¡el mundo es plano!".

¿Plano para quién?, me pregunto.

MINEO ES UNA CIUDAD SICILIANA, pequeña y tranquila, situada en la cima de una montaña, apenas a 100 kilómetros del centro de Catania. Las casas de adobe y los callejones estrechos recuerdan las imágenes de la aldea Corleone de la primera película de *El Padrino* de Francis Ford Coppola.

—Pero aquí no hay ninguna mafia —dice rudamente el propietario de un café cuando menciono la similitud.

En el centro hay una placita adoquinada con una iglesia vieja de un lado y un local del partido comunista en el otro. Un par de hombres viejos pasean lentamente por la plaza como lo han hecho tantas veces antes.

—Fui a Alemania cuando era joven —me cuenta riendo Salvatore Elia, de 71 años.

—Aquí no había trabajo para nosotros. Pero no aprendí

ni una palabra de alemán, a pesar de que viví allá quince años.

Los dos hombres caminan con la espalda encorvada. Hoy su pueblo natal ha pasado de ser un punto de migración a uno de destino. Al año, miles de personas cruzan el Mediterráneo en botes apenas navegables y van a islas como Sicilia o Lampedusa.

En unas escaleras junto a la plaza están sentadas dos de esas migrantes recién llegadas: Samira y Rashida de Etiopía.

—Vivimos en un campo a las afueras de la ciudad. ¡Pero es muy, pero muy aburrido ahí! No hay nada que hacer — dice Samira, quien hace tres meses se trasladó con un bote viejo desde Libia.

Cuenta que algunos migrantes se fueron corriendo cuando llegaron al puerto para que no les tomaran sus huellas. Ella espera en el campo de refugiados a las afueras de Mineo —el más grande de Sicilia— con la esperanza de que un pariente cercano consiga solicitar asilo en el norte de Europa y pedir una reunificación familiar.

—En realidad, el ambiente en el centro está muy mal. Hace unos días hubo una pelea entre algunos hombres y los guardias —relata.

Justo me voy yendo de la plaza cuando alcanzo a ver a un hombre joven que está sentado en una de las escaleras. Parece pensativo. Casi meditativo. Cuando me acerco a él, se asusta y alza la mirada.

—Me llamo Erik. Soy periodista.

—Hola. Mi nombres es Abou. Vengo de Costa de Marfil.

∾

En el período en el que el Estado nación se estaba forjando [...] podía suponerse la idea de una estrecha relación entre la geografía, el poder político y la democracia. Parecía razonable que el poder político, la soberanía, la democracia y la ciudadanía estuvieran vinculadas con un espacio territorial delimitado [...] Ya no es el caso. La globalización y los cambios en la naturaleza y forma de la gobernanza global plantean preguntas acerca del alcance de la democracia o de la jurisdicción democrática, dado que la relación entre los que toman decisiones y los que acatan esas decisiones no es necesariamente simétrica o congruente con respecto al territorio.[9]

Esto escribe el politólogo David Held, una de las figuras prominentes del moderno cosmopolitismo. Tiene una idea de la globalización mucho menos romántica que Friedman y los apóstoles de la globalización neoliberal, ya que también toma en cuenta sus grandes dilemas políticos. Porque al mismo tiempo que el mundo parece estar más conectado económica y culturalmente como nunca antes, da la impresión de estar paralizado políticamente. Held considera que el calentamiento global, el poder creciente del capital financiero y el enorme arsenal nuclear son solo algunos ejemplos de los problemas que los Estados del mundo siguen evitando y posponiendo.

Es fácil sentirse impotente ante esta situación. Una razón fundamental es, según Held, que las decisiones importantes se toman con frecuencia en otro lugar, en donde el individuo no puede exigir responsabilidad. El llamado principio de inclusión, central en la teoría de la democracia, es simplemente sacado del juego. Este principio estipula que "aquellos que son afectados en concreto por las decisiones públicas, disputas o procesos, deben tener garantizadas las mismas oportunidades de influir en ellas y moldearlas, directa o indirectamente, a través de representantes elegidos".[10]

Pocos casos de impotencia son tan ilustrativos como el de los migrantes indocumentados. Su viaje está prohibido a pesar de que su vida depende de él. La prohibición con frecuencia implica ponerlos en peligro directo de muerte. Sin embargo, no tienen ninguna influencia sobre las políticas de migración en los países de tránsito o de acogida ni sobre las políticas de asilo.

Entonces ¿qué se puede hacer? Hay un riesgo de que la respuesta te decepcione. Porque la fortaleza de la perspectiva cosmopolita es su capacidad de mostrar el déficit democrático y la desigualdad política. No el de dar soluciones a estos problemas.

El filósofo sueco Torbjörn Tännsjö ha propuesto un gobierno elegido de manera democrática en un Estado mundial en el que todas las personas del mundo tengan derecho al voto. Una ciudadanía mundial simplemente. *Polis* y *cosmopolis* en uno.

David Held no va tan lejos, ya que es muy consciente de una fuerte objeción: semejante Estado mundial podría convertirse en una dictadura mundial. Y entonces no habría a dónde escapar. Sin embargo, Held destaca tanto la importancia de instituciones más democráticas a nivel global como la descentralización de ciertas decisiones a nivel municipal y regional. También considera la posibilidad de una fuerza militar mundial que "en caso de necesidad tenga el derecho de usar la violencia para defender el derecho humanitario internacional y cosmopolita". Pero la cuestión es: ¿qué tan realista es una visión semejante cuando se ha hecho patente lo difícil que es aprobar incluso cambios menores en la composición del Consejo de Seguridad de la ONU?

En un mundo tan marcado por el nacionalismo existe también el riesgo de que las visiones políticas cosmopolitas sean captadas por potencias para justificar un imperialismo militar mal encubierto, *à la "missión civilisatrice"* del siglo XIX. La filósofa Seyla Benhabib, por lo tanto, prefiere tomar en cuenta los cambios pacíficos que de hecho hoy ya tienen lugar: el aumento de la migración y de remesas, un incremento significativo de personas que viven con permisos de residencia en un país que no es el suyo (llamados *denizens*) y la intensificación del intercambio de información y de comercio. Cada vez más países permiten tener doble nacionalidad y votar en el extranjero, algo que parecía impensable hace tan solo unas décadas. La Unión Europea y su movilidad interna crean nuevas preguntas sobre los derechos y obligaciones de los ciudadanos. Un desarrollo semejante puede vislumbrarse también en Sudamérica con el equivalente de la Unión Europea, la Unión de Naciones Suramericanas (UNASUR). Al mismo tiempo, sin embargo, crece también la cantidad de indocumentados.

Todo junto contribuye a un aumento de lo que los sociólogos llaman redes transnacionales. Y no solo se trata de lazos económicos, personales o culturales entre personas de diferentes países, sino también políticos. Por ejemplo, mucho indica que los activistas en el exilio tuvieron un papel importante en la Primavera Árabe de 2011 por su activismo en las redes sociales transfronterizas, como Twitter y Facebook. Si algo mostró la Primavera Árabe fue precisamente que los derechos humanos son una cuestión de igual importancia para las personas del mundo árabe como para los europeos o norteamericanos —lo que debilitó la concepción nacionalista de culturas como sistemas homogéneos, esencialistas e inmutables.

Acaso será este tipo de "cosmopolitismo desde abajo" el que tenga mayor posibilidad de desafiar al nacionalismo en el futuro (mas al respecto en el siguiente capítulo). Porque mientras las —con letras mayúsculas— grandiosas visiones cosmopolitas sobre instituciones globales pueden dar fácilmente una impresión poco realista, el nacionalismo dista mucho de estar muerto. Al contrario. Por todo el mundo hay gente que continúa agrupándose en torno a ideas de sangre, suelo y patria. El filósofo Michael Walzer es solo uno de los muchos pensadores de los últimos años que defiende el derecho cultural a la "peculiaridad". En *Pluralism and Equality* (1992) argumenta detalladamente por una especie de "cierre" que tiene que permitirse siempre:

> En un cierto nivel de organización política tiene que conformarse algo semejante a un Estado moderno y mantenga la autoridad que posibilite su política de admisiones, que controle y a veces limite la afluencia de inmigrantes.[11]

La debilidad de Waltzer es que parece dar por sentado que un Estado moderno "tiene que" tomar forma en torno a un grupo étnico. Esto es un rasgo distintivo del nacionalismo —y fácil de criticar desde una indagación histórica.

Pero ¿y los cosmopolitas? De acuerdo a David Held, la ciudadanía cosmopolita no debe ser relacionada a una cierta comunidad étnica, sino a una comunidad política (o a varias comunidades interconectadas). Los cosmopolitas modernos no aspiran por lo tanto a suprimir la ciudadanía, sino a desarrollarla en un mundo en el que las personas viajan más y tienen más problemas conjuntos que resolver. Una ciudadanía cosmopolita no presupone una pertenencia exclusiva a una comunidad territorial, sino que puede construirse en combinación de muchas otras, siempre y cuando se respeten los principios generales de los derechos humanos y de la democracia.

Esto puede sonar vago y, a menudo, así lo es. Los mecanismos exactos y las formas de gobierno para las que Held llama "comunidades de destino solapadas" no son para nada claros. La fuerza del cosmopolitismo es, como se ha dicho, su capacidad para mostrar el déficit democrático. No la de ofrecer soluciones.

Seyla Benhabin lo expresa bien: "Somos como viajeros que se orientan en parajes extraños, con ayuda de viejos mapas que han sido trazados en otra época y a partir de otras necesidades".[12]

El campamento está escondido entre árboles de naranjas en las llanuras más abajo de Mineo. Los camiones no llegan aquí. La única manera para los refugiados de ir al pueblo y regresar es caminar por más de una hora.

—Trato de ir a Mineo una vez a la semana. Para ver otra cosa. Para escapar un poco. Tener otra cosa en la cabeza —dice Abou.

Ha vivido ya más de tres meses en este campamento. Tres meses y una semana para ser exactos.

—Lo único que se hace es comer y dormir. No hay teléfonos, nada de internet, ninguna televisión. Nada. Solo una cancha de fútbol y está siempre ocupada. Somos 2 000 migrantes en el campo y, claro, no podemos jugar todos —dice.

Cuando llegamos a la entrada del campamento, me pide que espere ahí mientras entra y saluda a algunos conocidos. Los vigilantes del centro no dejan que entre ningún periodista.

—¿Quieres ver qué es lo que nos dan de comer?

La pregunta la hace un hombre maltrecho con una barba de tres días. No espera una respuesta, sino que se acerca y enseña un plato de plástico con pasta de pluma y salsa de jitomate.

—Esto es lo que recibimos cada día. En el desayuno, en el almuerzo y en la cena. La misma comida. Siempre. Siempre. Siempre —dice el hombre, que se llama Armani Naeem, tiene 25 años y viene de Afganistán.

—Aquí vivía antes. Pero hace unas semanas me fui a Foggia para reunirme con un abogado. Él me ayudó a arreglar mi permiso de residencia. Pero soy tan descuidado que perdí el papel. Y ahora tengo que obtener un certificado de nuevo de aquí —dice, señalando con la cabeza hacia el vigilante—. El jefe del centro dice que no me debería haber ido así. Y ahora solo me queda esperar.

A lado de su plato veo algunas colillas de cigarros. Y en su antebrazo derecho: unas diez marcas de quemadura de cigarro.

—Algunos chicos de ahí adentro me dan comida. Pero los italianos son tan racistas... No me ven como persona.

Un rato más tarde regresa Abou con Ibrahim, un hombre de 36 años de Costa de Marfil. Es soldado y su complexión es más robusta que la de Abou.

—Llegué aquí en avión, pero muchos de los que aquí viven en el campo han llegado en botes desde Libia. Son viajes peligrosos —dice Abou, y explica que Ibrahim es uno de los que han llegado por mar.

Nos saludamos. Ibrahim cuenta que él y un amigo lograron meterse en el bote en el puerto de Trípoli —y sin pagar.

—Había un caos al abordar. El traficante no logró mantener el control. Y el bote, claro, estaba atiborrado. Tuve que estar sentado en el borde durante casi todo el viaje. La gente lloraba y se mareaba. Lo peor fue para una mujer que tuvo a su bebé allí en el bote. Pasaron dos días enteros antes de que llegáramos a Lampedusa —dice Ibrahim, quien también ha huido de la persecución política en Costa de Marfil.

Cuando conocí a Abou y a Ibrahim, el presidente Laurent Gbagbo apenas había sido detenido en una dramática operación apoyada por las fuerzas de la ONU y tropas francesas en abril de 2011. Al depuesto presidente marfileño lo llevaron a la Corte Penal Internacional de la Haya (CPI) donde le esperaba un juicio por los crímenes cometidos entre 2010 y 2011. Se le acusaba de haber estado detrás de la violencia ultranacionalista que cobró miles de vidas y ocasionó la huida de medio millón.[13]

Para Abou la detención era una noticia positiva. Pero aun así estaba a la espera de ver cómo seguía la situación en su país.

—Todos los hombres de Gbagbo se quedaron ahí en Abiyán. No creo que la situación va a mejorar de la noche a la mañana. Así que si se puede, pienso quedarme aquí un poco más.

Su análisis de la situación resultaría atinado. Casi ocho años después, a principios de 2019, Gbagbo fue liberado y absuelto de todo cargo por parte de la CPI. El veredicto fue apelado, pero en 2021 la CPI ratificó la sentencia, a pesar de las protestas de organizaciones como Amnistía Internacional. Gbagbo regresó a Costa de Marfil, donde parecía preparar su retorno a la política.[14] En 2011 era imposible saber qué iba a pasar. Pero durante las horas que pasamos juntos fuera del campamento quedé convencido de que era importante contar la historia de Abou. Nos despedimos y acordamos hablar y vernos de nuevo. Como con todos los protagonistas de este libro, tuve que reunirme con él varias veces para poder escribir toda su historia.

Hablamos mucho por teléfono y nos reunimos un año después.

Ya desde el principio Abou era claro en que no quería que escribiera su verdadero nombre. Acepté debido al riesgo de represalias contra él y su familia en Costa de Marfil. Es la única persona del libro que no aparece con su nombre verdadero. Sin embargo, con el tiempo me di cuenta de que su preocupación no solo se trataba de su situación en su país de origen.

Dos semanas después de mi estancia en Mineo, estallaron disturbios violentos en el campo de refugiados. Abou me contó por teléfono que no había estado involucrado, pero de todos modos estaba muy asustado. Las condiciones mejoraron algo después de los disturbios. Se dispuso de transporte hacia y desde Mineo. Recibieron algo de dinero para gastos personales. Hasta se les dio a los migrantes la posibilidad de un "entrenamiento de trabajo", recogiendo naranjas una vez a la semana.

No obstante, se castigó disimuladamente a los que participaron activamente en la protesta y que hablaron con los medios sobre las malas condiciones en el campo. Sus solicitudes de asilo o sus permisos de residencia temporal se tardaron más de lo normal.

Ni siquiera el hecho de que Abou había recibido su permiso de residencia temporal y que había dejado Mineo parecía poder relajarlo. Era como si creyera que la mínima crítica contra el sistema de asilo italiano pudiera volverse contra él.

El principio de ciudadanía italiano se basa casi exclusivamente en *jus sanguinis*, el derecho de sangre, lo que significa que todos los que tienen un padre o madre italiana tienen derecho de ser ciudadanos, mientras que para los demás es mucho más difícil. Un niño o niña que ha nacido en el país de padres extranjeros tiene que esperar a que sea mayor de edad antes de que pueda solicitar la ciudadanía.

El permiso de residencia temporal que Abou había recibido tenía que renovarse cada año. En teoría podría volverse italiano luego de cinco años debido a su condición de refugiado, pero para eso se necesita tener un trabajo fijo con ingresos declarados, así como vivienda y ahorros en una cuenta bancaria. Algo que pocos migrantes recién llegados pueden conseguir en Italia, donde alrededor de una cuarta parte de la economía se encuentra en el sector informal. Miles de migrantes duermen en las calles y en casas abandonadas de las ciudades. Muchos se quedan año tras año en una zona "gris", donde todo el tiempo sienten que están cerca de caer del sistema y en riesgo de ser expulsados. Entre 2009 y la primavera de 2014 se podía condenar a pagar una multa de hasta 10 000 euros a quien careciera de papeles italianos, algo que solo cambió luego de extensas protestas internacionales.

El politólogo Fabio Perocco de la Universidad Ca' Foscari en Venecia me contó en 2012 cómo él y su colega

Pietro Basso habían documentado cientos de leyes cuya aplicación variaba según se fuera ciudadano o inmigrante. Insistía en que el sistema italiano crea en la práctica un tipo de habitante de segunda clase, expuesto duramente a la explotación económica. Esta clase trabajadora sin derechos políticos trabaja por salarios bajos en el campo italiano o en los "sweatshops" de la industria de zapatos o de ropa. Algo que, a decir verdad, es un engranaje importante en la economía del país; a pesar del discurso populista de una "invasión" esgrimido por los políticos en cuanto llega un nuevo bote de refugiados a las costas de Sicilia. Y cuando alguna vez los migrantes van a una "huelga salvaje" (*wildcat strike*), se le llama a la policía. Como en Rosarno en 2010, cuando miles de trabajadores migrantes de África fueron trasladados a la fuerza por la policía luego de protestar contra la extensa violencia racista y la explotación que ocurría allí.

Todo esto me hace pensar en el filósofo francés Étienne Balibar, quien ha advertido que Europa puede estar en camino hacia una nuevo tipo de sistema de apartheid con habitantes de primera, segunda y hasta tercera categoría. Semejantes ideas pueden parecer fáciles de desechar. ¿Realmente está tan mal? Pero con el tiempo tuve que aceptar que efectivamente Abou no solo tenía miedo de las milicias de Gbagbo en Costa de Marfil. Su demanda por anonimato también se trataba —y, tal vez, incluso en mayor medida— de un temor a las posibles represalias del Estado italiano.

DOCEAVA PIEZA DEL ROMPECABEZAS
EL CORAZÓN DE EUROPA

Desde la caída del muro de Berlín y la propagación del
mercado global, han comenzado a surgir nuevos muros
por todos lados, separando a la gente y sus culturas.
Quizá la misma supervivencia de la humanidad dependa
de la solución de esta tensión.[1]
Slavoj Žižek

Un reflejo del sol juega en el acero y en el techo de cristal
de la entrada poniente de la estación de tren, Gare du Nord,
en Bruselas. Zigzagueo por un raudal de viajeros, muchos
vestidos con ropa formal, y continuó hacia la salida. Un
limosnero con la mano extendida está sentado en las escaleras abajo que dan a la placita. Paso y me siento en uno de
los bancos enfrente del edificio de la estación.

Jamal todavía no está aquí. Llegué antes.

Han pasado tres meses desde que nos despedimos en el
puerto de Patras. Pero hemos estado en contacto por correo
electrónico y por teléfono. Hace dos semanas conversamos
por teléfono, yo desde mi casa en la Ciudad de México. Un

Jamal de buen humor me contó que estaba en Bruselas. Sonaba contento de haber dejado por fin Grecia, pero también un poco desilusionado, porque en realidad le hubiera gustado llegar a Suecia. Por lo visto, algo inesperado pasó después del vuelo con Ryan Air a Charleroi. Ahora veo que viene caminando por la plaza. Me levanto. Nos damos la mano. Un breve abrazo. Noto que todavía trae su mochila negra *Salomon* en la que ha llevado todas sus pertenencias en esta última mitad de año. Cuando le pregunto en dónde vive, responde un poco con evasivas.

Nos ponemos a caminar por el Boulevard Simón Bolívar, cruzamos la avenida Rey Albert II y tomamos la calle Chaussée D'Anvers a la derecha. Ahí, solo a unas dos cuadras de Gare du Nord, queda la oficina federal belga para la recepción de refugiados, Fedasil. Pero no son sus oficinas las que Jamal me quiere enseñar. Me sigue llevando por la calle hacia un parque grande y frondoso.

—Quiero que veas con tus propios ojos cómo vivimos —dice.

—¿Quiénes nosotros? —pregunto.

—Nosotros, los afganos —responde—. Y muchos otros migrantes —añade.

Después de unos cien metros llegamos a unos edificios grises de siete pisos. Al pie de uno de ellos, se encuentra un grupo de unos cuarenta jóvenes. La mayoría parecen ser migrantes de Medio Oriente y de Asia Central. En el suelo hay alfombras, cartones y mochilas. Pasan unos segundos antes de que me dé cuenta de que es aquí donde Jamal duerme en la noche.

Aquí en el asfalto.

Pegado a una de las paredes tibias del edificio.

A veces con un balcón como techo defectuoso.

—Bienvenido. Le llamamos Hotel Fedasil —dice Jamal, y su rostro rompe en una sonrisa irónica.

A LAS OCHO de la mañana siguiente abre la oficina Fedasil como de costumbre. Ya desde varias horas serpentea una cola larga afuera de los locales de la oficina. Allí hay afganos, sirios, iraquíes, eritreos, congoleños, pakistaníes, etíopes y personas de muchos otros países que esperan tener algún tipo de respuesta de los funcionarios. Jamal dice que su esperanza es al menos conseguir un lugar en un campamento de refugiados. Pero antes de que le den un turno, tiene que pasar primero por un gran detector de metales y ser inspeccionado por un robusto vigilante de seguridad.

No me dejan entrar a las oficinas porque no tengo ninguna citación. Entonces me voy y compro una bolsa llena de sándwiches en un cafecito unas cuadras de allí. Obviamente los migrantes no tienen mucho dinero, muchos tienen hambre y empiezo a sentir que hay un límite de qué tan pasivo se puede ser como periodista. O como ser humano.

El cafecito le pertenece a un hombre marroquí de mediana edad que prepara rápido un sándwich vegetariano. En la pared detrás de él, cuelga una foto enmarcada de una bella franja costera rocosa.

—Es la vista de nuestra casa en la playa de Marruecos — explica orgulloso.

Después de veinte años en Bruselas tiene dos empleados en su cafecito, y hoy se siente belga y marroquí. Cuando menciono que algunos de los migrantes recién llegados viven en el parque enfrente de Fedasil y que no tienen ni donde dormir ni dinero, asiente entristecido con la cabeza.

—Sí, los he visto. Pobres.

Invita un sándwich y manda saludos.

Unas horas más tarde me reúno con Jamal afuera de las oficinas. Se ha pasado casi todo el día esperando. Pero la respuesta que ha recibido es desalentadora.

—Dicen que tengo que esperar aquí un mes más. Todos los campamentos están llenos. No hay donde vivir.

Por la pared del edificio están sentados otros que han recibido la misma respuesta. Algunos han dormido varios meses en la calle. Las autoridades alegan que durante el verano ha habido una cantidad grande e inusual de solicitudes de refugio. Pero no son más que unos miles en total. Estados mucho más pobres, como Pakistán, Turquía y Líbano, han puesto casas de campaña sencillas para cientos de miles de refugiados en un tiempo más corto. Aquí, en la capital de Europa, se deja a la intemperie a los recién llegados que buscan asilo. No reciben ni siquiera cupones de comida. Ni un saco para dormir.

La abogada que le ha sido asignada a Jamal no lo acompañó en la reunión en la mañana. Me parece extraño y le pido permiso a Jamal para llamarle. Resulta ser una mala idea.

La abogada se enoja.

—No discuto los asuntos de mis clientes con periodistas —responde cortante.

—Pero Jamal y los demás duermen en la calle. ¿De verdad no hay otra cosa que se pueda hacer por ellos?

—*No tengo nada más que decir.*

La conversación se termina.

No quiero empeorar la relación de Jamal con la abogada, así que decido no volver a llamarle. Pero cuando hablo con otros migrantes, me llama la atención que a muchos de los representantes legales les sea totalmente indiferente la situación social de los solicitantes de asilo.

DE NOCHE EN EL PARQUE. Sobre los arbustos se ha puesto a secar ropa lavada. Jamal y algunos otros afganos han extendido alfombras en el piso bajo un balcón. Juntos toman té verde como si estuvieran en la sala de alguien en su país. Un hombre de mediana edad, rapado y que hace poco ha conseguido una vivienda, ha venido con una tetera y unas tazas. No quiere dejar solos a sus camaradas en la calle y promete regresar con té tanto como pueda.

—Cuesta entre 300 y 400 euros al mes alquilar un cuarto en un departamento. Pero entonces necesitas que alguien pueda darte una recomendación. Además, tienes que pagar un mes de renta en adelantado, y pocos de nosotros podemos eso —dice Jamal.

Durante el verano ha habido un clima agradable en general, aunque a veces las fuertes lluvias dificultaron la vida de los migrantes. Pero ahora es septiembre. Las noches comienzan a ponerse frías. Las hojas se amarillean. La lluvia viene más seguido.

—Hace frío en la madrugada, así que por suerte encontramos estas colchas viejas y estas mantas —dice Jamal, acariciando una colcha azul sobre la que está sentado.

Para asearse y tomar agua, muchos de los migrantes van a un grifo público del parque. La ida al baño es más complicada. Jamal ha encontrado una mezquita a unos veinte minutos a pie de ahí, en donde como de costumbre los creyentes se lavan antes de las oraciones. Jamal suele quedarse más tiempo que la mayoría, ya que es su única oportunidad para mantener la higiene. Después de todo, Jamal se ve admirablemente bien aseado. Se ve que aprecia estar limpio.

—En la mañana cuando estaba en Fedesil me pidieron que llenara un formulario con la dirección y datos de contacto, aunque saben que vivo en la calle. Escribí "Hotel Suiza". Otro aquí escribió "Hotel Intercontinental". Y un tercer chico escribió "Hotel Cartón". Cuando la señora que recibió su formulario le preguntó en dónde quedaba el hotel, respondió: "¿Pero no sabes? Si queda justo enfrente de ustedes. Dentro del parque".

Los otros se ríen por la anécdota. Pero es una risa apagada.

Un joven elocuente de nombre Samir toma la palabra.

—De hecho, estamos sorprendidos. Creíamos en eso que dicen de los derechos humanos. Y resulta que nos obligan a dormir en un parque. Sin comida, sin posibilidades de bañarse. En Afganistán, los huéspedes nunca podrían ser tratados así.

Los otros musitan algunas palabras de aprobación. La hospitalidad es central en la cultura afgana. Lo sé por experiencia propia tras haber visitado el país.

Otro de los afganos, Hadyullah Niaz con cabello gris y rapado, cuenta que tiene una úlcera gástrica y que le ha costado mucho encontrar medicina.

—No quiero morir aquí. Pero es difícil no tener la impresión de que no somos muy estimados. A veces los niños del edificio nos tiran monedas desde los balcones —dice, señalando hacia arriba en la fachada.

—Sí, aquí los ratones son nuestros mejores amigos... Se

acercan y huelen y, a veces, les arrojamos un poco de pan —dice Jamal con risa lacónica.

En ese momento se acerca un chico kurdo que ha estado sentado y bebiendo vodka en otra pared del edificio. Habla alegremente y los otros sonríen divertidos.

—Se oye chistoso cuando trata de hablar persa —me dice Samir en voz baja.

—¿Qué pasa con ustedes? ¿Por qué tan sombríos? ¡Arriba esa frente! —grita el kurdo en inglés.

Los otros se ríen mientras él se tambalea. Jamal me explica que se ha vuelto algo así como un bufón para los migrantes sin hogar.

—Hace algunas noches vio una rata que iba hacia la cochera que está debajo de la casa aquí a lado. Le puso el pie y le gritó: "No, no, ¿a dónde crees que vas? Ésta es la casa de los belgas, ahí no tienes derecho a estar. ¡Tenemos que conocer nuestro lugar y quedarnos en el parque!". Tomó la rata de la cola y la llevó al parque. "¿Quieres un poco de whisky? ¿Un cigarro tal vez?", le dijo, y entonces, ¡le aventó la rata a un gato que la agarró!

Jamal se queda callado cuando ve que un hombre moreno se les acerca. Es un recién llegado. Primero trata en un francés vacilante:

—¿Tienen algo con lo que me pueda tapar?

Samir se alza un poco y deja libre una manta.

—Claro, puedes tomar prestada ésta —le dice en inglés.

—Gracias. Pero ¿dónde me puedo poner?

Jamal señala un pedazo vacío del asfalto a un lado de la pared. Y después, hacia un contenedor un poco más lejos.

—Ahí puedes buscar un par de cartones. Aplánalos y acuéstate en ellos —dice.

—Y usa los zapatos como almohada —añade Samir.

El hombre les da las gracias por los consejos y se va a buscar cartones en el contenedor. Entre los árboles brilla hasta lo alto un anuncio de uno de los muchos rascacielos de Bruselas.

"WTC", dice.

World Trade Center.

BRUSELAS ES una ciudad de fuertes contrastes. Junto a la miseria de los migrantes se elevan los colosos de vidrio y acero de bancos y grandes empresas. A veces, el corazón administrativo de Europa es descrito incluso como arquetipo de "una ciudad global", lo que no siempre es un cumplido. Hace unas décadas, la socióloga Saskia Sassen acuñó el concepto de ciudad global para describir las grandes ciudades que se han transformado en un tipo de nodos en la red interconectada de mercancías, capital y servicios del capitalismo moderno y globalizado.[2] Con mucha razón, Bruselas se encuentra también entre las primeras posiciones en la lista anual de la consultora AT Kearneys como una de las ciudades más globales del mundo —detrás de Nueva York, París, Tokio y Londres.[3]

Pero los últimos 30 años no solo han significado un crecimiento económico global y un mundo cada vez más conectado, sino también fisuras que crecen vertiginosamente. De acuerdo con la organización británica Oxfam, el porcentaje más rico de la población mundial ahora controla la mitad de todos los recursos globales. Solo 26 individuos poseen tanto como el 50% de las personas más pobres del mundo. El país en el que las brechas han crecido más rápido en los últimos años es Estados Unidos; pero también en Europa crece la brecha entre ricos y pobres. Y, en particular, en ciudades como Bruselas.[4]

La clase obrera y la clase profesionista en Europa occidental han podido ver cómo se estanca la evolución de sus salarios y cómo disminuyen muchos de sus privilegios. A medida que las empresas sin sentimientos se desplazan ahí donde la mano de obra es más barata, y que crece la fuerza de la especulación de la industria financiera, el Estado de bienestar europeo se vuelve cada vez más cuestionado. Palabras clave como flexibilidad, privatización y ajuste del mercado han dado lugar a empleos temporales, brechas crecientes en los ingresos y una inseguridad tanto en el mercado laboral como en la vida en general.

Es en este terreno en el que los ultranacionalistas europeos abonan y cosechan éxitos. Prometen a sus electores —muchos de los cuales son hombres con niveles bajos de educación— que pueden devolverles el control sobre su vidas. En mapas esbozan las nuevas soluciones político-geográficas que garantizarán los privilegios del propio grupo étnico del Estado nación. Rara vez se dirigen directamente a las poderosas élites globales, sino que se centran en fustigar a los más débiles, aquellos que cuidan a los hijos de los dueños de empresas, limpian las oficinas y los baños. A los que Zygmunt Bauman llama vagabundos y a los que los nacionalistas ven como "la maleza" en su búsqueda del Estado nación perfecto.

Estos viajes prohibidos y la mera diferencia física (al menos a veces) de los migrantes pobres hacen que puedan ser representados fácilmente como cómplices de una globalización que ciertos grupos de la población experimentan como una amenaza más que como una oportunidad. Los migrantes son mucho mas fáciles de confrontar que las poderosas élites globales que viajan legalmente en primera clase, viven en hoteles lujosos, compran influencias con contribuciones de campañas y no le tienen demasiada estima al Estado de bienestar moderno. El creciente racismo, la xenofobia y el nacionalismo en Europa son, desde esta perspectiva, los síntomas más extremos de una crisis democrática en la era de la globalización.[5]

Pero no es ninguna casualidad que tantos se vuelquen hacia el nacionalismo cuando tienen delante suyo brechas crecientes y un mundo en transformación. Como ideología, el nacionalismo ha tenido un impacto mundial en el último siglo, de una manera que he tratado de dar cuenta en este libro. La historiografía del nacionalismo y sus ideas han formado mucho el mundo conceptual del siglo XIX y XX, junto con su compañero en las antípodas, el liberalismo. No es sin complicaciones que nuestra concepción de las fronteras geográficas y del derecho de las personas a la libre circulación puede rastrearse en uno de los períodos más violentos y brutales de la humanidad: 1870-1918.

Bélgica es un ejemplo elocuente. Aquí el partido ultranacionalista Vlaams belang ha ganado votos en los últimos años por sus criticas a la política migratoria y por repetir las tres amenazas clásicas: la económica, la de seguridad y la de la comunidad política. Junto con la Alianza Nieuw- Vlaamse (NV-A), más grande y mas moderada, pero aun así, más o menos xenófoba, estos radicales sueñan con dividir Bélgica y crear un Estado exclusivamente flamenco. Los ultranacionalistas de Flandes consideran que solo con diseñar y fortalecer las propias fronteras de la nación se puede salvar al Estado de bienestar que construyeron las generaciones anteriores.

Pero ¿quién ha construido esta prosperidad en realidad? Una cantidad considerable de edificios estatales de la última década del siglo XIX, por ejemplo, se ha financiado y construido por Leopoldo II, el rey belga que una vez conquistó el Congo. El precio real por la construcción de estos edificios no puede medirse sino con la sangre de entre los 2 y 12 millones de africanos que fueron asesinados durante los años en el poder de Leopoldo. En la novela *El Corazón de las Tinieblas* de 1902, Joseph Conrad hace una crítica tan severa como brutal —y sin sentimentalismos— a este Congo belga en donde el ultranacionalismo y la mezquindad humana iban mano a mano con la maquinaria de muerte.

Para tales actos se requiere un pretexto —un objetivo mayor—. Como dice Marlow, el capitán del barco:

> La conquista de la tierra, que por lo general consiste en arrebatársela a quienes tienen una tez de color distinto o narices ligeramente más chatas que las nuestras, no es nada agradable cuando se observa con atención. Lo único que la redime es la idea. Una idea que la respalda: no un pretexto sentimental sino una idea; y una creencia generosa en esa idea, en algo que se puede enarbolar, ante lo que uno puede postrarse y ofrecerse en sacrificio [...][6]

Desde 1945 la gran tarea mundial ha sido contener estas ideas que cimentaron el Imperialismo del siglo XIX y la Primera y la Segunda Guerra Mundial. Las Naciones Unidas y una serie de organizaciones supraestatales han sido creadas y se han establecido convenciones y acuerdos internacionales. En Europa, Francia, Alemania Occidental, Bélgica, Italia, Holanda y Luxemburgo pactaron tempranamente la llamada Unión de acero y carbón, que más tarde se transformaría en la Comunidad Europea y, al final, se ampliaría con la Unión Europea. El Estado de bienestar se cimentó en una concepción de la sociedad que se basaba más bien en la cooperación pacífica y solidaria que en la competencia y el derecho del más fuerte. La reciprocidad y el Estado de derecho se volvieron palabras clave tanto en la política interna como en las relaciones internacionales —a diferencia de cómo había sido antes de la Segunda Guerra Mundial.

La UE ha tenido muchas deficiencias, pero como proyecto de paz ha sido un éxito. En especial, la movilidad interna es descrita por muchos críticos como un gran éxito político, puesto que ha relajado las fronteras de la nación y acercado más a las personas. Pero ahora la UE está delante de acaso su más grande desafío: abrirse hacia el mundo circundante y hacer de Europa una verdadera región cosmopolita, donde los derechos civiles, políticos, y sin olvidar, los sociales sean garantizados para todos.

Puede sonar irreal. Pero es del todo necesario. Al menos si el modelo de bienestar europeo va a tener oportunidad de sobrevivir.

A saber, los países miembros de la UE se enfrentan a una próxima crisis demográfica. En 2010 nacieron solo 1.6 niños por mujer, lo cual significa una disminución de la población a largo plazo.[7] Al mismo tiempo, la población mayor crece. En 2050, uno de cada tres adultos europeos llegará a tener más de 65 años. Es el doble del número de pensionados comparado con el de hoy.[8] La cuestión solo es: ¿Quién cuidará de todos estos mayores? ¿Y quién trabajará y pagará impuestos para financiar el sistema de bienestar?

Hay dos alternativas fundamentales que se pueden escoger (aumentar la edad de jubilación no puede solucionar el problema más que de manera marginal): o se acepta que disminuya de modo substancial una parte pública del sistema de bienestar y se haga cargo la alternativa privada, en donde cada quien paga de su propio bolsillo, o se abre uno más a la migración.

Con el ritmo actual de la migración de ultramar en Europa, alrededor de 25 millones de personas van a vivir en la UE en el 2050. De ningún modo es suficiente para mantener la población activa en el mismo nivel que en 2010. Si se va a lograr mantener así, se necesitarán hasta 100 millones de nuevos inmigrantes como trabajadores activos para el año 2050.[9]

Pero ¿de dónde vendrían estos inmigrantes? No hay ninguna respuesta simple a esa pregunta. Según lo que hoy podemos ver, es el sur del Sahara en África, tal vez, la única región cuyo desarrollo demográfico indica un gran incremento de mujeres y hombres jóvenes en edad de trabajo, entre los 30 y 40 años.

Una migración masiva del sur de África podría disminuir las brechas de ingresos entre el Norte y el Sur, y a la larga conduciría a un mundo más equitativo. Pero teniendo en cuenta el racismo prevaleciente y los prejuicios que cargan muchos europeos —así como el curso legal, por ejemplo, de Italia— existe también el riesgo de que pueda hacerse realidad un sistema apartheid, similar al que ha advertido Ètienne Balibar.

Para evitar un desarrollo semejante, tienen que garantizarse los derechos civiles, políticos y sociales a todas las personas que residan en la UE, sin considerar su estatus legal formal. Esto no es algo con lo que Europa se enfrenta sola (aunque la situación demográfica es especialmente complicada aquí), sino también Estados Unidos y otras partes del mundo. Como Saskia Sassen dijo en una entrevista ya en 2002:

Si bien la mayoría de los mercados de trabajo son nacionales o locales, el hecho es que en la actualidad se puede hablar también de dos grandes mercados de trabajo globalizados: por un lado, las élites bien educadas, y por el otro, los trabajadores de servicios tales como las cuidadoras de niños, personal de limpieza y auxiliares clínicos. Reconocemos el trabajo de las élites calificadas al crear derechos apropiados con las regulaciones de TLCAN y OMC [Organización Mundial del Comercio], mientras que hacemos como si no existieran los otros. Tenemos que darles derechos a todos —¡promover la libertad de circulación!—. Pero al mismo tiempo [pensando en la historia y en el futuro], tenemos que ver que los inmigrantes sean integrados a la sociedad, de manera que los ciudadanos nativos miren a las comunidades de inmigrantes como un componente natural de la estructura social.[10]

Las condiciones para este cambio son relativamente buenas en países como Bélgica, en donde las leyes se han adaptado paulatinamente a la realidad de la migración. Las leyes de ciudadanía están constituidas en mayor parte por el principio de *jus solis,* y la representación política es posible incluso para aquellos que solo tienen permiso de residencia. A pesar de las pugnas internas entre las regiones de Bélgica, también existe un Estado rico que —al menos en teoría— podría tomar decisiones sobre paquetes de estímulos y políticas en el mercado laboral para gestionar los problemas transitorios que a veces surgen de la inmigración.

Pero una vez más: si todos van a poder disfrutar de derechos civiles, sociales y políticos, es decisivo que todos los habitantes cuenten como legales. Solo así se les puede dar una voz y garantizar sus derechos fundamentales. A la larga probablemente se requerirá de instituciones supranacionales más fuertes, y que nos encaminemos hacia una libre circulación mundial de todas las personas.

La alternativa es la que promueve el nacionalismo: cerrar la puerta y esperar a que pase la tormenta. Una solución que se basa en la exclusión sistemática de las personas a quienes no se les considera como parte del propio grupo étnico. Si el nacionalista se encuentra en Europa occidental y es de alguna manera pragmático, puede conducir a una expansión del modelo italiano, cuya hipocresía organizada recuerda una forma sofisticada de neocolonialismo con una explotación de mano de obra a gran escala, y casi por completo sin derechos para los trabajadores. Sin embargo, también hemos aprendido de la historia que esto puede llevar a algo mucho peor.

Entre los árboles crujen unas llamas grandes. Una motocicleta está ardiendo dentro de la arboleda. Algunos de los adolescentes de la colonia le han rociado gasolina y prendido fuego. Jamal, Samir y Hadyullah no saben a qué se debe el fuego, pero lo siguen con interés a la distancia. Se escucha un estrépito de vez en cuando y las llamas se elevan varios metros al aire.

Un chico viene corriendo por la calle gritando:

—¡Ya llegó la policía!

Luces azules juegan en las paredes de los edificios cuando la patrulla se detiene en la calle Chaussée D'Anvers. También se para un carro de bomberos. Algunos de los bomberos corren hacia la motocicleta y comienzan a rociarle espuma.

—Vamos a checar internet. ¿Vienes con nosotros?

Es Jamal quien pregunta. Parece estresado. Los migrantes saben que a menudo la policía los culpa de este tipo de actos. Junto con sus dos nuevos amigos caminamos a lo largo de la calle Rue de Quatrecht y atravesamos el túnel por debajo de las vías. Jamal lleva su mochila negra al hombro.

Cuando salimos del lado este de las vías, nos encontramos de repente en la zona roja de Bruselas. En las vitrinas de las ventanas iluminadas con luces neón, unas chicas jóvenes del Este de Europa y del Oeste de África ofrecen sus cuerpos. Se sientan a horcajadas, se dan nalgadas con la palma de sus manos y pasan la lengua por sus labios. Pero los ojos están vacíos. Cansados.

Incluso entristecidos.

Jamal y los otros afganos pasan de largo por las ventanas con la vista baja. Tratan de no ver a las chicas tras el vidrio. Pero Hadyullah se ríe un poco nervioso. Ni él ni los otros saben qué decir.

—En Afganistán sería impensable —aclara Jamal después de un rato.

Escucha con atención cuando le cuento que muchas de estas chicas en realidad pueden haber caído en las redes de la prostitución después de haberse endeudado con los traficantes.

—Sí, son migrantes como nosotros. Es verdad —responde pensativo.

Seguimos caminando por la calle Rue de Brabant y nos internamos en el distrito Schaerbeek. Aquí abundan los *kebabs* y la carne *halal* y tiendas de cambio que envían dinero al extranjero. También aquí Jamal suele venir para asearse en la mezquita local.

El café internet queda a dos pasos de la Plaza Liedst, y es

muy frecuentado. Varios jóvenes están sentados en las cabinas y hablan por Skype, o navegan por Facebook o envían correos electrónicos a sus amigos y familiares. Jamal se sienta en una de las cabinas. Se ha sacado una cuenta de Facebook desde la última vez que nos vimos en Grecia. Ahí pone imágenes que en ocasiones pareciera que fueron tomadas en un viaje de vacaciones. De la misma manera que muchos migrantes —o en general, como los usuarios de los medios sociales—, Jamal evita lo más posible mostrar a sus amigos y familiares los momentos difíciles.

Tal vez un sociólogo podría ver esto como un lugar en donde se crean y se mantienen "las redes transnacionales". Lo que por supuesto lo es. A la vez, me resulta difícil no pensar que Jamal, Samir y Hadyullah son como cualquier otro joven de entre 20 y 35 años. Lo que los distingue son las circunstancias de sus países de origen: que se vieron forzados a escapar.

Y que su pasaporte casi no tiene valor.

—¡HAY una fiesta! ¿Vienes?

Me pregunto qué fiesta es esa que empieza un sábado al medio día, pero sigo a Jamal y a Samir a la Place Gaucheret en Schaerbeek. Me muestran unos volantes que les dieron unos activistas.

En ellos se lee "Roma Pride Day" (Día del Orgullo Romaní).

Enfrente de la pequeña Casa de Cultura, a un lado de la plaza, unos sesenta romaníes están sentados en colchones a lo largo de la pared. La mayoría son niños y mujeres. Es primero de octubre, las hojas han comenzado a caer de los árboles, pero el verano aún sigue en Bruselas. Algunos niños corren alrededor y juegan bajo el sol.

Hoy no están solos. El "Roma Pride Day" ha sido organizado por grupos antirracistas en toda Europa. En Bruselas, personas de distintas organizaciones han recolectado dinero para mostrar su apoyo a los romaníes pobres de Schaerbeek.

Unos globos han sido inflados para los niños. Un buffet con comida y refrescos está servido para los adultos, cuyo único techo es un techo de lámina que sobresale de una casa. Una de las mujeres romaní, Maria Shaflory, recibe con gratitud un plato de plástico con comida para ella y para su nieta pequeña.

—Hemos vivido ya aquí un mes. Antes estábamos afuera de Gare du Nord. Ahí estuvimos siete meses. Pero nos echó la policía —dice María, que tiene 55 años y viene de un pequeño pueblo de Rumania.

En sus rodillas está durmiendo su nieta. La mamá de la niña sigue en su país.

—Espero que pueda venir aquí pronto para que podamos estar juntas. Pero sinceramente no sé cuando será eso. Porque, claro, habíamos esperado una vida mejor, pero aquí no hay nada. No parece haber un buen lugar para vivir. No, aquí tampoco...

Se calla y trata de sonreír. Pues después de todo, hay fiesta.

Un poco más lejos está uno de los organizadores, Xavier Löwenthal. Diariamente trabaja publicando comics, pero algunas noches y fines de semana también se dedica a impulsar su Fundación Les Petits Samourais.

—Estas personas vienen de países en donde son expuestas al racismo porque son romaníes. Pero los políticos y las autoridades aquí en Bruselas les dan la espalda. Así que como ciudadanos comunes queremos mostrar que de verdad son bienvenidos en nuestros barrios —dice mientras les sirve refresco a algunos niños.

Pero ¿y el Estado? ¿Y el Municipio? Xavier responde que el problema es la distribución de los ingresos tributarios entre los 19 distritos que tiene Bruselas.

—En el norte y centro de Bruselas viven la mayoría de los pobres y desempleados, ya que ahí hay muchos lugares para rentar. Eso significa que los distritos como Schaerbeek que recaudan bajos impuestos también tienen una enorme y desproporcionada carga de problemas sociales. Y los distritos acaudalados, a la vez, no quieren compartir sus recursos.

Fronteras invisibles cruzan de este modo los diferentes distritos, explica Xavier. Un fenómeno que a menudo se conoce como segregación.

—Los políticos dicen que es "una situación complicada". Pero para nada es complicada. Estas personas duermen en las calles. En la lluvia. Con sus hijos en los brazos. ¿Qué hay de complicado en esto?

Mientras Xavier habla, Jamal y Samir se han quedado parados en una esquina, apartados de la multitud. A pesar de los volantes que han recibido, parecen un poco inseguros de si de verdad son bienvenidos. Pero luego de un rato, una mujer mayor se les acerca y con un gesto amigable les muestra que son bienvenidos a servirse del buffet. Agradecen cortésmente y cada uno acepta un refresco de cola y un plato de plástico.

Entretanto, Xavier se ha vuelto cada vez más duro en sus recriminaciones contra lo que él considera políticos populistas e irresponsables.

—¡En realidad saben que Europa necesita más migrantes

en el futuro! Pues así es la situación demográfica. Pero en vez de decirlo abiertamente, llevan a cabo campañas de legalización de migrantes indocumentados una vez cada diez años. Y como no quieren enfrentarse con las personas miedosas que creen que los migrantes "roban nuestras mujeres y trabajos", entonces, lo hacen a escondidas.

Un rato más tarde, Jamal ha bebido su refresco de cola y comido. Deja la reunión. Samir dice que va a ir al café internet. Pero Jamal no quiere perderse la oración de la tarde, así que los amigos se despiden.

Detrás de la Casa de Cultura hay una fuente. Jamal se lava cuidadosamente antes de que busque un par de cartones que serán un improvisado tapete de oración. Después cierra los ojos, inclina la cabeza dejando que la punta de la barbilla roce la camiseta roja. Se pone de rodillas y se agacha. Siente como la frente roza el cartón y las hojas de pasto que se le han pegado en las esquinas. El cuerpo se endereza de nuevo. Es un movimiento acostumbrado para él. El sol calienta su frente y su entorno. Alrededor del parque reinan rascacielos con nombres de bancos y empresas con logotipos gigantes.

Cierra los ojos de nuevo.

En silencio, le reza a su Dios.

26.

Así es la cantidad de países a los que hoy puede viajar un afgano sin visa. Es una séptima parte de los países a los que puede ir un ciudadano de Estados Unidos, Bélgica o Suecia.

Existe una desigualdad profunda en está relación.

Si alguien prohibiera a una persona de Gotemburgo viajar a Estocolmo, pero no viceversa, muchos lo verían como una injusticia. Lo mismo si a una persona de Guadalajara se le prohibiera viajar a la Ciudad de México. Pero cuando se trata de un ciudadano de un país pobre, afectado por una guerra, se acepta como si fuera algo obvio.

Porque así es el nacionalismo.

Legitima el orden existente. Un orden que hoy, luego de un siglo, está tan establecido que los miles de casos de muerte que ocurren al año pueden considerarse como inevitables; si acaso como un defecto lamentable de la naturaleza del sistema existente.

Pero no.

Los casos de muerte en los trenes de México, o en las montañas entre Irán y Turquía, o en el desierto de Arizona, o en el Sahara, o en el Mediterráneo, no son inevitables.

Ocurren porque faltan caminos legales hacia Europa y Estados Unidos.

La libre circulación no es ninguna solución milagrosa de los problemas mundiales. Pero existen fuertes argumentos a favor de que podría conducir a un mayor crecimiento económico, una reducción de la pobreza en el Sur y, al mismo tiempo, podría salvar al sistema de bienestar de Europa occidental. Existen argumentos a favor de que la migración y la creación de redes transnacionales podrían tener efectos considerables en la propagación de ideas de democracia y de derechos humanos en todas partes del mundo. Todo esto, por supuesto, siempre y cuando los derechos de los migrantes sean respetados en los países de acogida. Y que los Estados estén preparados para asumir la responsabilidad de abordar las crisis eventuales cuando sea necesario.

Pero no faltan argumentos.

No faltan razones para pensar que la legalización podría disminuir el poder de las mafias que hoy exigen miles de dólares o euros para traficar a refugiados desesperados, y que socavan la democracia en muchos países. No faltan argumentos de que se podría disminuir la inmensa cantidad de muertes, secuestros y casos de torturas si los desplazamientos fueran legales.

No, no faltan argumentos. Pero rara vez se escuchan, en parte porque falta un marco institucional, como se dice en el lenguaje diplomático.

En el orden mundial dominante de los Estados nación se requiere de organizaciones internacionales y de alguna forma de orden jurídico global para que, al menos, en teoría, puedan garantizarse los derechos de las personas fuera de los Estados nación de los que son miembros. Y hoy en día solo existe un embrión de semejante orden.

En la práctica, los Estados miembros poseen el control de la política migratoria. Esto sigue siendo el caso, a pesar del llamado Pacto Mundial para la Migración (que no es jurídicamente vinculante) y sus 23 objetivos para "mejorar la gobernabilidad de la migración" y "reducir [sus] vulnerabilidades"[11]. Porque aunque el Pacto Mundial fue un hito migratorio significativo —firmado por 152 países, entre ellos España, México y Bélgica— también resultó ser un catalizador para los movimientos ultranacionalistas internacionales y varios de sus líderes, como Donald Trump, Jair Bolsonaro y Viktor Orbán.

En su libro *Exceptional People*, Goldin, Cameron y Balarajan se ven obligados a constatar que:

"Lo que está en nuestro interés colectivo a largo plazo no se corresponde necesariamente con los intereses domésticos de corto plazo de los políticos o de sus electores.".[12]

El nacionalismo como ideología triunfa de nuevo.

¿O?

No. Algo falta en esta cuadro.

Falta un movimiento.

En este libro solo los he mencionado de paso. Activistas que trabajan en silencio, pero tenazmente por el derecho de los migrantes. Los que se consumen día tras día limpiando pisos, cocinando arroz y recriminando a la policía. Aquellos que, contra toda probabilidad, trabajan para que haya cambios legislativos en sus países.

Las mujeres de la Patrona.

Irineo y los otros activistas de los albergues en México.

Las cocineras en Atenas.

Las y los voluntarios en las estaciones de tren y en los campos de migrantes.

Médicos Sin Fronteras y su equipo.

Hasta el hombre que donó un sándwich en Bruselas. Todo lo que muestran, en palabras del padre Solalinde, es que "hay que atreverse a estar con el prójimo, incluso en tiempos en los que parece muy subversivo".

Sin embargo, es cuando los propios migrantes alzan la voz que comienza a temblar la tierra debajo del nacionalismo. Es cuando quienes no tienen voz, la alzan, cuando los indocumentados exigen sus papeles —lo que ha pasado en los últimos años en Estados Unidos, Francia y España, y que hay indicios de que está en camino de pasar también en el resto de Europa, cn México y otros países y regiones del mundo— que algo en serio comienza a pasar. Y es entonces cuando de verdad se necesita mostrar solidaridad.

Porque todos tenemos derechos. Y si los Estados no los respetan, juntos tenemos que encargarnos de defenderlos.

～

"*El pueblo, unido, jamás será vencido*"

La consigna resuena en la marcha en español, francés, flamenco y árabe. Los manifestantes, alrededor de 7 000, caminan lentamente por el centro de Bruselas. "Suficiente con las privatizaciones" y " No pensamos pagar la deuda de los bancos" se lee en los carteles y pancartas.

De qué "nosotros" se trata, no es del todo claro. Pero a juzgar por las muchas lenguas y las muchas demandas se trata de un nosotros multicultural y multinacional, caracterizado por algo que tal vez pueda llamarse fronteras porosas. Este día de octubre también tienen lugar manifestaciones en otras capitales de Europa. Y en Bruselas brilla el sol, a pesar de que el aire es frío.

Entre los miles de manifestantes van Jamal y algunos de sus amigos afganos. Parecen un poco sorprendidos de que muchas personas estén en las calles, y se ríen un poco de las consignas y de los payasos pintados de blanco que despliegan pancartas en las calles.

Han pasado dos semanas desde que dejé Bruselas. Antes de que me fuera, Jamal me contó que había riesgos de protestar públicamente. Él y los otros han oído de migrantes a quienes les aplazaron sus procesos de asilo y se los negaron, después de haber ocupado edificios y exigido mejores condiciones de vida.

Pero el tiempo pasa y aún no se ha resulto la situación de la vivienda. Por el contrario, hay más personas que buscan asilo y que duermen en las calles de Bruselas. Hace una semana llegó la policía y expulsó al pequeño grupo que había dormido en el parque enfrente de Fedasil. Así que ahora viven en un edificio de oficinas abandonado, junto con unos cientos de migrantes de diferentes países. Y solo hay un baño. Y en las noches el frío se mete por las ventanas rotas.

Es por eso que están aquí ahora. Porque el invierno se acerca.

Porque merecen algo mejor.

—¡Creíamos que había derechos humanos en Europa! —grita uno de los afganos.

Los demás ríen un poco avergonzados, pero pronto también empiezan a gritar consignas. Unos activistas belgas son los que les han contado de la marcha; un grupo de estudiantes que van una vez por semana y les dan comida, papel de baño y otros artículos de higiene. Pero ahora los migrantes están haciendo la protesta por cuenta propia.

Sobre todo Jamal está frustrado. Su abogada no hace nada para ayudarlo. En Fedasil los burócratas no le dan ninguna respuesta clara. Y le ha dado una extraña comezón que no quiere ceder.

Le pican bastante feo los pies y la entrepierna. Incluso ahora en la manifestación le cuesta pensar en algo más que en la comezón. Después de un rato de caminar y gritar, les dice a sus amigos que se va a "casa", al edificio abandonado. Deja la marcha y las consignas detrás de sí, con un sentimiento de desazón de que, probablemente, no sirvió de nada ir a la manifestación.

TEMPRANO POR LA MAÑANA. Una capa de nubes grises cubre el cielo encima del parquecito. Los habitantes de Bruselas pasan vestidos muy elegantes con bolsas de compras y de camino a casas acogedoras y con calefacción. La Navidad se aproxima y las tiendas pasan días ajetreados arreglando los escaparates para que estén listos a tiempo.

Jamal mira distraído las corrientes de personas mientras

trata de calentarse dándose palmadas en los brazos. Recibe un sándwich que una joven activista le da. Cuando le pregunta cómo está, apenas sabe qué responder.

Desde que fueron echados del edificio abandonado no ha tenido un techo. En la noche hacía tanto frío que no podía quedarse quieto. Tenía que ir y venir entre las escaleras de la entrada del parquecito, y tan pronto comenzaba a dormirse, la comezón lo despertaba. Una media hora estuvo sentado acurrucado en una caseta de teléfono. Después se sentó en el respaldo de un banco y vio cómo el sol salía mientras tiritaba de frío.

Las mujeres y los niños del edificio ocupado deben de haber sido llevados a un centro de refugio. Jamal y los demás hombres jóvenes fueron arrojados a la calle.

De nuevo.

Los estudiantes vienen y les dan comida unas dos veces por semana. Pero ahora el frío lo permea todo. Hasta su amabilidad.

El frío hace que el agua del grifo público rasgue como hielo en la piel. Jamal está rojo la mitad del cuerpo, y le da bastante comezón. No sabe qué es lo que tiene. Pero sea lo que sea, ha perdido el control.

Uno de los activistas dice que hoy han venido con una doctora que está ahí gratis. ¿Quiere hablar con ella?

Sí, claro que quiere.

Una mujer de mediana edad y de abrigo llega y le pregunta cómo está. Es médica, le dice, como si no supiera ya. Jamal le muestra la erupción, levanta la playera y enrolla los calcetines. Le explica que le pica tanto que ni siquiera puede dormir.

La mujer parece preocupada.

—Tienes sarna. Te voy a dar una pomada. Pero para

recuperarte completamente tienes que cambiarte de ropa lo más seguido, y mantenerte limpio y bañarte con mucho cuidado cada día.

Jamal la ve con ojos sorprendidos. Después se ríe ligeramente.

—¿Pero cómo voy a hacer eso? Si ves cómo estamos. No hay ninguna ducha.

La doctora asiente con seriedad. De repente parece un poco insegura. Es como si ella no quisiera recriminarle por algo que él no tiene la culpa. Entonces se voltea y se va con los otros.

Jamal suspira en silencio. Otra belga que quiere ayudar, pero que no puede hacer nada por él. Deja que la mirada se deslice lentamente sobre las hojas que están en montoncitos mojados en el suelo. Ahora los árboles están casi deshojados, piensa. También los arbustos. Pronto la nieve estará aquí.

Un abrigo aparece en su campo visual.

—Ven, necesitas bañarte.

Es de nuevo la mujer. Jamal mira sin entender su rostro decidido.

—Vivo solo a unas cuadras de aquí. Con mi hijo. Y tengo mi consultorio en el piso de abajo.

«Un baño. Suena bien».

Acepta la mano extendida y, cansado, se levanta con la mochila negra sobre su hombro. Con pasos lentos abandonan el parque. Cuando han salido lo suficiente para que los otros no escuchen, la mujer le dice:

—Puedes dormir en nuestro sofá unas noches. O hasta que estés totalmente sano.

TRECEAVA PIEZA DEL ROMPECABEZAS

EL ALAMBRADO DE PÚAS EN LA FRONTERA HÚNGARA

Septiembre de 2015.

Emen está sentada en una manta polvorienta a la sombra de un árbol de la pequeña ciudad de Tovarnik en Croacia, donde serpentea una cola de autobús que quizás es la más larga del mundo en este momento. Su hermano Ibrahim está parado un poco más lejos, cuidando su lugar en la kilométrica hilera de personas.

La fila no avanza para nada.

—Tres días han pasado desde que llegamos aquí. No entiendo por qué nos tratan así —dice Emen, quitándose sus lentes de sol tipo piloto.

Sus ojos están cansados. Pero en ellos hay algo más. Un objetivo claro.

—Hay una canción de Abba que se llama *I have a dream* (*Tengo un sueño*). Es por eso que estoy aquí. Quiero vivir mi sueño —dice Emen cuando me siento a su lado en el polvo.

Botellas vacías de plástico, mantas sucias y algunos paquetes viejos de plástico están esparcidos en la hierba en torno nuestro. Emen viste una camisa rayada y jeans azules.

En la cabeza lleva un *hiyab* azul que hace juego con su ropa. Tiene unos cuarenta años y viene de la ciudad de Quneitra en los Altos del Golán en Siria, no lejos de la frontera con Israel. Antes trabajaba como guía de turistas, pero desde que estalló la guerra civil en 2011 ya no es posible.

—Mataron la esperanza en mi país. Nos arrebataron el futuro. Y me refiero a todas las partes del conflicto. No puedo protestar contra el gobierno, porque entonces me encarcelan. Si voy vestida así, en jeans y camisa, algún islamista puede secuestrarme, solo por eso. La luz se fue por meses, nuestra casa ha sido bombardeada...

Se calla.

—Quiero vivir en un país que me respete, que respete mi libertad, mis creencias.

A nuestro alrededor hay miles de personas paradas y sentadas, y son parte de acaso la migración más grande que se ha visto en Europa desde la Segunda Guerra Mundial. Han huido de la guerra, de persecuciones y pobreza, y juntos han desafiado frontera tras frontera de camino a su meta: un país de Europa occidental.

Muchos son hombres. Pero también hay una gran cantidad de mujeres. Hay niños jugando entre las pequeñas tiendas de campaña que algunas familias han recibido de organizaciones humanitarias. Pero Emen no tiene hijos.

—No. Gracias a Dios que no estoy casada ni tengo hijos. Hoy tener hijos en Siria es una desgracia —dice.

Su hermano Ibrahim se sienta con nosotros. Ha dejado unas mochilas en la cola y le ha pedido de favor a una persona que le cuide el lugar.

—¿Sabes si van a registrarnos en Hungría, si vamos a pasar hoy?

La pregunta es importante. Ibrahim y Emen tienen

miedo de que vayan a obligarlos a dejar sus huellas en Hungría, lo que puede dificultarles buscar asilo en otro país de la Unión Europea debido al llamado Reglamento de Dublín.

Le respondo que aquí nadie parece saber —ni siquiera los conductores de los autobuses—. Ibrahim escucha, mueve la cabeza y vuelve a la cola. En Tovarnik, la información tiene mucho valor.

Ha pasado una semana desde que Emen e Ibrahim comenzaron su viaje. Primero llegaron a Turquía. Después siguieron en bote hacia la isla griega de Lesbos, y entonces pasaron a tierra firme griega, continuaron a Macedonia y, al final, a Serbia. Pero ahí, la ruta que había funcionado durante un par de años para atravesar Hungría ya estaba cerrada.

El 15 de septiembre de 2015, el gobierno húngaro completó su valla de alambre de púas con Serbia e impuso el cierre total de la frontera. Nuevas leyes convirtieron en delito cruzar la frontera sin permiso. Los militares y la policía antidisturbios se estacionaron en los pases fronterizos. Como muchos otros, Emen e Ibrahim han optado por viajar a Croacia en lugar de Hungría. Pero ahora, el país fronterizo del norte, Eslovenia, también ha cerrado sus puertas. Nadie sabe qué va a pasar.

Cuando visitamos Tovarnik, más de 20 000 personas han llegado en solo dos o tres días. En la estación del tren hay miles de personas y buscan un tren que nadie sabe cuándo vendrá o partirá. Afganos, iraquíes, sirios y personas de otras nacionalidades se apretujan en los andenes.

—De verdad que hay muchos aquí. Pero espero que nuestro pasaporte sirio nos ayude —dice Emen.

Como documento de viaje, un pasaporte sirio no tiene

mucho valor. Pero irónicamente, el pasaporte sirio puede ser importante en el proceso de asilo. Al menos, si se logra llegar hasta Alemania o Suecia.

A UN TRECHO de la manta de Emen se encuentra un grupo de voluntarios con chalecos amarillos, repartiendo ropa, zapatos y otras cosas que los refugiados puedan necesitar. Una de ellos es Dimen Palani, de 24 años, de la ciudad de Karlstad en Suecia.

—Llegué a Suecia como niña refugiada y ahora sentía que quería hacer algo. Así que cuando un amigo de Noruega me dijo que pensaban venir aquí, me les uní. Unos amigos de Facebook depositaron a mi cuenta 15 000 coronas, con las que he comprado cosas para los refugiados —cuenta.

Los voluntarios vienen de una decena de países y trabajan casi las veinticuatro horas. Muchos expresan frustración de que la ONU y el Estado croata hayan sido tan lentos con la ayuda.

—Las diferentes disposiciones que se aplican en las fronteras y las rutas hacen que el flujo de refugiados cambie todo el tiempo. Va muy rápido y entonces hay que responder en solo unas horas. No siempre es tan fácil —dice Ivan Usmiani, responsable operativo de la Cruz Roja en Croacia.

Pero al Primer Ministro húngaro, Viktor Orbán, no le cuesta actuar. Al contrario: ha dado la orden de poner alambrado de púas y construir una valla, incluso a lo largo de las fronteras con Croacia y Rumania. Orbán ha asumido el liderazgo contra lo que llama "el liberalismo suicida" de la Unión Europea. Y se ha aliado a un grupo de países del Este y Centro de Europa (en ese entonces Eslovaquia, República

Checa, Polonia y Rumania) que se oponen a la cuota obligatoria de migrantes dentro de la UE, exigen controles más severos en las fronteras y detenciones más duras contra los migrantes indocumentados para disuadir, de este modo, a quienes piensan realizar el periplo.

Esta oposición de la estridente derecha nacionalista dentro de la UE ha logrado paralizar por años las propuestas de cuotas de refugiados. Y los partidos nacionalistas siguen ganando terreno. La migración se ha transformado en un gran juego político que, a la larga, puede llegar a tratarse del futuro de toda la UE. Mientras tanto, los migrantes son echados de un país de acogida a otro sin reglas claras a las que atenerse.

Después de algunas horas, Emen e Ibrahim pueden subirse a un autobús. Sospechamos que el destino es Hungría. Así que decidimos conducir una hora hacia el norte a la ahora muy bien vigilada frontera.

—PASAPORTE, por favor.

Entrego mi pasaporte color vino de la UE y entreveo el alambrado de púas que desde hace unos días está puesto a lo largo de la línea fronteriza. Pronto también habrá aquí una valla.

Estando en Budapest nos encontramos con una visión extraña, y de cierta manera simbólica de este otoño de 2015: turistas de países occidentales que pasean en las calles de la capital húngara, al parecer, totalmente inconscientes del drama que tiene lugar en las fronteras húngaras. Un recordatorio brutal de que ciertas personas pueden viajar libremente en el mundo, mientras que otras se ven forzadas a arriesgar la vida para escapar de guerras y perse-cuciones.

Vamos a ver a Anikó Bakoniy, de la organización húngara de derechos humanos "Comité Helsinki", quien sigue de cerca lo que está pasando en Hungría. En especial, las nuevas leyes que pueden otorgar penas largas de prisión a los migrantes indocumentados.

—Ahora se construye una barrera legal, aparte de la simple frontera física. La intención por parte del gobierno es clara: negarle a los refugiados la entrada a Hungría; y negarles protección —dice Bakoniy.

El gobierno húngaro justifica las medidas aduciendo que cerca de 200 000 refugiados han llegado al país en tan solo los primeros ocho meses de 2015.

—Cierto, es una cifra elevada. Pero alrededor del 90% de los refugiados continúan viajando a otro país en un período de dos semanas. Es decir, las cifras no indican en realidad cuántas personas están en Hungría en un momento dado —dice Bakoniy.

Ella es muy crítica con la decisión de Hungría de consi-derar a Serbia como un "tercer país seguro", en donde, según el gobierno, se puede devolver a un refugiado.

—ACNUR lo desaconseja firmemente. El sistema de asilo en Serbia no funciona, lo que también hemos demos-trado en varios reportes. Eso que ahora hace Hungría es, en la práctica, criminalizar a quienes buscan asilo, y esto es muy grave.

∾

"EL NUEVO FRENTE SE DIRIGE A CROACIA", dice el titular de uno de los periódicos de Budapest, como si se tratara de una guerra.

Las emisiones matutinas de la televisión muestran la imagen de un migrante que participa en un enfrentamiento en la frontera —y sobre la imagen, un texto que reza "terrorista".

—Somos objeto de una invasión, explica el Ministro de Exteriores al gremio de periodistas del país.

El Primer Ministro Viktor Orbán no es más diplomático cuando es entrevistado por el periódico alemán *Die Welt*:

"Los musulmanes dan mayor importancia a la familia, los hijos y la unidad. Por eso van a volverse más que nosotros. Es pura matemática".

Declaraciones como éstas solían ser típicas de la extrema derecha. Pero en 2015, de pronto provienen de jefes de gobierno de la Unión Europea; incluso el Primer Ministro de Eslovaquia declara sin ambages que no quiere ver "migrantes musulmanes". En Polonia, el presidente del Partido Nacional Conservador PiS "Ley y Justicia" ha dicho que los migrantes son "portadores de infecciones".

Esta radicalización elevó las apuestas en las negociaciones sobre un nuevo sistema de cuotas para la acogida de refugiados dentro de la UE. Durante el otoño de 2015, Viktor Orbán y sus colegas de algunos países de Europa del Este y del Centro lograron frenar lo que consideraron una restricción inaceptable a la soberanía nacional. El *impasse* en las negociaciones duraría toda la década.

～

—LA GENTE ESTABA a punto de cansarse de Orbán. Pero la crisis de refugiados lo salvó. Mientras pueda mantener vivo el debate sobre la migración, tiene una gran posibilidad de ser reelegido —dice Balazs Nagy Navarro cuando nos reunimos en un café de Budapest.

Él es una de las voces críticas de Hungría, las cuales se escuchan cada vez menos en los medios estatales. En 2011 trabajaba de periodista en la televisión estatal húngara y era presidente de un sindicato de empleados, pero fue despedido cuando protestó contra el aumento tendencioso de las noticias.

—Desde entonces, la televisión estatal se ha vuelto cada vez peor. Actualmente, es propaganda al 100%. Por ejemplo, la crisis de refugiados: las imágenes de los refugiados se exponen como amenaza, que entre ellos hay terroristas, que toman el trabajo de la gente, etc. Completamente en línea con la retórica del gobierno. Y nunca hay una discusión, un cuestionamiento de la línea oficial, siempre es la misma cantaleta —dice Nagy Navarro.

—¿Nadie protesta? —pregunto.

—Aquí la oposición es basura, si me disculpas el uso de la palabra. Por un lado, el movimiento sindical se ha debilitado y está fragmentado. Solo alrededor del 20% está organizado. Tras las nuevas leyes del mercado laboral que introdujo el gobierno, es prácticamente imposible hacer una huelga en el sector público. Se requiere de un acuerdo de "servicio mínimo" entre ambas partes. Y los empresarios exigen casi siempre que el 90% del servicio no sea afectado; lo que hace que la huelga como arma no tenga sentido —dice Nagy Navarro.

En este año de 2015 la única amenaza política real contra Orbán y su partido de gobierno, Fidesz, parece venir de la extrema derecha. El partido fascista Jobbik está a punto de establecerse como la segunda fuerza política del país. Al mismo tiempo, Hungría ha caído en el índice global de democracia, libertad política y derechos humanos de la organización Freedom House.

~

—¿Está bien si fumo?

Gáspar Miklós Tamás enciende un cerillo y empieza a darle caladas a un puro. Nos sentamos en su biblioteca personal de su departamento en el centro de Budapest; hay libros en desorden alrededor de su sillón de lectura. Tamás es filósofo, y uno de los intelectuales más conocidos de Hungría desde mediados de la década de los ochenta, cuando era disidente durante el régimen comunista. En aquel tiempo conoció en persona a Viktor Orbán. Estuvieron juntos en las barricadas de los años de 1988 y 1989. En ese entonces ambos eran liberales convencidos.

—Orbán ya tenía un gran talento político. Pero en 1991 viró a la derecha y se encontró con el nacionalismo —dice Gáspar Miklós Tamás, quien actualmente se dice marxista.

Cuando Orbán llegó al poder en 2010, se llevó consigo su nueva ideología al palacio de gobierno.

—Pero esto que vemos hoy en día es otra cosa que el viejo nacionalismo civil que era común en Hungría a finales del siglo XIX. Esto es nacionalismo étnico, etnicismo, donde solo lo étnico, lo racialmente "puro" —la mayoría masculina, blanca, aria, heterosexual— compone la nación. Esto es mucho más peligroso —dice Tamás, quien dice haber notado que la retórica de Orbán se vuelve cada vez más parecida a la usada por los fascistas de Jobbik.

Michael Mann tiene una definición de fascismo de cinco criterios. Aquí no hay paramilitares todavía, pero ¿qué tan cerca dirías que está Hungría del fascismo?

—Este tipo [Orbán] no es para nada un Hitler. Este es un sistema más parecido al de Portugal de Salazar o al de Austria de Dollfuss o al de Italia de Mussolini. Éste es un sistema conservador; semi-fascista, en cierta medida; corporativista. Así que no, esto no es un sistema fascista en el sentido de que se moviliza a la población; está desmovilizándola. Y no, esto no es un sistema totalitario de mediados de siglo XX.

—Pero la continuidad histórica se restablece con los regímenes anteriores a 1945. Se develan estatuas de individuos que fueron condenados como criminales de guerra a finales de los cuarenta. Y muchos aquí se identifican con el ejército húngaro que luchó de lado de Hitler en las cruzadas anticomunistas contra la Rusia bolchevique. Hungría es el único país de Europa que considera que mayo de 1945 fue una derrota: 'Perdimos la guerra", dicen. Escribí un artículo hace unos años con el título *El último poder del Eje*. Porque somos el último poder del Eje. A la resistencia durante la guerra se le considera como una conspiración judeo-comunista. Sus héroes no tienen calles con sus nombres; mientras las placas conmemorativas son destruidas. Es muy claro lo que está pasando.

Si alzamos la mirada hacia Europa, ¿qué corrientes políticas consideras que son las que dominan en este momento?

—Por un lado tienes un etnicismo desvergonzado: una corriente de la opinión pública que influye en las distintas fuerzas políticas. Y está la corriente conservadora tradicional y neoliberal de derechas que trata de reconciliar el capitalismo con algunos derechos liberales y alguna clase de decencia, tipo Merkel. Y hay una izquierda a la defensiva. Además, tanto en Alemania como en Austria, hay grandes coaliciones que conducen a una situación ¡en dónde no tienes izquierda en estos países! Está asimilada a la centroderecha. Y luego, por supuesto, tenemos los países escandinavos en donde la socialdemocracia sigue siendo una fuerza que hay que tener en cuenta, y no una minoría eterna. Pero la derecha gana terreno. Y creo que la crisis de refugiados resultará en una Europa mucho peor de la que tuvimos solo hace un año. Ya es un hecho, diría yo —dice Gáspár Miklós Tamás esta tarde de 2015.

Considera que la respuesta al auge de la ola nacionalista tiene que estar en redescubrir las ideas de la Ilustración sobre la igual dignidad de los seres humanos y los derechos humanos. Describe este proyecto de Ilustración como inacabado.

—Fui a la estación Keleti cuando las autoridades detuvieron los trenes a causa de los migrantes. Y me encontré con un grupo de alemanes y austriacos que querían viajar a Viena. Por supuesto, estaban molestos. Hablo alemán, así que les pregunté que qué pensaban de la situación. Y entonces dijeron algo que creo es el símbolo de nuestra época: 'Tenemos boletos y ellos no. Y nosotros no podemos viajar. Eso es vergonzoso. La gente con boletos debería viajar y la gente sin boletos no debería". Tal vez este debería ser el nuevo slogan de Europa: Personas con boletos y personas sin boletos...

Gáspár Miklós Tamás sostiene que el periplo de los refugiados en las fronteras puede verse como un tipo de resistencia.

—De modo instintivo entienden que tienen derechos, independientemente de su ciudadanía. Y en mi opinión tienen razón. Los derechos son universales o no son derechos. Porque los derechos que no son universales se llaman privilegios.

Antes de que nos despidamos confirma que el ganador en Hungría es Orbán —al menos a corto plazo.

—Aquí todo ha vuelto a la normalidad. Los turistas de países occidentales pasean por la ciudad. Los trenes van a Viena. Los migrantes están lejos de la estación Keleti. El Sr. Orbán ha ganado. Y nunca ha sido tan popular.

En la noche hago una búsqueda en Google: "Quneitra, Siria". Pienso en Emen y su éxodo por Europa.

Leo en sitios de noticias que el aliado de Al-Qaeda, el frente Al-Nusra, realiza una ofensiva por su ciudad desde junio. En 2015, Quneitra fue bombardeada por misiles aéreos de Israel, como represalia por un bombardeo con cohetes en la frontera.

Las tropas del gobierno sirio han bombardeado la zona durante la misma semana de septiembre en que conocí a Emen. "Al menos siete vehículos enemigos fueron destruidos". "Muchos muertos". Sin más detalles. No hay periodistas independientes en el lugar debido a los altos riesgos de seguridad.

"Hola Emen: soy el periodista sueco que te entrevisté en Tovarnik hace dos días. Te escribo solo para saber que todo está bien. ¿Al final los llevó el autobús a Hungría? ¿Los trataron bien? ¿Los mandaron a Austria? (He leído que muchos hicieron eso). Cuéntame cómo están. Erik"

EL CELULAR SUENA.

Es un *e–mail* de Emen.

"Buenos días, Erik".

Escribe brevemente que llegó a un país del centro de Europa, que ha pasado Hungría y que a lo mejor va a buscar asilo en Suecia.

EPÍLOGO

EL TRABAJO de campo de este reportaje duró cuatro años. Los viajes que se narran en él se realizaron durante 2011 a 2015, junto con entrevistas continuas y a fondo. A esto debe añadirse un estudio amplio de literatura especializada y entrevistas con investigadores y activistas. Para esta edición en español (Vagabunda, 2022) se han actualizado datos y editado partes del libro para dar un panorama más completo de la década de 2010. El método siempre ha sido el de reportero internacional: trabajo de campo, entrevistas e investigación.

Quiero agradecer cálida y sinceramente a Norma, Jamal y Abou y a los demás migrantes que aparecieron contando sus historias. Sin su confianza, paciencia y generosidad no hubiera sido posible describir así en detalle la realidad que miles y miles de personas se ven forzadas a vivir año tras año.

Estoy muy contento que este libro ha sido traducido a mi segunda lengua, el español, por mi compañera de viaje durante gran parte del trabajo, Estrella de la Reguera, sin cuyo ánimo, consejo y críticas probablemente nunca hubiera terminado este proyecto.

Agradezco también a las siguientes personas:

Patrik Andersson, quien ha leído y corregido el texto, y me ha hecho críticas importantes y constructivas durante el trabajo. Al fotógrafo Roger Turesson, cuyas imágenes y video clip del reportaje "El tren de la muerte" en *DN Världen* han contribuido para darle mayor repercusión. Mi editor de Norstedts, Stefan Skog, quien mostró gran paciencia y compromiso durante todo el trabajo de este libro. También a mi redactor de Norstedts, Fredrik Andersson que hizo una aportación importante en la fase final del mismo.

Otras personas que han contribuido son mi hermano Linde Lindkvist y mis amigos Erik Larsson y Tove Jonsson. Activistas de organizaciones de diferentes partes del mundo y algunas personas que individualmente donaron sus teléfonos celulares para el trabajo de campo; por nombrar solo algunos. Dicho esto, un escritor es siempre al final el único responsable de su libro.

La situación a lo largo de las rutas que se han descrito en el libro continúa siendo, a grandes rasgos, la misma. En Europa, la llamada Ruta de los Balcanes adquirió una importancia creciente entre 2014 y 2015, pero el aumento de barreras y operaciones policiacas en varios países, así como las prácticas controvertidas de "pushbacks" (con las que los migrantes son devueltos sin debido proceso), contribuyeron a que de nuevo se volviera difícil de transitar.

Mientras tanto, los llamados países barrera (o de contención) exigen cada vez más dinero y favores políticos de la Unión Europea a cambio de la contención de la migración irregular. Turquía y Marruecos, entre otros países, han firmado acuerdos con la UE. Incluso durante algunos meses de 2021 se abrió una ruta vía Bielorrusia, con la que el dictador Aleksandr Lukashenko intentó presionar a la UE para que se levantaran las sanciones al país.

Durante la pandemia de Covid-19, muchos países también empezaron a exigir documentos extra, como pruebas PCR negativas o certificados de vacunación, además del pasaporte y una visa válida. No obstante, decenas de miles de migrantes siguen tratando de llegar por medios irregulares a Europa cada año.

También entre México y Estados Unidos el tema de la migración sigue siendo sensible y sumamente complicado. Durante la última parte de la década de 2010, se formaron "caravanas" con miles de migrantes centroamericanos que caminaron desde la frontera sur de México rumbo a Estados Unidos. El activista Irineo Mújica estaba entre los que acompañaron a estas caravanas, con la expresa intención de brindarles apoyo y seguridad, lo que sin embargo le ocasionó problemas con las autoridades y desacuerdos con su antiguo aliado, el padre Alejandro Solalinde. Éste último acusó a Irineo Mújica de lucrar con los migrantes, hacerle el juego a Estados Unidos y entorpecer el trabajo del presidente Andrés Manuel López Obrador, cuyo gobierno de centro-izquierda Solalinde había decidido apoyar.

PARA LAS PERSONAS que he seguido, su viaje de vida continúa, como lo es para todos.

Jamal consiguió un lugar donde dormir en el sofá de la doctora que conoció en el parque de Bruselas, y después de unas semanas, la erupción desapareció. Recibió ayuda para conseguir un lugar en un campo de migrantes en Bruselas, y más tarde, lo enviaron a la ciudad Charleroi. Después de que le denegaron su solicitud de asilo dos veces, cambió de abogada y logró presentar otra solicitud. Entonces, al final, obtuvo un permiso de residencia temporal. Pero todavía existía el riesgo de que Jamal fuera expulsado a Afganistán o forzado a vivir como indocumentado en Europa. Aunado a esto, el peligro de que haya represalias contra su familia en Afganistán es la razón principal de que el apellido de Jamal y el nombre de su localidad no hayan sido mencionados en este libro.

Mohamad Nabi —el intérprete de ISAF que estaba en la ciudad portuaria de Patras al mismo tiempo que Jamal— consiguió llegar a Alemania. Solicitó asilo y lo consiguió.

La última vez que hablé con Norma de la Rosa fue en 2014 (su linea de teléfono dejó de funcionar después). Todavía vivía a lado de las vías del tren de la Ciudad de Guatemala. Decía que iba a ser difícil viajar a Estados Unidos mientras los niños fueran pequeños. Pero de ningún modo había cedido a sus sueños de una vida mejor en otro país, aunque por el momento no tenía planes de viajar al norte. En cambio, su hijo mayor Abél y su pareja Oscar lo contemplaban. Sin embargo, el costo y los peligros a lo largo de la ruta los disuadían. Si leen esto, por favor pónganse en contacto conmigo.

Abou vive actualmente en un estado en el norte de Italia, en donde ha trabajado como recolector de estación.

Los desplazamientos siguen. El rompecabezas no está armado del todo. Faltan muchas piezas todavía. Mi esperanza es que tú como lector de este libro puedas ayudar con algunas de ellas.

Paris, 3 de octubre de 2021.

NOTAS

Prólogo

1. "Asylcenter utanför EU kan stoppa flyktingsmugglare", en Sveriges Radio, 3 de octubre de 2013. Disponible en: https://sverigesradio.se/sida/artikel.aspx?programid=83&artikel=5664117.

Primera pieza del rompecabezas

1. UNICEF, "En Guatemala el 49,8% de los niños sufre desnutrición crónica,' María Claudia Santizo, Oficial de Nutrición en UNICEF Guatemala', 2019. https://www.unicef.es/noticia/en-guatemala-el-498-de-los-ninos-sufre-desnutricion-cronica-maria-claudia-santizo-oficial.
2. CNDH, *Informe Especial Sobre Secuestro de Migrantes en México*, 2011. Dosponible en: https://www.cndh.org.mx/documento/informe-especial-sobre-secuestro-de-migrantes-en-mexico
3. En ese entonces 1 900 quetzales al mes, lo que equivalía a unos 250 dólares.
4. Henley & Partner's Visa Restriction Index 2021. https://www.henleyglobal.com/passport-index
5. United Nations Development Programme, "Latest Human Development Index Ranking", 2020. http://hdr.undp.org/en/content/latest-human-development-index-ranking
6. Zygmunt Bauman, *Globalización, Consecuencias Humanas*, FCE, 2008, México, p.122.
7. Sin embargo, más tarde, Solalinde expresó públicamente su apoyo al presidente de centro-izquierda electo en 2018, Andrés Manuel López Obrador. El apoyo de Solalinde a López Obrador se volvió controvertido en 2019 cuando el gobierno mexicano cedió a las exigencias de la administración de Donald Trump y reintrodujo controles estrictos de migración en la frontera sur. Solalinde argumentó que estas medidas deberían ser vistas como 'pragmáticas', ya que se corría el riesgo de la supresión definitiva del Tratado de Libre Comercio (TLCAN).

420   *Notas*

8. Ian Goldin, Geoffrey Cameron and Meera Balarajan, *Exceptional People: How Migration Shaped Our World and Will Define Our Future*. Princeton University Press, 2011, pp. 11-16.
9. 'Neanderthals, Humans Interbred—First Solid DNA Evidence', *National Geographic*, 8 de mayo de 2010. Disponible en: https://www.nationalgeographic.com/culture/article/100506-science-neanderthals-humans-mated-interbred-dna-gene
10. Larena M, McKenna J, Sanchez-Quinto F, Bernhardsson C, Ebeo C, Reyes R, Casel O, Huang JY, Hagada KP, Guilay D, Reyes J, Allian FP, Mori V, Azarcon LS, Manera A, Terando C, Jamero L Jr, Sireg G, Manginsay-Tremedal R, Labos MS, Vilar RD, Latiph A, Saway RL, Marte E, Magbanua P, Morales A, Java I, Reveche R, Barrios B, Burton E, Salon JC, Kels MJT, Albano A, Cruz-Angeles RB, Molanida E, Granehäll L, Vicente M, Edlund H, Loo JH, Trejaut J, Ho SYW, Reid L, Lambeck K, Malmström H, Schlebusch C, Endicott P, Jakobsson M., Philippine Ayta possess the highest level of Denisovan ancestry in the world. *Curr Biol*. 2021 Oct 11;31(19):4219-4230.e10. doi: 10.1016/j.cub.2021.07.022. Epub 2021 Aug 12. PMID: 34388371; PMCID: PMC8596304. Disponible en: https://pubmed.ncbi.nlm.nih.gov/34388371/
11. Ian Goldin, Geoffrey Cameron and Meera Balarajan. *Exceptional People: How Migration Shaped Our World and Will Define Our Future*. Princeton University Press, 2011, p. 17.
12. Ibíd., pp. 20-21.
13. Richard A. Diehl, *The Olmecs. America's First Civilization*, Thames & Hudson, 2004. pp. 23-24.
14. Ian Goldin, Geoffrey Cameron and Meera Balarajan, *Exceptional People: How Migration Shaped Our World and Will Define Our Future*. Princeton University Press, 2011, p. 28.
15. Amnesty International, *Víctimas invisibles: Migrantes en movimiento en México*, Amnesty, 2010, p.15.

Segunda pieza del rompecabezas

1. Xinri Lui, *The Silk Road in World History*, [Kindle edition], Oxford UniversityPress, 2010, chapter 3, location 1081.
2. Karl Jaspers, *La Filosofía* (1949). Fondo de Cultura Económica, 2000, pp. 99-101.
3. Maria Brosius, *The Persians: an introduction*. [Kindle edition]. Routledge, 2006, chapter 2, location 999.

4. "Neil McGregor, 2,600 years of history in one object", TED Talks, julio de 2011. Disponible en: https://www.ted.com/talks/neil_macgregor_2600_years_of_history_in_one_object

5. Maria Brosius, *The Persians: an introduction*. [Kindle edition]. Routledge, 2006, chapter 2, location 324.

6. Margaret C. Miller, *Athens and Persia in the Fifth Century BC: A Study in CulturalReceptivity*. Cambridge University Press, 2004, pp. 114–117.

7. Elspeth Dusinberre, *Empire, Authority, and Autonomy in Achaemenid Anatolia*. Cambridge University Press, 2013, pp. 48–49.

8. Ashk Dahlén. "Persepolis skatter i rättslig tvist.", *Svenska Dagbladet*, 1 de septiembre de 2008.

9. Sunan Abu Dawud, 3641. Disponible en inglés y arabe: https://sunnah.com/abudawud:3641

10. Ian Goldin, Geoffrey Cameron och Meera Balarajan, *Exceptional People: How Migration Shaped Our World and Will Define our Future*. Princeton University Press, 2011, pp. 28–30.

11. Ibíd., p. 30.

12. Thomas Barfield, *Afghanistan: A Cultural and Political History*. Princeton, 2010, p. 20.

13. Jane Burbank y Frederick Cooper, *Empires in World History: Power and the Politics of difference*. Princeton University Press, 2011, pp. 109–110.

14. Ian Goldin, Geoffrey Cameron y Meera Balarajan, *Exceptional People: How Migration Shaped Our World and Will Define our Future*. Princeton University Press, 2011, p. 31

15. Michael Winiarski, "Iran för ett tvåfrontskrig mot heroinflödet", *Dagens Nyheter*, 2 de agosto de 2009, Disponible en: https://www.dn.se/arkiv/varlden/iran-for-ett-tvafrontskrig-mot-heroinflodet/

16. El periodista afgano Zalmay Barakzai documentó más de 60 casos de muerte como consecuencia del tráfico fallido de heroína solo en un pequeño distrito de la provincia afgana de Herat. Véase: "Afghan Children Ensnared in Heroin Trade with Iran", *Institute for War and Peace Reporting*, 10 de febrero de 2012. Disponible en: https://iwpr.net/global-voices/afghan-children-ensnared-heroin-trade-iran

17. Amnesty International, *Addicted to Death: Executions for Drugs Offences in Iran*. Amnesty Int., 2011, p. 32.

18. "Afghan immigrants find refuge in oil rich Iran", *World Focus*, 19 de octubre de 2009. Disponible en: https://worldfocus.org/blog/2009/10/19/afghan-immigrants-find-refuge-in-oil-rich-iran/7867/

19. Bruce Kopke, "The Situation for Afghans in the Islamic Republic of Iran Nine Years After the Overthrow of the Taliban Regime in

Afghanistan." *Refugee Cooperation*, 2011, p. 5.

20. UNHRC, "Manage Afghan labour migration to curb irregular flow to Iran, study urges", 7 de diciembre, 2008. Disponible en: https://www.unhcr.org/news/latest/2008/12/4941 12932/manage-afghan-labour-migration-curb-irregular-flow-iran-study-urges.html

21. UNHCR, "Country Profile: Islamic Republic of Iran", consultado el diciembre de 2021. Disponible en: https://www.unhcr.org/islamic-republic-of-iran.html

22. "George Stephanopoulos Interviews Iranian President Mahmoud Ahmadinejad", en *Good Morning America on ABC*, 5 de mayo de 2010. Transcripción al inglés disponible en: https://abcnews.go.com/GMA/transcript-george-stephanopoulos-interviews-iranian-president-mahmoud-ahmadinejad/story?id=10558442&page=8#.T7sVflLYHXh

23. "Afghans in Iran: Contradictory state policies", *Ajam Media Collective*, 31 de mayo de 2012. Disponible en: https://ajammc.com/2012/05/31/afghans-in-iran-contradictory-state-policies-and-a-grassroots-anti-racist-movement/ Video disponible en: https://www.youtube.com/watch?feature=player_embedded&v=vjENffxgDqw

24. "Afghanistan–Iran: Medhi, 'My hands were hurting because the handcuffs weretoo tight", *IRIN*, 27 de febrero de 2012. Disponible en: https://www.refworld.org/docid/4f4cd2cb2.html

25. "Iran threatens to expel Afghan refugees if Kabul ratifies US strategic partnership", *The Telegraph*, 10 de mayo de 2012. Disponible en: https://www.telegraph.co.uk/news/worldnews/asia/afghanistan/9256602/Iran-threatens-to-expel-Afghan-refugees-if-Kabul-ratifies-US-strategic-partnership.html

26. Human Rights Watch, "Iran sending thousands of Afghans to fight in Syria", 29 de enero de 2016. Disponible en: https://www.hrw.org/news/2016/01/29/iran-sending-thousands-afghans-fight-syria

27. "Afghan remittances from Iran total $500 million annually, says UN report.", *UN News Centre*, 7 de diciembre de 2008. Disponible en: https://news.un.org/en/story/2008/12/284432-afghan-remittances-iran-total-500-million-annually-says-un-report

28. "Deadly blasts hit Afghan provinces", *Al Jazeera*, 11 de abril de 2011. Disponible en: https://www.aljazeera.com/news/2012/4/11/deadly-blasts-hit-afghan-provinces

29. "Boom time for Afghanistan's people smugglers", *The Guardian*, 18 de enero de 2012. Disponible en: https://www.theguardian.com/world/2012/jan/18/afghanistan-people-smugglers-taliban-europe

30. "Hard lives for Afghans in Iran", *PBS Frontline*, 21 de noviembre de 2010. Disponible en: https://www.pbs.org/wgbh/pages/frontline/

tehranbureau/2010/11/hard-lives-for-afghans-in-iran.html

Tercera pieza del rompecabezas

1. Étienne Balibar, *Vi, det europeiska folket?,* Tankekraft förlag, 2009, p.137.
2. "México cumple una década de duelo por el fracaso de la Guerra contra el Narco", *New York Times,* 7 de septiembre de 2016. Disponible en: https://www.nytimes.com/es/2016/09/07/espanol/opinion/mexico-cumple-una-decada-de-duelo-por-el-fracaso-de-la-guerra-contra-el-narco.html
3. Charles Tilly, *Coercion, Capital, and European States,* Blackwell Publishing, 1992, p. 70.
4. Para un análisis detallado de las similitudes entre la protección del Estado y los cobros de cuota del crimen organizado, véase: Charles Tilly, "War Making and State Making as Organized Crime", en la Antología *Bringing the State Back In,* ed. Peter Evans, Dietrich Rueschemeyer and Theda Scopcol. Cambridge University Press, 1985, pp. 169–187.
5. Véase entre otros "People Smuggling: No safe passage", *The Economist,* 9 septiembre de 2010. Disponible en: https://www.economist.com/united-states/2010/09/09/no-safe-passage y " Mexicos disappeared are drug wars hidden victims", *Insight Crime,* 6 de abril de 2011. Disponible en: https://insightcrime.org/news/analysis/mexicos-disappeared-are-drug-wars-hidden-victims/
6. 'Es muy fácil matar periodistas': La crisis de la libertad de expresión en México", *New York Times,* 29 de abril de 2017. Disponible en https://www.nytimes.com/es/2017/04/29/espanol/america-latina/matar-periodistas-mexico-veracruz.html
7. United Nations Office on Drugs and Crime, *The Globalization of Crime: A Transnational Organized Crime Threat Assessment,* UNODC, 2010, p. 65. Disponible en: https://www.unodc.org/unodc/en/data-and-analysis/tocta-2010.html
8. Rand Corporation, *Reducing drug trafficking revenues and violence in Mexico,* Rand Corporation, 2010, Disponible en: https://www.rand.org/pubs/occasional_papers/OP325.html
9. Entrevista telefónica con Edgardo Buscaglia el 10 de febrero de 2012.
10. Misha Glenny, *McMaffia: brottslighet utan gränser.* Norstedts, 2010, p. 11.
11. "In Drug War, Mexico Fights Cartel and Itself", *New York Times,* 29 de marzo de 2009. Disponible en: https://www.nytimes.com/2009/

03/30/world/americas/30mexico.html

12. Charles C. Mann. *1491. New Revelations of the Americas Before Columbus.* VintageBooks, 2005, p. 143.

13. Ibíd.

14. Ibíd. Existen diversos cálculos para contabilizar la población precolombina. Aquí se sigue la que utiliza Mann, basada en una estimación alcista propuesta por los investigadores Woodrow Borah y Sherburne F. Cook. Estimaciones intermedias o moderadas contabilizan, en cambio, entre 12 y 15 millones de habitantes. Véase https://es.wikipedia.org/wiki/Poblaci%C3%B3n_de_Am%C3%A9rica_precolombina#M%C3%A9xico_central

15. Bartolomé de las Casas, *Historia de las Indias.* Biblioteca Ayacucho, 1986, p. 212.

16. Charles C. Mann, *149. New Revelations of the Americas Before Columbus.* VintageBooks, 2005, p. 145.

17. Ian Goldin, Geoffrey Cameron y Meera Balarajan, *Exceptional People: HowMigration Shaped Our World and Will Define our Future.* Princeton University Press, 2011, p. 51.

18. Ibíd., pp. 52–53.

19. Ibíd., p. 54.

Cuarta pieza del rompecabezas

1. "Ivory Coast dispute leaves two presidents, chaos.", *Associated Press*, 5 de diciembre de 2010.

2. Platillo tradicional en Costa de Marfil, Burkina Faso y Malí. Consiste en una masa de harina de maíz o de mijo que se mezcla con agua, formándola en bolas. A menudo se acompaña con una salsa

3. El cambio fue constatado más tarde también por Reporteros Sin Fronteras en el siguiente reporte: *Broadcasting regulator suspends local transmission of international news stations*, Reporters Without Borders, 3 de diciembre de 2010. Disponible en https://reliefweb.int/report/c%C3%B4te-divoire/c%C3%B4te-divoire-broadcasting-regulator-suspends-local-transmission-international

4. Pierre Schori y Maud Edgren-Schori, *Elfenbenskusten – en utmaning för FN och Afrika.* Leopard förlag, 2011, p. 38.

5. "Ivory Coast may produce half of world's cocoa", *Ahram Online*, 25 de septiembre 2011. Disponible en https://www.masress.com/en/ahramonline/22447

6. Elen Jolivet, *L'ivorite – de la conceptualisation a la manipulation de l'identite ivoirienne*, 2003, p. 13. Disponible en: https://studylibfr.

Notas   425

com/doc/3893902/l-ivoirit%C3%A9-de-la-conceptualisation-%C3%
Ao-la-manipulation---geo

7. Mike McGovern, *Making War in Côte d'Ivoire*, The University of
    Chicago Press, 2011, p.108.

8. Pierre Schori y Maud Edgren-Schori, *Elfenbenskusten – en utmaning
    för FN och Afrika.* Leopard förlag, 2011, p. 3–5.

9. "Ningún problema", en noushi.

10. Elen Jolivet, *L'ivorite – de la conceptualisation a la manipulation de
    l'identite ivoirienne*, 2003, p. 31. Disponible en: https://studylibfr.
    com/doc/3893902/l-ivoirit%C3%A9-de-la-conceptualisation-%C3%
    Ao-la-manipulation---geo

11. Por ejemplo, el cantante de ópera Carl Fredrik Lundqvist cuenta con
    orgullo en sus memorias de cómo en 1877 fue el primero en cantar
    "Du gamla, du fría" ("Tu antigua, tu libre") en calidad de himno
    nacional sueco, el mismo año que la gran huelga ferrocarrilera parali-
    zara los Estados Unidos y el padre de los socialdemócratas sueco
    August Palm fuera expulsado de Alemania por haber realizado propa-
    ganda socialista. Llama la atención cuántos de los símbolos naciona-
    listas europeos se crearon durante estos años de crisis, en un tiempo en
    el que el movimiento obrero crecía rápido en los barrios pobres de las
    ciudades industriales.

12. Eric Hobsbawm, *La Era del Imperio 1875-1914 (1987)*, Critica, 2007,
    p. 68.

13. Tzvetan Todorov, *Nosotros y los otros*. Siglo Veintiuno Editores, 1991,
    pp. 115–155.

14. A estos cuatro, Linneo también añadió la extraña categoría de "Mons-
    truoso", que incluía entre otros: "esqueléticos" / "lerdos" / "niñas con
    cinturas encorsetadas".

15. Tzvetan Todorov, *Nosotros y los otros*. Siglo Veintiuno Editores, 1991,
    pp. 115–155.

16. Ibíd., p. 127.

17. Hannah Arendt, *Los origines del totalitarismo*, Taurus, 1998,
    pp.152-155.

18. Alice L. Conklin, *A Mission to Civilize: The Republican idea of
    Empire in France and West Africa*. Stanford University Press, 2000,
    p. 215.

19. Patrick Manning, *Francophone Sub-Saharan Africa 1880–1995*.
    Cambridge UniversityPress, 2004, p. 64

20. Ibíd.

21. Kurt Jonassohn y Karin Solveig Björnson, *Genocide and Gross Human
    Rights Violations in Comparative Perspective*. Transaction Books,
    2008, p. 239.

22. "Fascismo querido".
23. Ali Rattansi, *Racism: a very short introduction*. Oxford University Press, 2007, p. 74.
24. Ibíd.
25. La definición cuidadosa de Mann es "la búsqueda de un Estado nación trascendente y puro a través del paramilitarismo". Después enlista los cinco criterios.
26. Michael Mann, *Fascists*, Cambridge University Press, 2004, pp. 13–17.

Quinta pieza del rompecabezas

1. Edward Said, *Orientalism*, Penguin Modern Classics, 2003, pp. 59–61.
2. Jordan Branch, *The Cartographic State,* Cambridge University Press, 2014, pp. 23-35.
3. Jordan Branch, *Mapping the Sovereign State*, University of California, 2011, pp. 89–115.
4. Charles Tilly, *Coercion, Capital and European States*, Blackwell Publishing, 1992, pp. 161–162.
5. Jordan Branch, *The Cartographic State,* Cambridge University Press, 2014, pp. 51-55.
6. Ibid, pp. 120-128.
7. Jean- Jacques Rousseau, *El contrato social*, Espasa Calpe, Madrid, 1994, p. 52
8. Ibíd., p. 70.
9. Íbid. pp.111-112.
10. Hannah Arendt, *On Revolution*, Penguin Classics, 2006, pp. 67–68.
11. Constitución francesa de 1791, Disponible en https://www.conseil-constitutionnel.fr/les-constitutions-dans-l-histoire/constitution-de-1791
12. John Torpey, *The Invention of the Passport: Surveillance, Citizenship and the State*, Cambridge University Press, 2000, pp. 29–50.
13. Jordan Branch, *The Cartographic State*, Cambridge University Press, 2014, pp. 135-141.
14. United for Intercultural Action. *List of 36 570 documented deaths of refugees and migrants due to the restrictive policies of "Fortress Europe"*, 2019. Disponible en: https://www.sachdokumentation.ch/bestand/ds/2606
15. "Minoritetsgrupper i Turkiet registreras med sifferkoder." *Dagens Nyheter*, 4 de agosto de 2013. Disponible en: https://www.dn.se/

nyheter/varlden/minoritetsgrupper-i-turkiet-registreras-med-sifferkoder/

Sexta pieza del rompecabezas

1. Smith, Adam, *La riqueza de las naciones*, Editorial digital :Titivillus, Disponible en: http://www.memoriapoliticademexico.org/Textos/1Independencia/Imag/1776-AS-LRN.pdf P. 231

2. Véase entre otros el siguiente clip: https://www.youtube.com/watch?v=9za4Z6hZw6g

3. Biggers, Jeff, *State out of the union: Arizona and the final showdown over the americandream*, Nation Books, 2012, p. 2.

4. "The 2011 recall of Russell Pearce is worth celebrating, but the fight is far from over", *AZ Central*, 21 de noviembre de 2021. Disponible en: https://eu.azcentral.com/story/opinion/op-ed/2021/11/21/what-recall-sb-1070-architect-russell-pearce-teaches-us-today/8656715002/

5. "How SB 1070 helped pave the way for Donald Trump's rise to the presidency", *AZ Central*, el 8 de marzo de 2020. Disponible en: https://eu.azcentral.com/story/news/politics/immigration/2020/03/08/how-sb-1070-helped-pave-way-donald-trumps-rise-presidency/4908129002/

6. "'Shedding of blood' may be required to save US, author of an Arizona immigration law says", *Fox News*, 20 de abril de 2019. Disponible en: https://www.foxnews.com/politics/former-arizona-lawmaker-author-of-immigration-law-says-shedding-of-blood-may-be-required-to-save-u-s

7. "Trump referred to immigrant 'invasion' in 2,000 Facebook ads, analysis reveals", The Guardian, 5 de agosto de 2019. Disponible en: https://www.theguardian.com/us-news/2019/aug/05/trump-internet-facebook-ads-racism-immigrant-invasion

8. Carey, James, C., *Communication as Culture: Essays on Media and Society*, Taylor & Francis, 2009, pp. 155–177.

9. Lincoln, Abraham, *Letter to JF Speed*, August 24, 1855. Disponible en inglés: http://www.abrahamlincolnonline.org/lincoln/speeches/speed.htm

10. Magness, Philip W. and Page, Sebastian N., *Colonization After Emancipation: Lincoln and the Movement for Black Resettlement*, University of Missouri Press, 2011, pp. 2–6.

11. Goldin, Ian, Cameron, Geoffrey y Balarajan, Meera, *Exceptional People: HowMigration Shaped Our World and Will Define our Future*, Princeton University Press, 2011, p. 58.

12. Biggers, Jeff, *State out of the union: Arizona and the final showdown over the American dream*, Nation Books, 2012, pp. 19–48.

13. Ngai, Mae M, *Impossible Subjects: Illegal aliens and the Making of Modern America*,Princeton University Press, 2004, pp. 56–64.

14. Ibíd. pp. 58–61.

15. Charles Tilly, "Migration in Modern European History" en Anthony M. Messinaoch Gallya Lahav (red.), *The Migration Reader: Exploring Politics and Policies*, 2006.

16. Ian Goldin, Geoffrey Cameron y Meera Balarajan, *Exceptional People: HowMigration Shaped Our World and Will Define our Future*, Princeton University Press, 2011, p. 85.

17. Ibíd.

18. Ibíd., p. 87.

19. Véase entre otros: James F. Hollfield, "The Politics of International Migration",en *Migration Theory: Talking across Disciplines* (red. Caroline B. Brettel and James F. Hollfield), 2013.

20. Binational Migration Institute, *Muertes de migrantes en el sur de Arizona*, 2021.

21. Jeff Biggers, *State Out of the Union: Arizona and the Final Showdon over the AmericanDream*, Nation Books, 2012, p. 61.

22. Ibíd., p.62.

23. Ibíd., pp. 62–65.

24. FBI, 2017, *2017 Hate Crime Statistics*. Disponible en: https://ucr.fbi. gov/hate-crime/2017/tables/table-13-state-cuts/arizona.xls

25. "2007 Fort Dix attack plot", *Wikipedia*, consultado en octubre de 2021. Disponible en: https://en.wikipedia.org/ wiki/2007_Fort_Dix_attack_plot

26. "AP Fact Check: Trump's mythical terrorist tide from Mexico", *AP*, 9 de enero de 2019. Disponible en: https://apnews.com/article/ immigration-north-america-donald-trump-united-states-mexico-4a7792c523ab4b5984893b38c988d70b

27. "Do Immigrants bring down crime rates?", *Wall Street Journal*, 27 de mayo de 2010. Disponible en: http://blogs.wsj.com/metropolis/2010/ 05/27/are-immigrants-responsible-for-new-yorks-crime-drop/

28. Ian Goldin, Geoffrey Cameron y Meera Balarajan, *Exceptional People: How Migration Shaped Our World and Will Define our Future*, Princeton University Press, 2011, p. 168.

29. "Net Migration from Mexico Falls to Zero – and perhaps less.", *Pew Research Center*, 23 de abril de 2012. Disponible en: https://www. pewresearch.org/hispanic/2012/04/23/net-migration-from-mexico-falls-to-zero-and-perhaps-less/

30. Timothy Noah, *The Great Divergence: Americas Growing Inequality Crisis and What We can Do about It*, Bloomsbury Press, 2012, Kindle Edition: position 1321.
31. Ibíd.; position 1260.
32. George J. Borjas, "Native Internal Migration and the Labor Market Impact ofImmigration", en *Journal of Human Resources*, Spring 2006, p. 222. Disponible en: https://ideas.repec.org/a/uwp/jhriss/v41y2006i2p221-258.html
33. David Card, *Immigration and Inequality*. National Bureau of Economic Research, 2009. Disponible en: https://www.nber.org/papers/w14683
34. "American Inequality in Six Charts", *The New Yorker*, 18 de noviembre de 2013. Disponible en: https://www.newyorker.com/news/john-cassidy/american-inequality-in-six-charts
35. "Los 10 insultos de Donald Trump a México", *El País*, 9 de noviembre de 2016. Disponible en: https://elpais.com/internacional/2016/11/08/mexico/1478629803_395711.html
36. Trumps alarms Lawsmakers with disparaging words for Haiti and Africa., *NY Times*, 11 de enero de 2018. https://www.nytimes.com/2018/01/11/us/politics/trump-shithole-countries.html
37. "Trump arremete contra varias congresistas por su ascendencia", *El País*, 15 de julio de 2019. Disponible en: https://elpais.com/internacional/2019/07/14/estados_unidos/1563127130_337293.html
38. "El discurso de Trump respalda a los supremacistas blancos", *New York Times*, 16 de agosto de 2017. Disponible en: https://www.nytimes.com/es/2017/08/16/espanol/analisis-trump-supremacistas-blancos-declaraciones.html
39. Entrevista en el canal de radio *CNS News* en octubre de 2011.
40. "Immigration Reform Crucial to Future of Evangelical Church, Analysts Say.", *Christian Post*, 7 de junio de 2013. Disponible en: https://www.christianpost.com/news/immigration-reform-crucial-to-future-of-evangelical-church-analysts-say-97543/
41. "Prison Economics Help Drive Ariz. Immigration Law.", *NPR*, 28 de octubre de 2010. Disponible en: https://www.npr.org/2010/10/28/130833741/prison-economics-help-drive-ariz-immigration-law?t=1641833669563
42. "Private Prisons Profit From Immigration Crackdown, Federal And Local Law Enforcement Partnerships", *Huffington Post*, 7 junio de 2012. Disponible en: https://www.huffpost.com/entry/private-prisons-immigration-federal-law-enforcement_n_1569219
43. "Private Prisons Will Get Totally Slammed By Immigration Reform", *BusinessInsider*, 2 de febrero de 2013. Disponible en: https://www.

businessinsider.com/a-3-billion-industry-is-going-to-be-slammed-by-immigration-reform-2013-1?r=US&IR=T

44. "AP: Private prisons profit from illegal immigrants", *CBS News*, 2 de agosto de 2012. Disponible en: https://www.cbsnews.com/news/ap-private-prisons-profit-from-illegal-immigrants/

45. Ibíd.

46. "Jeff Sessions reverses Obama orders to phase out private prisons", *Independent*, 23 de febrero de 2017. Disponible en: https://www.independent.co.uk/news/world/americas/jeff-sessions-signals-support-for-private-prisons-a7596661.html

47. "Immigration Spending Surges as White House Calls for More Funds", *Bloomberg Government*, 25 de enero de 2019. Disponible en: https://about.bgov.com/news/immigration-spending-surges/

48. "Texans Cornyn, Cuellar among top recipients of campaign donations from private detention company PAC", *Dallas Morning News*, 10 de julio de 2019. Disponible en: https://www.dallasnews.com/news/politics/2019/07/10/texans-cornyn-cuellar-among-top-recipients-of-campaign-donations-from-private-detention-company-pac/

49. "Fifth child dies in US custody after being detained at the border", *Aljazeera*, 20 de mayo de 2019. https://www.aljazeera.com/news/2019/5/20/fifth-child-dies-in-us-custody-after-being-detained-at-the-border

50. "Private prison company sued in death of 1 year old migrant child", *PBS*, 31 de julio de 2019. https://www.pbs.org/newshour/nation/private-prison-company-sued-in-death-of-1-year-old-migrant-child

Séptima pieza del rompecabezas

1. UNODC, *Transnational Trafficking and the Rule of Law in West Africa*. 2009, Disponible en: http://www.unodc.org/documents/data-and-analysis/Studies/West_Africa_Report_2009.pdf

2. "Ghana ex-airport official Adelaquaye faces US drug charges", *BBC News*, 5 de junio de 2013. Disponible en: https://www.bbc.com/news/world-africa-22780761

3. UNODC, *Migrant Smuggling by Air*, 2011, p. 6.

4. Ibíd.

5. Entre 2014 y 2021 al menos 2000 migrantes perdieron la vida a lo largo de la ruta del Sahara, según la Organización Internacional para las Migraciones (OIM). En especial, las mujeres son vulnerables. Y se cree que las cifras pueden ser mayores.

6. Frontex, *Annual Risk Analysis*, 2013, p. 38. Disponible en: https://frontex.europa.eu/assets/Publications/Risk_Analysis/Annual_Risk_Analysis_2013.pdf

7. "SLTD database (travel and identity documents)", *Interpol*. Disponible en: https://www.interpol.int/How-we-work/Databases/SLTD-database-travel-and-identity-documents

8. Ibíd.

9. Frontex, *Annual Risk Analysis* , 2013, p. 37. Disponible en: https://frontex.europa.eu/assets/Publications/Risk_Analysis/Annual_Risk_Analysis_2013.pdf

10. Nkrumah, Kwame "The mechanisms of neocolonialism", en *Neo-Colonialism, the Last Stage of imperialism*, 1965, Disponible en: https://www.marxists.org/subject/africa/nkrumah/neo-colonialism/cho1.htm

11. Sam Gindin y Leo Panitch, *The Making of Global Capitalism: The Political Economy of the American Empire*, 2012, Verso.

12. Branco Milanović, *The Economic Causes of Migration*. The Globalist, 22 de octubre de 2013. Disponible en: https://www.theglobalist.com/economic-causes-migration/

13. Branco Milanović, *Global Inequality: From Class to Location, from Proletarians to Migrants*, 2011, The World Bank, p. 7.

14. UNODC, *Transnational trafficking and the rule of law in West Africa*, 2009, pp. 43–47.

15. Un ejemplo de esta practica común y de como las autoridades se hacen de la vista gorda, véase entre otros: "Alexandra utvisades – till människohandlarna", *Dagens Nyheter*, 27 de febrero 2013.

Octava pieza del rompecabezas

1. "Afghan nationals to exit Pakistan or face detention: Pakistani officials". *ToloNews*, 24 mayo de 2012.

2. S. Prakash Sinah, *Asylum and International Law*, Martinus Nijhoff, 1971, pp. 5–7, 15–17.

3. Ibíd., p. 8.

4. Ibíd., p. 10.

5. Ibíd., p. 18.

6. Maximiliano Robespierre, *Sobre los principios de moralidad política*. Disponible en: https://www.marxists.org/espanol/tematica/cienpol/robespierre/moralpolitica.htm

7. Hannah Arendt, *Los orígenes del Totalitarismo*. Taurus, Madrid, 1998, p. 234

8. La Declaración Universal de Derechos Humanos. Disponible en: https://www.un.org/es/about-us/universal-declaration-of-human-rights

9. Convención sobre el estatuto de los refugiados. Disponible en: http://www.acnur.org/fileadmin/scripts/doc.php?file=fileadmin/Documentos/BDL/2001/0005

10. Samuel Moyn, *The Last Utopia – Human Rights in History*. Harvard University Press, 2010.

11. Hannah Arendt, *Los orígenes del Totalitarismo*. Taurus, Madrid, 1998, p. 5.

12. Jeffrey C. Isaac, "A New Guarantee on Earth: Hannah Arendt on Human Dignity and the Politics of Human Rights", *American Political Science Review*, vol. 90, nr. 1, marzo de 1996, pp. 61-73.

13. Seyla Benhabib, *The Rights of Others*, Cambridge University Press, 2004, p.5.

14. Judith Butler, "I merely belong to them", en *London Review of Books*, vol. 29, nr. 9, mayo de 2007. Disponible en: https://www.lrb.co.uk/the-paper/v29/n09/judith-butler/i-merely-belong-to-them

15. Jacques Rancière, "Política, identificación y subjetivación", en *El reverso de la Diferencia; Identidad y Política*. Nueva Sociedad, 2000, p. 145.

16. Seyla Benhabib, *Dignity in Adversity*. Polity Press, 2011, p. 14.

17. Discurso de George W. Bush al Congreso de los Estados Unidos. Disponible en: https://georgewbush-whitehouse.archives.gov/news/releases/2001/09/20010920-8.html

18. De 2010 a 2020 entre 8858 y 16901 personas murieron por ataques de drones estadounidenses. Se estima que entre 910 y 2200 eran civiles, y que entre 283 y 454 de las victimas eran niños. Fuente: The Bureau of Investigative Journalism. "Drone Warfare". Disponible en: https://www.thebureauinvestigates.com/projects/drone-war (página consultada en diciembre de 2021).

19. Steffen Bau, Heike Brabant, Lena Laube & Cristof Roos, *Liberal States and theFreedom of Movement: Selective Borders, Unequal Mobility*, 2012, Palgrave Macmillan, pp. 92–105.

Novena pieza del rompecabezas

1. UN Habitat, "Slum Dwellers to Double in 2030", abril de 2007. Disponible en: https://www.preventionweb.net/files/1713_463146759GC202120Slum20dwellers20to20double.pdf

2. Mike Davis, *Planet of Slums*, Verso Books, 2007, pp. 178–198.

3. *World Bank.* "Cifra sin precedente de remesas a nivel mundial en 2018", 8de abril de 2019. Disponible en: https://www.bancomundial. org/es/news/press-release/2019/04/08/record-high-remittances-sent-globally-in-2018

4. *OECD,* "Development aid drops in 2018, especially to neediest countries", 2019, Disponible en: https://www.oecd.org/newsroom/development-aid-drops-in-2018-especially-to-neediest-countries.htm

5. "Remesas alcanzaron los 60 mil millones en 2013", *Siglo 21,* 27 de febrero de 2014.

6. "Guatemala tiene una de las tasas más altas de crecimiento poblacional", *Prensa Libre,* 18 de junio de 2013.

7. "Border Follies", *The Economist,* 17 noviembre de 2012. Disponible en: https://www.economist.com/finance-and-economics/2012/11/17/border-follies

8. John Kennan, *Open Borders,* University of Wisconsin-Madison and NBER, 2012. Disponible en: https://www.ssc.wisc.edu/~jkennan/research/OpenBorders.pdf

9. Sharun Mukand, *International Migration, Politics and Culture.* Chatham House, 2012, p. 4. Disponible en: https://www. chathamhouse.org/sites/default/files/public/Research/International%20Economics/1012bp_mukand.pdf

10. Lisa Pelling, "En väg att utrota fattigdom" *Omvärlden,* Nr. 2, 2014.

11. Lant Pritchett, *Let their people come,* Center for Global Development, 2006, p. 32.

12. Ian Goldin, Geoffrey Cameron y Meera Balarajan, *Exceptional People: How Migration Shaped Our World and Will Define our Future.* Princeton University Press, 2011, p. 181.

13. Lisa Pelling, "En väg att utrota fattigdom", *Omvärlden,* Nr. 2, 2014.

14. Ian Goldin, Geoffrey Cameron y Meera Balarajan, *Exceptional People: How Migration Shaped Our World and Will Define our Future,* Princeton, 2011, p. 182.

15. *Romanian doctors tempted abroad for a better life,* 21 de febrero 2014. Disponible en: https://www.bbc.com/news/world-europe-26262064

16. Otto Perez Molina, "We have to find new solutions to Latin America's drugs nightmare", *The Guardian,* 7 de abril de 2012. Disponible en: https://www.theguardian.com/commentisfree/2012/apr/07/latin-america-drugs-nightmare

17. "Invandring ökar företags export." *Dagens Nyheter,* 11 de noviembre de 2013. Disponible en: https://www.dn.se/ekonomi/invandring-okar-foretags-export/

18. *OECD.* "International Migration Outlook 2013", Disponible en: https://read.oecd-ilibrary.org/social-issues-migration-health/

international-migration-outlook-2013_migr_outlook-2013-en#page1

19. "OECD: Invandring en lönsam affär för skattebetalare", *Europaportalen*, 14 de junio de 2013. Disponible en: https://www.europaportalen.se/2013/06/invandring-en-lonsam-affar-for-skattebetalare

20. Hansen, Peo. *A Modern Migration Theory: An Alternative Economic Approach to Failed EU Policy.* Agenda Publishing, 2021.

21. Jonathan W. Moses, *International Migration: Globalization's last frontier*, 2013, Zedbooks. Kindle Edition, position 492.

Decima pieza del rompecabezas

1. José Emilio Pacheco, *Alta traición*, Disponible en: http://amediavoz.com/pacheco.htm#ALTA%20TRAICI%C3%93N

2. Medicins Sans Frontiers, *Invisible Suffering*, 2014, Disponible en: https://www.msf.org/sites/msf.org/files/invisible_suffering.pdf

3. "Refugees struggle with EU 'asylum lottery'", *Thomson Reuters Foundation*, 6 de septiembre de 2013. Disponible en: https://news.trust.org/item/20130906080846-5noic/

4. Ibíd.

5. Human Rights Watch, *Open letter to Members of the Hellenic Parliament calling for an investigation into border abuses,* el 6 de octubre de 2020. Disponible en: https://www.hrw.org/news/2020/10/06/open-letter-members-hellenic-parliament-calling-investigation-border-abuses

6. Amnesty International, *Greece: Violence, lies, and pushbacks – Refugees and migrants still denied safety and asylum at Europe's borders,* 2021. Disponible en: https://www.amnesty.org/en/documents/eur25/4307/2021/en/

7. "'They are filth': Greece's immigrants are pretty thrilled about the Golden Dawn arrests". *Vice*, 2 octubre de 2013. Disponible en: https://www.vice.com/sv/article/3b7zej/javied-aslam-interview

8. "Greece: Migrants describe fear on the streets", *Human Rights Watch*, 10 julio de 2012. https://www.hrw.org/news/2012/07/10/greece-migrants-describe-fear-streets

9. "Den grekiska extremhögern växer". *Svenska Dagbladet,* 3 de mayo de 2012. Disponible en: https://www.svd.se/den-grekiska-extremhogern-vaxer

10. Alexandra Pascalidou, "När vi har jagat bort flyktingarna är det er tur", *Bang,* 12 de diciembre de 2012.

11. "Försvarsfrågan." *Fram* (1903:11), p. 2. Citado en, Elias Andersson, *Arbetarrörelsensgränser*, Lunds universitet, 2009, p. 25.

12. "Patriotism och internationalism." *Fram* (1904:2), p. 2. Citado en: Elias Andersson, *Arbetarrörelsens gränser*, Lunds universitet, 2009, p. 28.

13. Andersson, Elias, *Arbetarrörelsens gränser*. Lunds universitet, 2009, pp. 29–30.

14. "Emigrationen och dess orsaker." *Fram* (1904:7), s 1. Citado en: Elias Andersson, *Arbetarrörelsens gränser*. Lunds universitet, 2009, p. 30.

15. "När vi har jagat bort flyktingarna är det er tur", *Bang*, 12 de diciembre de 2012.

Onceava pieza del rompecabezas

1. En 2020, todos los países de la Unión Europea eran miembros del Espacio Schengen, con excepción de Irlanda (que había elegido quedarse fuera), y Bulgaria, Rumania, Chipre y Croacia. Noruega, Suiza, Islandia y Liechtenstein son estados asociados, lo que en la práctica significa que forman parte de la cooperación. También los micro estados de Mónaco, San Marino y el Vaticano forman *de facto* parte de Schengen. Sin embargo, ciertas zonas que pertenecen a algún Estado miembro, pero que están fuera del continente europeo están excluidas. Entre ellas están los enclaves españoles de Ceuta y Melilla en la costa norafricana, los departamentos franceses de Guyana, Guadalupe, Martinique, Mayotte y Réunion, y las islas danesas Feroe y Groenlandia, al igual que el grupo de islas noruegas de Svalbard. Los ciudadanos de varios países del mundo –como por ejemplo México- tienen derecho a viajar sin visa como turistas en Schengen hasta tres meses. Pero Afganistán, Siria y otros Estados que sufren de conflictos no están en la lista.

2. Derek Heater, *A brief history of citizenship*, New York University Press, 2004, p. 8.

3. Brian Barry, "Statism an nationalism. A Cosmopolitan Critique" en Ian Shapiroy Lea Brilmeyer (red.), *Global Justice*. New York University Press, 199, p. 36.

4. La Declaración de Independencia. Traducción al español en la página *National Archives*. Disponible en: https://www.archives.gov/espanol/la-declaracion-de-independencia.html

5. El término multiculturalismo ha sido definido de distintas maneras a través de los años, lo que dificulta saber qué quieren decir los comenta-

ristas y políticos cuando lo utilizan. Aquí me enfoco en el aspecto político.

6. Lo mismo puede decirse de las fuerzas armadas de muchos otros países que por años dejaron a sus empleados locales en Afganistán. Sin embargo, en el verano de 2021 miles de afganos fueron evacuados en poco tiempo tras la sorpresiva toma del poder de los talibanes.

7. Marco Aurelio, *Meditaciones*, Gredos, Libro IV, Madrid, 1977, p. 83.

8. Emmanuel Kant, *La paz perpetua*, Tecnos, p. 30.

9. David Held, *Cosmopolitanism. Ideals and Realities*. Polity 2010, Cambridge, p. 36.

10. Ibíd. P. 72

11. Michael Walzer, *Pluralism och jämlikhet*, Daidalos, 1992, p. 60.

12. Seyla Benhabib, "Borders, boundaries and citizenship." en *Political Scienceand Politics*, nr 38, 2005, pp. 673–677.

13. "El expresidente de Costa de Marfil, Laurent Gbagbo, absuelto por la CPI", *France 24*, 15 de enero de 2019. https://www.france24.com/es/20190115-gbagbo-absuelto-crimenes-costa-marfil

14. "La CPI confirmó la absolución de Laurent Gbagbo, expresidente de Costa de Marfil", *France 24*, 31 de marzo de 2021. Disponible: https://www.france24.com/es/%C3%A1frica/20210331-cpi-absolucion-costa-marfil-crimenes-violencia

Doceava pieza del rompecabezas

1. Slavoj Žižek. "Who can control the post-superpower capitalist world order?" *The Guardian*, 6 mayo de 2014 https://www.theguardian.com/commentisfree/2014/may/06/superpower-capitalist-world-order-ukraine

2. Saskia Sassen, *The Global City*. Princeton University Press, 2001.

3. AT Kearney, *2020 Global Cities Index*. Disponible en: https://www.kearney.com/global-cities/2020

4. Oxfam, *Public good or private wealth?* Oxfam. 2019, Disponible en: https://www.oxfam.org/en/research/public-good-or-private-wealth

5. Zygmunt Bauman, *Samhälle under belägring*, Daidalos, 2004, p.143.

6. Joseph Conrad, *El corazón de las tinieblas*, Edición online de Editorial Lumen, p. 9. Disponible en: https://mural.uv.es/deladel/El%20corazon%20de%20las%20tinieblas.pdf

7. *Eurostat*, Demography Report , 2010.

8. Yiannis Tirkides, "Europes Demographic Challenge and Immigration", 2011.

9. Ibíd.

10. "The global laissez-passer: a US Passport. An interview with Saskia Sassen", *Eurozine,* 16 de febrero de 2003. Disponible en: https://www. eurozine.com/the-global-laissez-passer-a-us-passport/

11. "La ONU confirma su respaldo al Pacto Mundial de Migración en la Asamblea General", *Naciones Unidas,* 19 de diciembre de 2018. Disponible en: https://news.un.org/es/story/2018/12/1448301

12. Ibíd., p. 283.

ACERCA DEL AUTOR

Erik de la Reguera (Uppsala, 1975) es periodista y escritor. Ha sido corresponsal del diario sueco Dagens Nyheter en la Ciudad de México y Buenos Aires. Actualmente es corresponsal de este mismo periódico en París.

Ha publicado dos libros aclamados de reportajes: *Gränsbrytarna* (2014-2015, Norstedts), y *Kokain* (2010, Norstedts, con Lasse Wierup). También ha traducido varias obras del español al sueco.

En 2021 fundó, junto con Estrella de la Reguera, la editorial Vagabunda. Publica libros en español, sueco, inglés y francés. Manuscritos pueden ser enviados vía la página web: https://www.vagabunda.se.

Twitter: https://www.twitter.com/edvagabunda

Facebook: https://www.facebook.com/edvagabunda

Twitter personal de Erik de la Reguera: https://www.twitter.com/erikdelareguera

Made in the USA
Coppell, TX
22 December 2023

26451950R00246